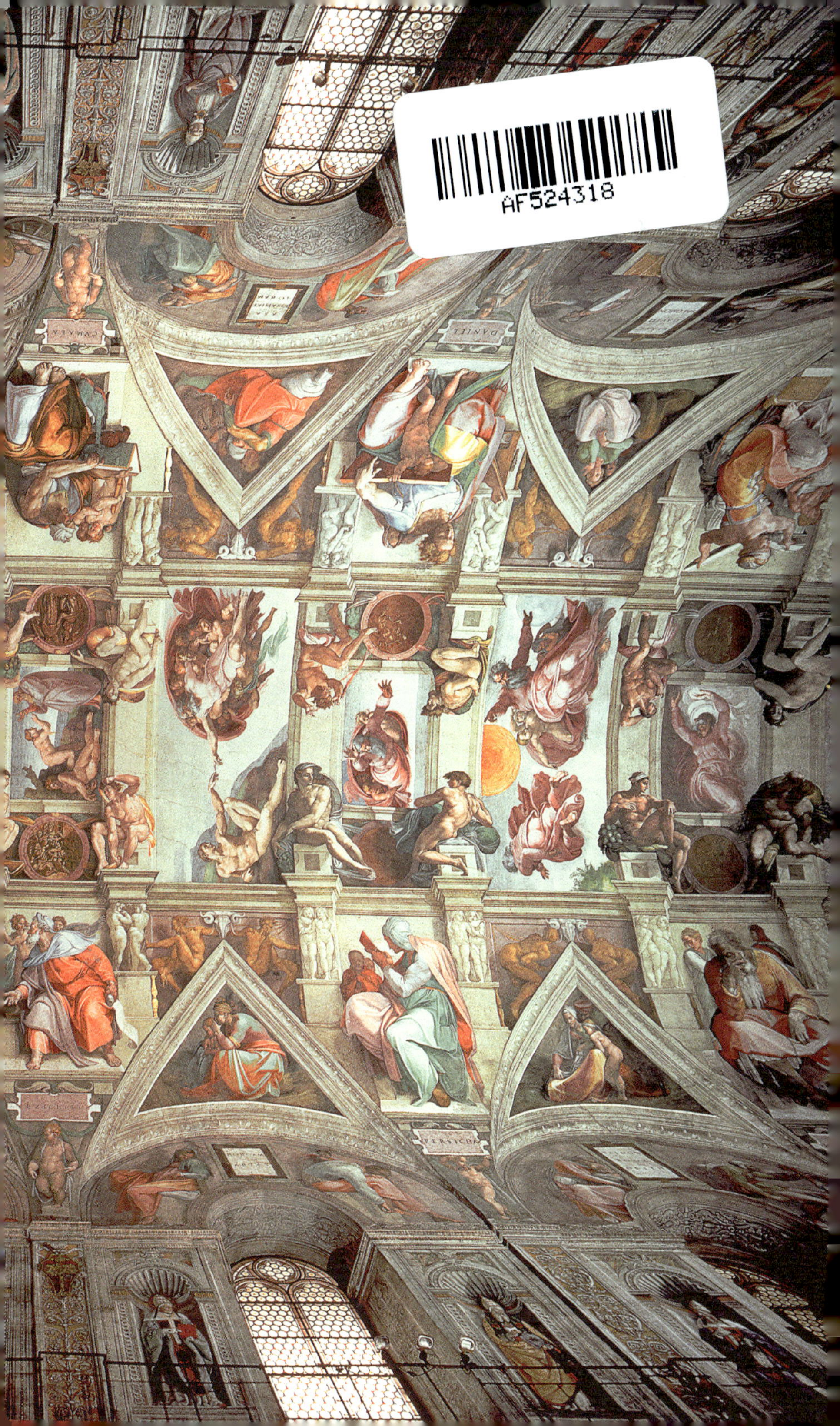
AF524318

Kia Vahland

MICHELANGELO & RAFFAEL

Kia Vahland

MICHELANGELO & RAFFAEL

Rivalen im Rom der Renaissance

C.H.Beck

Mit 54 Abbildungen, davon 20 in Farbe

Zweite Auflage. 2012

Satz aus der Stempel Schneidler
Druck und Bindung: CPI Ebner & Spiegel, Ulm
Gedruckt auf säurefreiem, alterungsbeständigem Papier
(hergestellt aus chlorfrei gebleichtem Zellstoff)
Printed in Germany
ISBN 978 3 406 63993 7

www.beck.de

Inhalt

III

AUCH EIN GOTT MUSS STUDIEREN: RAFFAELS WEG NACH ROM

IV

ZWISCHEN FRIEDEN UND RACHE: RAFFAELS STANZEN IM VATIKAN

V

MITEINANDER GEHT ES NICHT,
OHNE EINANDER AUCH NICHT:
RAFFAEL UND MICHELANGELO IN ROM

VI

DIE KUNST DER SKEPSIS:
MICHELANGELOS *JÜNGSTES GERICHT*
IN DER SIXTINA

ANHANG

Herbst 1508: Michelangelo und Raffael am Hof des Papstes

Es gibt keinen Halt. Der morsche Baum wankt im Wind, man weiß nicht, was ihn eher brechen lässt: das Gewicht der Nackten, die sich auf ihn flüchten, oder die Flut, die bald seinen blatt- und hoffnungslosen Wipfel erreichen wird. Die Welt geht unter. Auf dem einzigen Ruderboot prügeln sich die Menschen über Bord und bringen es so erst recht zum Kippen.

Michelangelo (1475 bis 1564) hat schlechte Laune an diesem kalten Wintertag des Jahres 1508. Nicht nur die Erde ist am Ende, der Himmel auch. Stückchenweise bröckelt er ihm auf die platte Nase. Der Künstler steht in fast zwanzig Metern Höhe auf seinem Gerüst in der Sixtinischen Kapelle und will, nein, muss die Decke des Allerheiligsten der Christenheit ausmalen. Die aber schimmelt ihm unter seinen Pinselhieben hinweg, also lässt er das begonnene Bild der Sintflut (Abb. II) wieder abschlagen, sein erstes Historienbild hier oben.

Ruinös erscheint ihm das ganze Unterfangen. Der 33-Jährige versteht sich als Bildhauer; die Malerei ist in seinen Augen ein

Nebenberuf. Ein Intermezzo, das schnell vorübergehen sollte, damit er bald wieder festen Boden unter den Füßen spürt und in den Händen einen Hammer, der nicht kaputthaut, sondern Neues schafft. Es liegt aber noch der komplette Weltbeginn in neun Abschnitten vor ihm, ganz zu schweigen von den Zwickeln, Lünetten und Medaillons, welche die Decke gliedern sollen. Mehr als tausend Quadratmeter misst das Gewölbe, der Künstler plant 175 Bildeinheiten mit 350 Figuren. Gott schuf die Welt in sechs Tagen. Sie ein zweites Mal zu kreieren, geht nicht ganz so schnell.

Michelangelo hätte es einfacher haben können. Sein Auftraggeber Papst Julius II. (1443 bis 1513), von der bisherigen Deckenmalerei der Kunstgeschichte nicht verwöhnt, hatte lediglich Bilder der zwölf Apostel in den Lünetten und einige Ornamente verlangt. Michelangelo ging auf den Vorschlag ein, skizzierte einige Ideen – und verlor die Lust. «Allzu kümmerlich» erschien das Apostelprogramm dem Künstler, wie er später in einem Brief erzählt: «Und ich sagte dem Papst, dass die Decke nur mit den zwölf Aposteln arm aussehen würde. Auf die Frage, warum, entgegnete ich ihm: ‹Weil auch die Apostel arm waren.› Daraufhin erteilte er mir einen neuen Auftrag, und zwar sollte ich das machen, was ich wollte.»[1] Möglicherweise stimmt das nicht ganz, und Michelangelo musste sich mit inhaltlichen Ansprüchen der päpstlichen Berater auseinandersetzen. Tatsächlich genießt er jedoch oben auf seinem Gerüst ästhetische Freiheiten wie wohl kein abendländischer Künstler zuvor in einem Zentrum der Macht.

Doch die Freiheit des Geistes ist noch nicht die der Hand. Michelangelo hat zuletzt vor zwei Jahrzehnten in seiner Florentiner Lehrzeit freskiert, und auf diese Rezepte greift er jetzt zurück. Nur reagiert die Pozzolanerde aus der Umgebung Roms anders als der Sand vom Arno-Ufer, und der Mörtel speichert zu viel Feuchtigkeit. Michelangelo weiß nicht weiter und sein aus Florenz angereister Mitarbeiterstab auch nicht.

Es wäre ein Leichtes, Rat zu holen. Ein Stockwerk höher schmücken Künstlerkollegen seit Kurzem die Arbeitsräume des Papstes aus. Der fühlt sich unwohl in der Wohnung seines wegen Giftmorden und Vetternwirtschaft verrufenen Vorgängers Alexander VI. Deshalb drängt er auf einen Neubeginn in den zu bemalenden Stanzen. Zu der Gruppe gehören Altmeister wie Luca Signorelli und Pietro Perugino, die schon unter Julius' Onkel Sixtus IV. die Wände der Kapelle freskiert haben. Noch fast dreißig Jahre später erzählen hier zwei Bilderreigen schimmelfrei leuchtend die Geschichten von Moses und Jesus.

Messebesucher haben seither zwei biblische Zeitalter vor Augen, die Epoche unter dem Gesetz, seit Moses die Tafeln vom Sinai brachte, und die Epoche unter der Gnade seit Christus. Michelangelo wird an der Decke die Epoche vor dem Gesetz hinzufügen: den Urbeginn von allem, die Geschichten von Adam bis Noah. Und natürlich möchte er, der zweite Schöpfer, seine Vorgänger mit ihren in Wimmelbilder eingefügten Selbstbildnissen übertreffen. «Goffo nel arte», «plump in der Kunst», schimpft er Perugino später einmal öffentlich.[2] Damit der Kontrast auffällt, hat er es abgelehnt, die älteren Werke zu übermalen.

Er wird die Kollegen also nicht um Hilfe bitten. Vor allem einen nicht: Raffael aus Urbino, einen Schüler Peruginos (um 1454 bis 1523), der neuerdings in der Stanza della Segnatura werkelt, Julius' Privatbibliothek. Der Papst aus der Familie della Rovere begeistert sich viel zu sehr für das junge Talent, meint der Bildhauer. Es wird nicht mehr lange dauern, und nicht er, sondern Raffael hat die Alten von ihrem Platz verdrängt.

In Michelangelos Sicht ist das ein großes Fehlurteil. Elegant und eloquent mag Raffael (1483 bis 1520) sein, ein Mittzwanziger mit weichen Zügen, langen Haaren und schwarzer Samtkappe. Mit jedem scheint er sich zu verstehen, und jedem, der wichtig genug ist, dient er seine Freundschaft an. Würde Michelangelo es zulassen, so schnurrte der Jüngere gewiss auch ihm um die kräftigen Beine – um sich dann seine Ideen zu krallen. Aufmerksam ist Raffael, lernfähig – und in Augen seines Vorbilds Michelangelo ein potentieller Dieb. Ein Maler, der nicht aus sich selbst heraus schöpft, sondern andere kopiert.

Auf solche Bewunderer will der Bildhauer verzichten. Er versteckt sein Gesicht hinter einem Vollbart, arbeitet hart und am liebsten alleine. Auf sein ruppiges Image ist er stolz. Am nächsten steht ihm seine Florentiner Familie, die sich von ihm aushalten lässt und ansonsten wenig Anteil nimmt. Seinem Vater klagt er in diesen Monaten, dass seine Arbeit in der Sixtina «nicht vorangeht, wie sie es mir zu verdienen scheint. Und das liegt an den schwierigen Arbeitsbedingungen und auch daran, dass die Malerei nicht mein Beruf ist. Und so verliere ich fruchtlos meine Zeit. Gott helfe mir.»[3]

Gott aber wartet ab. Und Michelangelo weiß nicht, wem er härtere Vorwürfe machen soll: sich selbst, weil er in den Auftrag eingewilligt hat, oder dem Mann, der ihn in diese missliche Lage gebracht hat. Das, meint er, sei eben jener Raffael, der ihm gerade über dem Schädel herumtrampelt und vergnügt seine Vorzeichnungen auf die Wände der Stanza della Segnatura überträgt. Gemeinsam mit Julius II. und dessen Beratern hat er ein neuartiges und umfassendes Bildprogramm für die übersichtliche Privatbibliothek entwickelt: Theologie, Geschichte, Philosophie, Poesie, Jurisprudenz, Astronomie und Rhetorik, das gesamte Weltwissen von der Antike bis heute wird hier auf die Bühne treten und dem Papsttum seine Reverenz erweisen. Die Kirche zeigt sich als Freundin der Künste und der Gelehrsamkeit, in ihr geht alles auf, was je Gutes geschaffen und gedacht wurde – und das unterscheidet den Papst als Glaubensführer von Königen, Fürsten und Klerikern, die mit ihm rivalisieren.

Leider muss sich auch Michelangelo mit Konkurrenz plagen.

Raffael wartet nur auf sein Scheitern hoch oben – um den Himmel selbst zu gestalten. Das ganze Projekt der Deckenmalerei wurde Julius eingeredet, glaubt Michelangelo, von Raffael und dessen Förderer, dem Baumeister Donato Bramante (1444 bis 1514). Sie dachten wohl, Michelangelo würde den Auftrag ablehnen oder schnell wieder aufgeben, weil er als Bildhauer von der komplizierten Überkopfmalerei überfordert sei.

Eigentlich wollte sich Julius nicht in Farbe verewigen, sondern in Marmor. Michelangelo machte das Grabmal des Pontifex zu seiner Herzenssache. Vierzig Skulpturen sollten einmal den Sarg im Petersdom umstehen und Worte und Taten des kriegerischen Julius preisen, dieses zornigen Alten mit den tiefliegenden Augen und der markanten Nase. Die alte Basilika war dafür zu klein, also beauftragte der Papst Bramante mit ihrem Um- und Neubau. Inmitten einer Zentralarchitektur über griechischem Kreuz sollte sich die Tomba erheben. Michelangelo suchte über mehrere Monate die besten Steinblöcke für seine Skulpturen aus. Er sah es schon vor sich, das Monument für sie beide: den Papst und seinen Künstler. Zwei Männer, die es mögen, wenn es hinter ihrem Rücken heißt: Er ist *terribile.* Schrecklich.

Aber der Kirchbau ging nicht voran und Bramante unkte: Ein Grabmal zu Lebzeiten, das bringe Unglück. Julius, Anfang sechzig, kam ins Grübeln. Das Papsttum wird von allen Seiten herausgefordert. Italien besteht neben dem Kirchenstaat aus vielen Herzogtümern und einigen Stadtrepubliken, die territoriale Ansprüche des Vatikans bestreiten. Der französische König wildert immer wieder in Norditalien. Nicht einmal in der Ewigen Stadt herrscht Ruhe, die einheimischen Barone auf der anderen Tiberseite lassen ihre Muskeln spielen. Am gefährlichsten aber sind Forderungen aus dem Kardinalskollegium nach Mitbestimmung und Gewaltenteilung. Wenn Julius jetzt weiter alle Mittel in seine eigene Grabstätte investierte, so gäbe er den Kritikern Recht:

Auch dieser Papst denkt nur an sich selbst, hieße es dann. Wie also ließen sich stattdessen Person, Familie, Amt und Institution gleichermaßen stärken?

Die Sixtinische Kapelle bietet sich für Symbolpolitik geradezu an. Das Werk des Onkels zu ergänzen, heißt, die Della Rovere-Dynastie auf dem Stuhl Petri zu etablieren – und sie bis ins Jenseits fortzuschreiben. In den Messen der Sixtina zelebrieren die Würdenträger der Kirche gemeinsam mit den politischen Botschaftern den Ausblick in eine andere Welt. An Sonn- und Festtagen versammeln sie sich vor der *Himmelfahrt Mariens*, Peruginos später zerstörtem Altargemälde. Die Gottesmutter steht für Ecclesia, die Kirche als Institution. So wie sie zu himmlischen Freuden emporfährt, so werden auch ihre Diener eines Tages zu höchstem Glück aufsteigen. Teilnehmer erzählen, wie entrückend Chorgesang und Weihrauch in diesen Messen wirken: «Wessen Augen würden nicht im Angesicht von so etwas Großartigem dieses bewundern, wessen Ohren wären nicht verzückt? Was könnte es auf Erden Schöneres geben, was Größeres, was Göttlicheres, was würdiger der Bewunderung, der Erinnerung, der Beschreibung?», begeistert sich ein Traktatautor im 15. Jahrhundert.[4]

Schon Sixtus IV. nutzte diesen mystischen Moment, um den versammelten Funktionären die kirchliche Hierarchie in Erinnerung zu rufen. Altes und Neues Testament berichten mit Moses und Christus von starken Glaubensführern, um die sich die Gemeinde sammelte. Und daran erinnern die Wandmalereien in der Sixtina. In einem Fresko Peruginos an der rechten Längswand (Abb. 1) übergibt Christus den Schlüssel dem Petrus – *einem* Apostel, nicht allen. In der Bildmitte erhebt sich der Tempel von Jerusalem, flankiert von zwei Triumphbögen. Ihre Inschriften behaupten, Sixtus IV., der den Bau der Kapelle geweiht habe, sei zwar nicht so reich wie Salomon, dafür aber frommer. Die Sixtina wird zum Jerusalemer Tempel, ihr Bauherr erscheint als Nachfolger Pe-

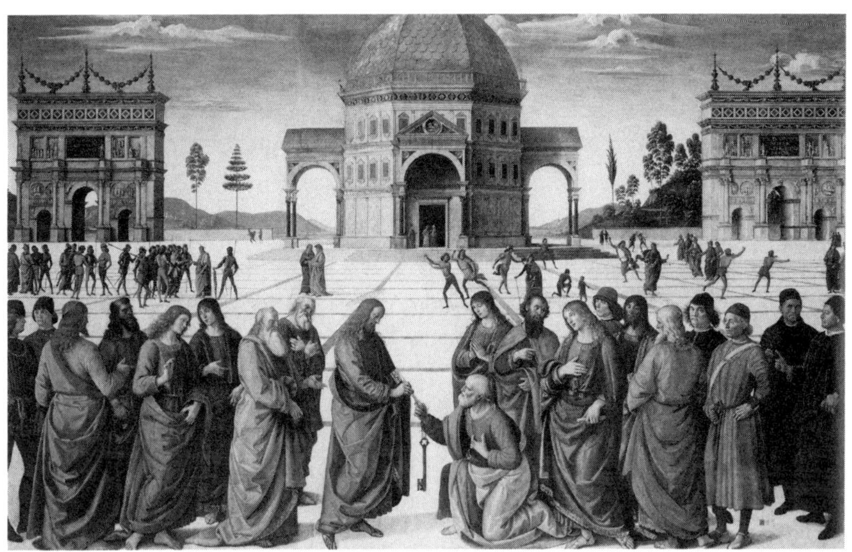

Abb. 1 *Perugino, Die Schlüsselübergabe*
Vatikan, Sixtinische Kapelle

tri, des Schlüsselträgers. Damals, heute und auch morgen im Himmel hat immer nur einer das Sagen.

Seit dem kurzen und korrupten Konklave von 1503 ist dies Julius II. Der denkt nicht daran, sich wie sein Onkel auf Peruginos Altarbild der Maria in der Sixtina als demütig Betender darstellen zu lassen. Er hat sich als Feldherr einen Namen gemacht, jetzt wird er neben Welt- auch Kirchengeschichte schreiben. Auf dem Künstler seiner Wahl lasten hohe Erwartungen.

Nicht dem jungen Maler Raffael, sondern dem Steinkünstler Michelangelo traut er die Ausmalung des Gewölbes zu. Nur hat dieser im April 1506 Rom verlassen. Tag um Tag war er im Vatikan vorstellig geworden wegen des Grabmals für Julius. Es sollte endlich vorangehen, doch leider glaubte nur noch der Bildhauer an die Sache. Jedes Mal wies man ihn ab. Zuletzt warf ihn ein Hofbeamter aus dem Palast – im Namen des Heiligen Vaters. Und dann hörte der Künstler den Papst auch noch zu einem Juwelier sagen, er möchte weder für große noch für kleine Steine Geld ausgeben. Wutentbrannt verkaufte Michelangelo sein spärliches Mobiliar und nahm die Postkutsche Richtung Florenz.

So hatte sich der Papst das nicht gedacht. Es gab nur einen Michelangelo, und der sollte gefälligst für ihn arbeiten. Der Künstler schaffte es bis kurz vor Siena, dann holten ihn die berittenen Boten des Vatikans ein. Festnehmen durften sie ihn nicht, weil er sich schon auf toskanischem Gebiet aufhielt. Sie händigten ihm Julius' Befehl aus: Die Person, die diesen Brief lese, müsse sofort nach Rom zurückkehren, bei Strafe der Ungnade, sollte sie es verweigern.[5]

Michelangelo weigerte sich. Eine solche Behandlung habe er nicht verdient. Wenn Julius nicht mehr an das Skulpturenprojekt für sein Grab denke, dann sei auch er zu nichts verpflichtet, ließ der Künstler ausrichten. Er fuhr nach Florenz und ließ den Papst weiter betteln.

In der Ferne allerdings konnte er die Geschehnisse und das Gerede in Rom nicht beeinflussen. Was ihm seine Vertrauten in Briefen berichteten, stärkte sein Misstrauen noch. Einmal dinierten einige Künstler beim Papst, darunter Bramante. Julius sagte, wie innig er wünsche, der Bildhauer käme zurück und male die Sixtina aus. Laut Michelangelos Informant soll Bramante daraufhin gehöhnt haben, der Papst möge sich keine Hoffnung machen, Michelangelo wolle mit der Kapelle nichts zu tun haben. Denn er bringe nicht den Mut auf, wisse er doch, wie schwierig diese Aufgabe sei: Die Figuren müssten in der Höhe und perspektivisch verkürzt gemalt werden, was der Bildhauer nicht beherrsche.[6]

Seit diesem Bericht war sich Michelangelo endgültig sicher, dass Bramante und Raffael ihn vernichten wollten. Einmal machte er einem Freund gegenüber in einem Brief dunkle Andeutungen. Seine Flucht aus Rom erkläre sich nicht nur aus der Kränkung durch den Papst: «Das war nicht der einzige Grund für meine Abreise. Nur so viel sei gesagt: Ich kam zum Schluss, dass, bliebe ich in Rom, mein eigenes Grabmal vor dem des Papstes bereitet werden würde. Und das war der wahre Grund dafür, dass ich so schnell verschwand.»[7] Und dann ist er dem Papst und dem Gelde zuliebe doch aus Florenz zurückgekehrt in die Wolfshöhle.

Noch Jahrzehnte später, Raffael ist längst tot, wird Michelangelo einem Kleriker am Vatikan schreiben: «All der Zwist zwischen Papst Julius und mir wuchs aus dem Neid von Bramante und Raffael von Urbino.»[8] Nach Meinung des Bildhauers hatten die beiden Kollegen dem Papst das Grabmal aus- und die Decke eingeredet, nur um ihn fallen zu sehen.

Tatsächlich wäre er womöglich zwanzig Meter in die Tiefe gestürzt und auf dem bunten Steinmosaik der Kapelle zerschellt, hätte er nicht aufgepasst. Das erste Gerüst für die Sixtina entwarf ausgerechnet Bramante. Er baute eine instabile Seilkonstruktion, die an der Decke befestigt werden sollte. Die Bohrlöcher wären dauerhaft im Bild geblieben. Michelangelo sah Leben und Werk bedroht und legte selbst Hand an. Er montierte eine enorme Arbeitsbühne an die Wände und überwand die Höhenunterschiede mit bequemen Stiegen. Das Gestell bietet genügend Bewegungsspielraum, um die oberen Teile der Wände und verschiedene Deckeneinheiten gleichzeitig zu bearbeiten. Auf dem Gerüst kann sich der Künstler so geschützt fühlen wie frei.

Im Moment ist es das Einzige, was noch Bestand hat. Die Farben halten nicht, obwohl Michelangelo auf Nummer sicher geht und erst einmal nicht in klassischer Freskiertechnik auf nassem Putz arbeitet, sondern den Pinsel *a secco* über die schon trockene Decke streicht.

Michelangelo friert und kennt keine Lösung. Er weiß nur, dass es kein Zurück gibt. Er wird seine Holzbühne erst verlassen, wenn der Himmel in vollendeter Schönheit strahlt. Im Moment prangen dort noch gleichmäßig gestreute Sternchen auf blauem Grund, wie in vielen Kirchen üblich. Sie müssen weichen für Gottes großen Plan, so wie der Maler ihn sich vorstellt und der Papst ihn wünscht. 3000 Dukaten hat Julius geboten, damit sein Lieblingskünstler diese Aufgabe annimmt. Und er hat ihn mit der Aussicht gelockt, bald wieder die Skulpturen des Grabmals aus harten Marmorblöcken schlagen zu dürfen.

Bildhauerei erfordert Kraft und Fingerspitzengefühl – Deckenmalerei dagegen Dehnbarkeit und Leidensfähigkeit. Michelangelo muss beim Malen in der Sixtina den Kopf in den Nacken legen und tief ins Hohlkreuz gehen. Das Gerüst verdeckt die Fenster, so dass der Künstler sich im Schein flackernder Kerzen die Augen verdirbt. Giorgio Vasari wird später berichten, eine Zeitlang habe Michelangelo beim Lesen Buch oder Papier über seinen Kopf halten müssen, weil er vor lauter Nackenschmerzen nicht mehr geradeaus schauen konnte.[9]

Vielleicht würde Michelangelo gerne ein weiteres Mal nach Florenz entschwinden. Aber das geht nicht mehr. Jetzt gibt es einen Rivalen, der sich die Hände riebe und den Auftrag samt Konzept an sich risse. Diesen Triumph wird Michelangelo Raffael nicht gönnen. Er wird in der Sixtina aller Welt zeigen, dass es immer nur einen geben kann. Einen Gott, einen Papst, einen Künstler.

I

Ein Menschenfreund im Vatikan: Michelangelos Sixtinische Decke

Neuanfang

Die Insel der Verlorenen bleibt an der Decke. Dieser eine Bildfetzen übersteht Schimmel und Nässe und scheinbar auch die Sintflut. Für Michelangelos Menschen ist der karge Felsen inmitten des steigenden Meeres der letzte Zufluchtsort. Sie haben eine Plane gespannt, um sich vor dem Wind zu schützen. Das Zelt jedoch versperrt ihnen auch den Blick auf die rettende Arche Noah. Eine Frau weint und reibt sich die Augen mit ihrem klammen Gewand. Ein wohlgenährter Jüngling stützt sich auf das einzige Wasserfass, das der Gruppe geblieben ist. Er schaut die Betrachter an und doch durch sie hindurch. Das Aussichtslose der Situation hat ihm die Bewegungsfreude genommen; sein nackter Leib gleicht sich dem Felsen an, als wäre auch er aus Stein. Andere versuchen, die Erschöpften und die Toten aus dem Wasser zu bergen. Helfende Hände strecken sich ihnen entgegen. Die Inselbewohner mögen verzweifelt sein, böse sind sie nicht. Und wenn ihre Tage auf Erden auch gezählt sind, Michelangelo lässt ihnen den Himmel.

Fünf Tage hat er mit seinen Florentiner Gehilfen an der Gruppe gearbeitet, in Temperafarben auf bereits trockenem Putz. Tatsächlich ist diese Malerei so stabil, dass erst im 18. Jahrhundert eine Explosion der Pulverkammer in der nahe gelegenen Engelsburg sie beschädigen kann.

Jetzt bittet der Maler den Papst in die Kapelle. «Ich habe es Eurer Heiligkeit ja gleich gesagt, dass dies nicht meine Kunst sei. Was ich gemacht habe, ist verdorben», sagt er - glaubt man seinem Schüler und Lieblingsbiografen Ascanio Condivi, der 1553 eine Vita des Meisters veröffentlicht.[1] Der Papst schickt Giuliano Sangallo zu Hilfe, einen Kollegen, dem Michelangelo vertraut. Der erklärt ihm die richtigen Mischungsverhältnisse, auf dass Farben und Fluten fließen. Wieder überträgt der Maler seine Pappvorlagen mit exakter Vorzeichnung auf die Decke, ergänzt das Felsinselchen um Landzunge, Ruderboot und im Hintergrund die Arche Noah, groß wie eine Kirche, aber unzugänglich. Die Menschen ringen um die einzige Leiter und gelangen doch nicht hinein.

Voller Misstrauen Raffael und anderen Kollegen gegenüber hätte Michelangelo die Sixtina wohl auch gerne verbarrikadiert. Der Kunstschriftsteller Giorgio Vasari berichtet 1550 in der ersten Ausgabe seiner Vita Michelangelos, der Künstler habe seinen Gehilfen eingeschärft, sie dürften niemandem, nicht einmal dem Papst, Eintritt gewähren. Zum Test habe er einmal eine List angewandt und behauptet, er verreise. Prompt habe Julius sich mit reichlich Schmiergeld den Schlüssel erschlichen. Als der Papst aber die dunkle Kapelle betreten habe, seien ihm Hölzer um die Ohren geflogen: Der Künstler stand demnach auf dem Gerüst und zielte auf den Eindringling. Erschrocken sei der Heilige Vater aus dem Raum geflohen.[2]

Solche Geschichten lieben Michelangelo und seine Bewunderer. Immer wieder ist die Rede davon, wie er, der Angestellte, es seinem Chef gezeigt habe. Die beiden kultivieren eine Hassliebe, in der es längst nicht nur um persönliche Eitelkeiten geht. In seinem mal arroganten, mal wehleidigen Außenseitertum gerät Michelangelo in den Geschichten über ihn bald zum Prototypen aller Künstler, wie sie die Welt bis in die Moderne sehen will: genial, leidend, selbstbestimmt, anders als andere. So einer braucht einen würdigen Gegner, und wenn das nicht die Gesellschaft ist, dann ist es ihr höchster Vertreter. Der Papst versteht sich als weltlicher und geistlicher Herrscher, nur er vertritt die politische und die mentale Ordnung seiner Zeit gleichermaßen.

Mag sein, dass Michelangelo vor allem seinen breiten Schädel durchsetzen will. Schon Mitte des 16. Jahrhunderts aber wird er als gottgleich verehrt, von Humanisten, Künstlern, Auftraggebern. Das Prinzip Michelangelo etabliert in kürzester Zeit ein neues Wertesystem nach eigenem Recht. Es gibt Politik, Religion, soziale Ordnung. Und dazwischen, daneben, über allem floriert und regiert die Kunst, die große Weltendeuterin. Sie behauptet ihre Autonomie, auch wenn das nicht stimmen kann. Aber da es seit Michelangelo und seinem Papst viele glauben, auch in den Schaltstellen der Macht, verschiebt sich manchmal tatsächlich das Verhältnis von Kreativität und Kontrolle.

Julius lässt seinen Künstler gewähren. Sicher billigte er das grobe Konzept, bevor Michelangelos Leute ab Mai 1508 den Putz anbrachten. Ein schriftliches Programm ist, wenn es denn eines gegeben hat, nicht erhalten – und ebensowenig sind inhaltliche Streitereien zwischen dem Künstler und den Theologen bekannt. Michelangelo hat sich das Gefüge also entweder selbst ausgedacht, oder er war tatsächlich einmal mit fremden Ideen einverstanden. Denkbar ist, dass Julius' Vertrauter, der rhetorisch brillante Augustiner Egidio da Viterbo (1469 bis 1532), Themen vorgegeben hat. Die ästhetische Komposition allerdings ist allem Anschein nach Michelangelos Entwurf. Sie sieht weder antike Ornamente vor noch den für die Frührenaissance typischen Illusionismus, der mit extremen Verkürzungen und Himmelsausblicken spielt und die Betrachter zwingt, das Bild an der Decke von einem bestimmten Standort aus zu betrachten, weil die Zentralperspektive nur einen Blickwinkel unverzerrt zulässt.

Michelangelo dagegen mag Perspektivwechsel. Er will Bilder schaffen, unter denen man entlanggehen kann, wie es auch die in die Kapelle einziehende Gemeinde tut. Schon der alte Mosaikfußboden gibt die Bewegungsrichtung vor. Eine fortlaufende Spirale aus sechs Kreisen markiert den Weg ab der Eingangspforte bis zur Schranke in der Raummitte, die nur Auserwählte durchschreiten dürfen (Abb. III). Ein Kreis ist aus Porphyr, damit alle Eintretenden wissen, wo sie die Knie beugen müssen. Hinter der Schranke lenkt das Mosaik Kardinäle, Zelebranten und den Heiligen Vater auf ihre Plätze. Ein auf einer Ecke stehendes Quadrat zeigt an, wo der Weihrauch zu schwenken ist.

Wandern soll mit dem Menschen auch das Auge. Michelangelos Konzept verschränkt verschiedene Bildebenen zu einem Gewölbe der Geschichten. Eine große und bunt gemischte Gemeinde wird sich in diesem Himmel versammeln, die Vorväter und -mütter Christi sind dabei, Propheten, Sibyllen, eine Reihe namenloser Aktmodelle und das biblische Personal von Adam bis Noah plus heilsgeschichtlich wichtiger Akteure wie David und Goliath. Sie alle hausen in einem ausgefeilten Ordnungssystem aus realen und gemalten Architekturelementen.

Aus Rücksicht auf den laufenden Betrieb begannen die Arbeiten im Frühling 1508 nicht über dem Altar, sondern im Eingangsbereich. Trotzdem beschwerte sich der päpstliche Zeremonienmeister schon im Juni über das Gehämmer und den herabrieselnden Dreck – ein Beleg, dass die Kapellentür keineswegs so dicht geschlossen war, wie Vasari dies in seiner Erzählung nahelegt.[3] Schuld an Krach und Staub während der Andacht war der Zeitdruck, den der Papst ausübte. Michelangelos Angestellte mussten bis spät arbeiten, um die Vorgaben einzuhalten und die Decke schnell für den Meister vorzubereiten. Deshalb standen sie noch auf dem Gerüst, wenn unten die Abendmesse gefeiert wurde.

Für Michelangelo bedeutet der Start im vorderen Teil, dass er sich ausprobieren kann, bevor er in die Zone über dem Altar vordringt. Er muss in den großen Mitteltafeln die biblische Geschichte von Noah aus rückwärts erzählen, denn die Welt soll ihren Anfang über dem Papstthron nehmen. Der Maler möchte Gott vom Altar bis zur Schranke in aller Herrlichkeit wirbeln lassen, dem Publikum diesseits des Gitters dagegen die Folgen des Sündenfalls vor Augen führen.

Mit den Rezepten für die richtige Mörtelmischung geht Michelangelo die Arbeit nun leicht von der Hand. Noch hält er sich strikt an seine Pappvorlagen aus dem Atelier. Die Kartons zeigen Zeichnungen der Motive in Realgröße. Ihre Konturen werden gelöchert, bevor ein Mitarbeiter die Pappen an die Decke nagelt. Mit einem Kohlesäckchen lassen sich die Umrisse nun auf den Putz durchdrücken.

Bald wagt der Künstler, in *buon fresco* zu arbeiten, also die Farbe auf den noch feuchten Malgrund aufzutragen. Die Schwierigkeit liegt darin, dass der Putz und die mit Wasser angerührten Pigmente sich innerhalb von etwa zwölf Stunden untrennbar verbinden. Danach lässt sich nichts mehr korrigieren. Die Rigorosität der Sache beginnt dem Bildhauer zu gefallen. Einmal abgeschlagener Marmor ist schließlich auch nicht zurückzuzaubern.

Sein breites Gerüst erlaubt es ihm, die Lünetten oberhalb der Fenster gleich mit zu gestalten. Zwischen der harten Deckenmalerei entspannt ihn diese Arbeit, denn er muss einmal nicht seinen Rücken verrenken, sondern kann den Pinsel schwenken, als stünde er vor einer Staffelei. So sicher ist er seiner Sache, dass er hier auf Kartons verzichtet und die Figuren direkt an die Wände malt. Nur drei Tage lang arbeitet er im Schnitt an einer Lünette.

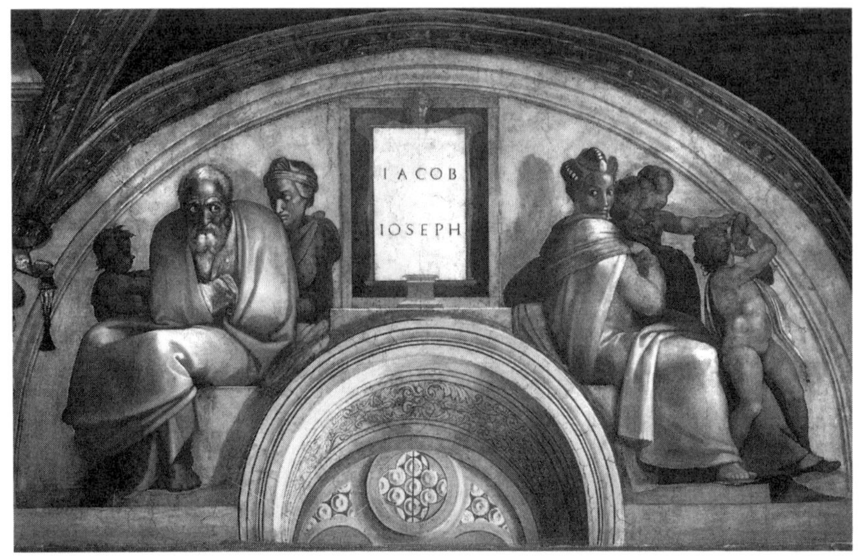

Die Vorfahren

Die Ahnen Christi seit Abraham (Abb. 2) leben in den planen Lünetten sowie in den gewölbten Stichkappen, die Längswände und Decke verbinden und wegen der kaum berechenbaren Krümmung besonders schwierig auszumalen sind. Beide Formate lassen wenig Raum: Die Rundbögen und die spitzen Winkel der Palastarchitektur zwingen die Figuren in gebeugte Sitzhaltungen. Mütter umschlingen Kinder, eine junge Frau kämmt sich mit geneigtem Nacken, ein Jüngling fläzt sich beim Lesen. Ein Mann krümmt den Rücken vor Einsamkeit, und ein Alter zankt mit dem knollennasig geschnitzten Knauf seines Stockes, als blicke er in sein Spiegelbild (Abb. 3).

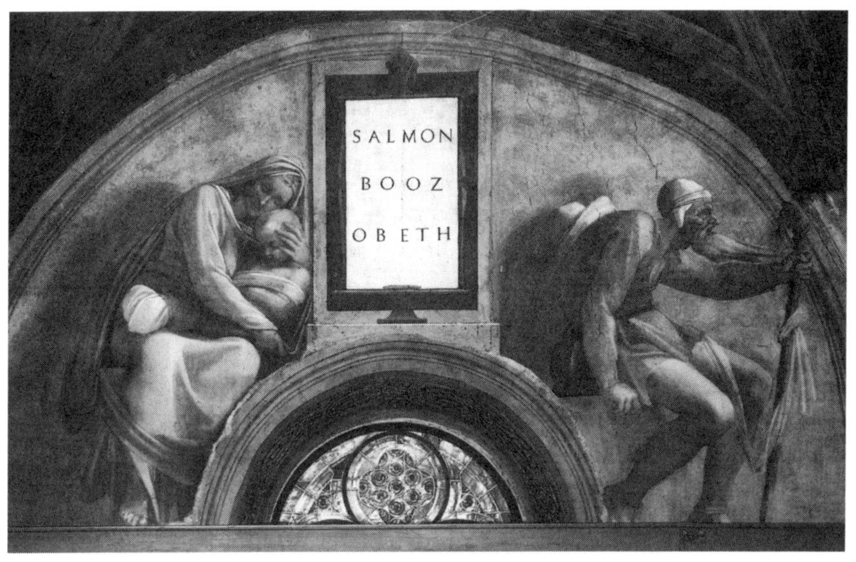

links Abb. 2 *Michelangelo, Vorfahren Christi*

oben Abb. 3 *Michelangelo, Vorfahren Christi*

Vatikan, Sixtinische Kapelle

Zu erleben sind Fruchtbarkeit und Familiensinn des Clans, aber auch Unglück und Unkenntnis derer, die vor Christi Geburt leben mussten. Michelangelo lässt die Leute schlafen, faulenzen, ihre Kinder behüten. Im Reigen unter ihnen neben den Fenstern stehen Päpste in vollem Ornat, gemalt noch von der Künstlergruppe unter Sixtus IV. Künftig werden diese Heiligen Väter die Familienbilder Christi als dessen spirituelle Erben fortsetzen. Der Maler nimmt die Idee der älteren Kollegen auf, die Figuren wechselseitig auf beide Längsseiten zu verteilen. Doch könnten die beiden Serien nicht unterschiedlicher sein: Bei Michelangelo öffnet sich der Blick vom Offiziellen ins Inoffizielle, von der golddurchtränkten Repräsentation eines Amtes zur bunten Präsentation des Alltäglichen und Allgemeinmenschlichen. Im Kosmos dieses Künstlers geht es human und familiär zu. Hier haben Trauer, Angst und Phlegma genauso ihren Platz wie Entspannung und Zärtlichkeit.

Es sind mehr Mütter zu sehen, als die Bibel unter den Ahnen erwähnt. Sie betrachten sich im Spiegel, halten ein Nickerchen oder stillen ihre Babys. Wie immer bittet Michelangelo auch für weibliche Figuren nackte Männer vor seinen Zeichenblock, was auf den Gemälden noch manch kräftig gespannter Bizeps verrät. An der Wand feminisiert er die Skizzen und kleidet sie Schicht um Schicht an. Einmal lässt er einen Umhang zwischen Blau, Gelb und Rot changieren, was den koketten Blick des Mädchens über seine nun regenbogenfarbig modulierte Schulter akzentuiert (Abb. 2). Gerade die Bilder der weiblichen Vorfahren widerlegen die von späteren Generationen gerne wiederholte Behauptung, das gesamte Wirken Michelangelos durchziehe eine grobe Maskulinität ohne Gespür für die Sinnlichkeit der Frauen.

Zwischen den Stichkappen öffnet sich der Himmel. Die Vorfahren Christi wissen nichts von seiner Größe, die Architektur der Decke zwingt sie in ihre spitzen und runden Kammern ohne Ausblick. Den durch die Kapelle schlendernden Gläubigen aber wird sich die Decke in aller Vielfalt offenbaren. Michelangelo denkt nicht an jene traditionellen Hierarchien des Jenseits, in denen biblische Gestalten und Heilige in Rängen gestaffelt sind. Ihm schwebt ein spielerisches Miteinander der Menschen vor, sie sollen einander inspirieren und über mehrere Felder hinweg kommunizieren. Ein großes Bilderbuch mag dieser Himmel werden, aber eines, in dem alle Seiten offen liegen und die Elemente sich wie in einem Puzzle ineinanderfügen.

Die Jünglinge

Der Maler erzählt die biblische Geschichte in einer Serie abwechselnd kleiner und großer Tafeln, die sich in der Mitte der Decke vom Altar zum Eingang aneinanderreihen. Eine helle Scheinarchitektur soll sie verbinden, belebt von gar nicht biblischen Kerlen: Nackte Jünglinge, *ignudi* genannt, werden sich paarweise auf den Simsen austoben (Abb. 4), werden sich räkeln und an Tüchern ziehen, die dekorativ über die vermeintlichen Marmorblöcke fallen, nie aber über die Scham der Männer. Zeigt sich der eine

Abb. 4 *Michelangelo,* Ignudi
Vatikan, Sixtinische Kapelle

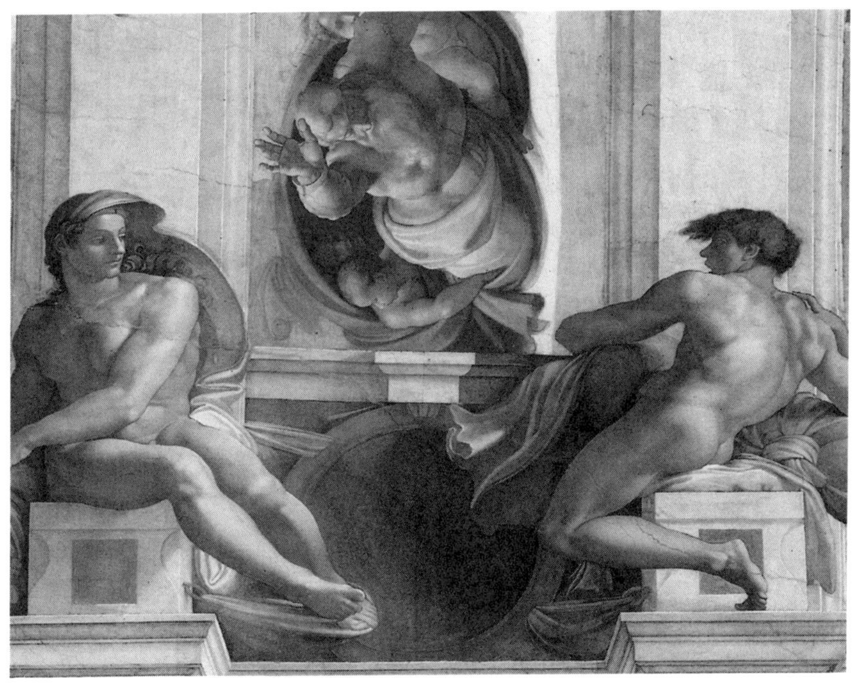

von vorne, so offenbart der andere seinen trainierten Rücken. Lehnt sich einer vor, lässt sich sein Partner nach hinten gleiten.

Michelangelo inszeniert die Akte dialogisch, als Part und Widerpart. Außer Giotto (1266 bis 1337) hat er kaum Vorbilder in der Malerei, dafür achtet er seine Kollegen zu wenig. Wohl aber verehrt er die antiken Bildhauer, deren Statuen gerade überall in Rom aus dem Boden gehoben werden. Ihnen ähneln die leichtfüßigen *ignudi* mehr als Werken aus der bisherigen Malerei.

Julius II. beruft sich nicht nur auf Bibel und Kirchengeschichte, sondern ebenso auf die Antike. Er sieht sich als legitimen Nachfahren der römischen Herrscher, allen voran seines Namensvetters Julius Cäsar, den er als Strategen und Kriegsherrn schätzt. So sehr identifiziert er sich mit dem Imperator, dass er einmal eine Münze mit der Inschrift «Iulius Caesar Pontifex II» prägen lässt. Julus hieß auch der Sohn des Aeneas, dem Mythos zufolge der Ahnvater des römischen Volkes. Das kann kein Zufall sein, meint der Papst. In seiner Selbstliebe findet er überall Vorgänger, die seinen allumfassenden weltlichen wie geistlichen Herrschaftsanspruch legitimieren.

Damit jedermann sieht, wessen Erbe er ist, unterstützt er den Erhalt der Ruinen und erwirbt antike Skulpturen. Es ist, als wolle er, dessen Großvater ein einfacher Bauer war, sich einen mächtigen Stammbaum kaufen. Sein Interesse fällt in eine Zeit, in der Humanisten wie Kirchenleute sich auf die Suche nach vorchristlichen Wurzeln begeben, um aus der fernen Vergangenheit neuen Antrieb zu schöpfen. Jahrhundertelange Kleinkriege haben Land und Kontinent zersplittert. Selbst das Papsttum hatte im 14. Jahrhundert seine Spaltung erlebt und musste vorübergehend nach Avignon emigrieren. Doch inzwischen geben die Feudalherren, Fürsten, Könige, Söldnerführer und Kleriker längst nicht mehr alleine den Ton an; in den Städten wächst eine Schicht finanzkräftiger Kaufleute und Bankiers, die – stolz auf Leistung und Bildung –

die Künste fördern. Wie der Papst, so definieren sich auch diese Aufsteiger gerne über phantasievolle Wahlverwandtschaften und ein Geschichtsbewusstsein, das in großen Zügen denkt.

Der Markt für antike Statuen wächst und mit ihm ein neues Menschenbild. Von ihrer ursprünglichen Bemalung ist praktisch nichts mehr erhalten. Die Maserungen des antiken Marmors treten wie Adern hervor, und der helle Glanz des Steines erinnert an jugendliche Haut. Knaben tänzeln nackt auf Spiel- und Standbein, Mädchen verdecken Scham und Brust nur notdürftig mit den Händen, im Gestus einer schamhaften Venus. Aus der Erde erhebt sich eine Kultur, die keine Erbsünde kennt, dafür aber etwas von Anatomie versteht.

Vor den Augen der Renaissance-Menschen entfaltet sich damit ein Gegenbild zum vergeistigten mittelalterlichen Glaubenskult: Galt doch der Körper bisher eher als Träger des Kopfes und notwendiges Übel. Um ihn nackt darzustellen, mussten Künstler zu Tricks greifen und einen heiligen Sebastian an einen Baum schnüren, eine Eva zur Schlange schicken oder eine Gruppe Verdammter ins Höllenfeuer werfen. Nun aber steht und liegt, springt und ruht zwischen den Christen ein unbefangenes Volk marmorner Nackter. Kopf und Körper bilden eine Einheit, und auch die Theologen können das begründen: Gott schuf den Menschen nach seinem Ebenbild, also kann dieser nicht anders sein als würdevoll und schön.

Michelangelo selbst ähnelt mit seiner breiten Stirn, der eingedrückten Nase, dem wilden Bart über schmalen Lippen und dem kleinen, gedrungenen Körper nicht gerade einem jungen Gott. Doch er ist überzeugt, dass sich – zumindest in der Kunst – ein edler Geist und ein ebenmäßiger, möglichst männlicher Körper entsprechen. Einmal soll er gesagt haben, der Fuß eines Mannes sei edler als sein Stiefel, seine Haut edler als die eines Schafes. Also verzichtet er in seiner Malerei, soweit es geht, auf Schuhe und Wolle. Die *ignudi* entnimmt er seinen Entwürfen für die Statuen, die einmal Julius' Grabmal schmücken sollten. Nun werden sie den Papst aus der Familie della Rovere zu Lebzeiten ehren und seine Namenssymbole, die Eicheln, zur Schau stellen. Diese formen sich mit ihrem Laub zu dicken Girlanden, an denen die *ignudi* schwer zu schleppen haben. Einer wird ein Bündel Eicheln unter Adams frisch erschaffenen Po schieben, ein anderer darf sich auf dem Grünzeug bequem zurücklehnen, während Gottvater wirbelnd die Welt kreiert.

Ebenso respektlos gehen die Jünglinge mit den gemalten Medaillons um, die zwischen jedem *ignudi*-Paar prangen. Sie zeigen besonders kriegerische Szenen aus dem Alten Testament. Zumeist sind Geschichten von den priesterlichen Glaubenskämpfern der Makkabäer zu sehen, deren Reliquien in Julius' ehemaliger Kardinalstitelkirche San Pietro in Vincoli verwahrt werden. Mit dem Hauen und Stechen kann sich Julius, der stolze Feldherr, identifizieren, sieht doch auch er sich als Gottes Schwert im Kampf gegen weltliche Widersacher. An der menschenfreundlichen Decke jedoch wirken die Darstellungen wie aus einer anderen Welt: Michelangelo präsentiert die Blutrunst in bräunlicher, verfremdeter Manier auf imitierten Bronzetafeln. Die Aktfiguren zerren an den Medaillons der Krieger oder lassen achtlos Füße oder Stoffzipfel vor ihnen baumeln.

Vermutlich hat Michelangelo solche Details nicht geplant, sondern sie ergeben sich im Malprozess. Möglicherweise sind die kriegerischen Medaillons Pflicht, die Akte dagegen Kür. Je weiter er an der Decke Richtung Altar voranschreiten wird, je sicherer er seiner selbst wird, desto verspielter und verführerischer geben sich auch die *ignudi*.

Noahs Familie

Noch aber, im Winter 1508/1509, schuften der Maler und seine Gesellen im Eingangsbereich der Kapelle. Die detailreiche Sintflut hat fast zwei Monate gekostet, und die Tage waren lang. Als Nächstes malen sie die erste der fünf kleineren Deckentafeln, die von der Scheinarchitektur mit *ignudi* und Medaillons gerahmt werden. Diese Arbeit ist nun schon in dreizehn Tagen erledigt. Zu sehen ist ein ruhender Nackter, der ein Bein anwinkelt, wie es später auch Michelangelos liegender Adam tun wird.

Doch wo der erste Mensch voller Hoffnung auf seinen Schöpfer und die Welt blickt, da lässt dieser Mann den Kopf hängen und sackt in sich zusammen. Es ist der betrunkene Noah (Abb. I), der sein Kontrollvermögen verloren und seine Kleidung eingebüßt hat. Sein böser Sohn posaunt die Nachricht lachend heraus; die guten Söhne eilen herbei, um des Vaters Blöße zu bedecken. Die Sünde, sagt die Bibel, ist auch nach der Sintflut nicht aus der Welt. Deshalb ehrt der indiskrete Sohn den Vater nicht. Der Kirchenlehrer Augustinus (354 bis 430) deutete den Hohn auf Noah als Vorzeichen der Demütigung Christi. Was zu tun ist, wenn man derart auf der Verliererseite steht, zeigt Michelangelo in den nahen Eckzwickeln: David ringt den Goliath nieder, und Judith hat gerade Holofernes geköpft. Die Kleinen besiegen die Großen und retten so ihr Volk. Es bleibt nicht bei der Niederlage; am Ende triumphieren die vermeintlichen Außenseiter.

Solche Verallgemeinerungen scheinen den Künstler mehr zu interessieren als das Skandalon der Nacktheit Noahs. Er malt nicht nur den Vater, sondern auch dessen Söhne unverhüllt, was das Thema auf eine abstraktere Ebene hebt: Zu erleben sind ein schadenfroher Voyeur und seine Brüder, die aus Verantwortungsgefühl und Mitleid handeln. Wobei die Betrachter und auch der Maler sich zu den Sündern zählen müssten, denn sie starren geradezu auf Noahs schutzloses Geschlecht. Rechnet man die rahmenden *ignudi* hinzu, so begegnen einem in dieser Bildtafel gleich acht Akte.

Dem Künstler gelingt es, ausgerechnet mit der Geschichte einer zur Schau gestellten Schamverletzung den lustvollsten Körperkult der christlichen Kunst einzuleiten, und das im Allerheiligsten des Abendlandes. Julius und seine Berater stören sich nicht daran. Sie sehen offenbar nur, wie hier Beistand gefordert wird für einen verdienten Alten mit weißem Vollbart. Und Solidarität mit Autoritäten kann auch der alternde Papst gut gebrauchen, schließlich krönt nicht jeden seiner militärischen Angriffe ein Sieg.

Michelangelo arbeitet im ersten Jahr mit einer Handvoll Helfer, die wie er selbst ihre Lehre in der Florentiner Werkstatt von Domenico Ghirlandaio (1449 bis 1494) abgeschlossen haben. Sie sind ungefähr in seinem Alter, und er vertraut ihnen wie Freunden. Manch geselliger Kollege ist darunter, der den Chef aufheitern kann, wenn er düsterer Stimmung ist, an sich und der Welt zweifelt. Und doch kommt es auch zu Brüchen; der Meister ist leicht reizbar, nicht jeder hält das aus. Schon im Herbst 1508 überwirft sich Michelangelo mit einem Gehilfen namens Iacopo di Sandro, von dem er sich betrogen fühlt. Als Iacopo in beider Heimatstadt Florenz abreist, schreibt der Meister seinem Vater, wie er sich bei Klagen des Gekündigten zu verhalten habe: «Macht die Ohren wie Kaufleute zu, und damit genug. (…) Tut so, als sähet Ihr ihn nicht.»[4]

Nicht richtig aber ist die Version, die Giorgio Vasari später verbreitet, möglicherweise auch Michelangelo selbst: Demnach sperrte der Künstler all seine Mitarbeiter aus der Kapelle aus und ging auch nicht zur Tür, wenn sie bei ihm zu Hause schellten. So unzufrieden sei er mit ihrer Arbeit gewesen (Vasari lastet den Gesellen sogar die anfänglichen Probleme mit dem Schimmel an). Schließlich seien sie betrübt nach Florenz zurückgereist, und Michelangelo, dieser Herkules, habe die gesamte Decke alleine ausgemalt.[5]

So stilisiert Vasari seinen Helden zu einem raubeinigen, einsamen und übermenschlichen Genie, das alle Kunst nur aus sich selbst heraus schöpft. Diese oft wiederholte Legende werden erst jene Restauratoren widerlegen, die im ausgehenden 20. Jahrhundert die Decke reinigen und technisch untersuchen. In Wirklichkeit hat sich Michelangelo gerade bei den frühen Fresken helfen lassen, erst später hat er große Teile selbst übernommen.

Die Hände der Maler zu unterscheiden, wird bis in unsere Gegenwart schwerfallen, denn Michelangelo versteht sich auf detaillierte Vorgaben und überwacht deren Umsetzung genau. Noch für den Dekor wie die Kapitelle der Scheinarchitektur oder die Eichenblätter fertigt der Perfektionist in seiner Werkstatt Pappvorlagen. Später vernichtet er diese Kartons, auf dass künftige Generationen keinen Einblick in seine Arbeitsweise bekommen. Doch oben, auf einem Gerüst, wird bis in unsere Tage erkennbar bleiben, wo Konturen mit einem perforierten Karton auf die Decke übertragen wurden, denn die kleinen Löcherreihen für den Kohlestaub drücken sich dauerhaft in den Putz. Nachvollziehbar ist in Nahsicht ebenso, was das Team an einem Tag schafft, denn über Nacht verbinden sich Mörtel und Farben und trocknen aus.

Sicher beteiligt der Maler seine Mitarbeiter an den Szenen Noahs. Hier haben Restauratoren etliche Unterschiede im Farbauftrag erkannt; so ist der Pinselstrich mal opak, dann wieder wässrig. Die Sintflut, das große Gesellschaftspanorama von Egoismus und Beistand in Krisenzeiten, rahmt noch eine weitere Familienszene: Der nun nüchterne Patriarch steht mit erhobenem Zeigefinger hinter dem Opferaltar und dankt Gott für die Idee mit der Arche (Abb. 5). Seine Söhne bringen geschlachtete Widder herbei, eine Frau schürt das Feuer. Die Familie kooperiert und lässt sich vom Alten leiten.

Chronologisch gesehen hätte diese Szene auf die Sintflut folgen müssen. Michelangelo aber setzt sie vor die Fluten, malt sie also – da er sich von hinten nach vorne vorarbeitet – als letztes Stück der Trilogie. Ganz offensichtlich begreift er sich nicht als Lehrer, der Nachhilfe in Bibelkunde zu geben hat. Vielmehr zeigt er, warum gerade diese Familie auserwählt wurde, in die Arche zu steigen: Sie versteht es, dem einzigen Gott zu danken und seiner Macht zu huldigen.

Zu diesem Zeitpunkt, in den eisigen Monaten Anfang 1509, kann sich Michelangelos ästhetisches Programm auch den wenigen, die auf das Gerüst steigen dürfen, noch nicht erschließen. Sein Werk wird nicht lesbar sein wie manche Auftragsarbeiten, die sich an den Worten der Bibel und der Heiligenlegenden abarbeiten. Es argumentiert bildlich, nicht verbal. Und Gemälde sind, wie Leonardo da Vinci (1452 bis 1519) bemerkt, gegenüber Texten im Vorteil, weil sie vieles zugleich zeigen können.[6] Wo ein Autor linear seine Sätze hintereinander reiht und der Leser ihm Gedanke um Gedanken folgt, kann der Maler ein Panorama der Gleichzeitigkeit entfalten.

Michelangelo will dem Auge beides bieten: die Freude am einzelnen Bild und die Erkenntnis von Zusammenhängen. Der bärtige Noah wird in der Gesamtschau als Nachgänger Gottes erscheinen. Sein schütteres Haar ist nicht ganz so voll, sein Oberkörper nicht gar so trainiert wie der des Vorbildes. Doch er eifert ihm als Glaubensführer nach, weswegen er seine Hand hinter dem Opferalter himmelwärts strecken darf, wie das bei Michelangelo auch der Herr tun wird, wenn er auf der Altarseite Eva zum Leben erweckt. Gott wird sich in der Kapelle nur jenseits der Mittelschranke blicken lassen, in der heiligen Zone des Altars, wo Natur und Mensch geboren werden. Noah dagegen ist für das spätere

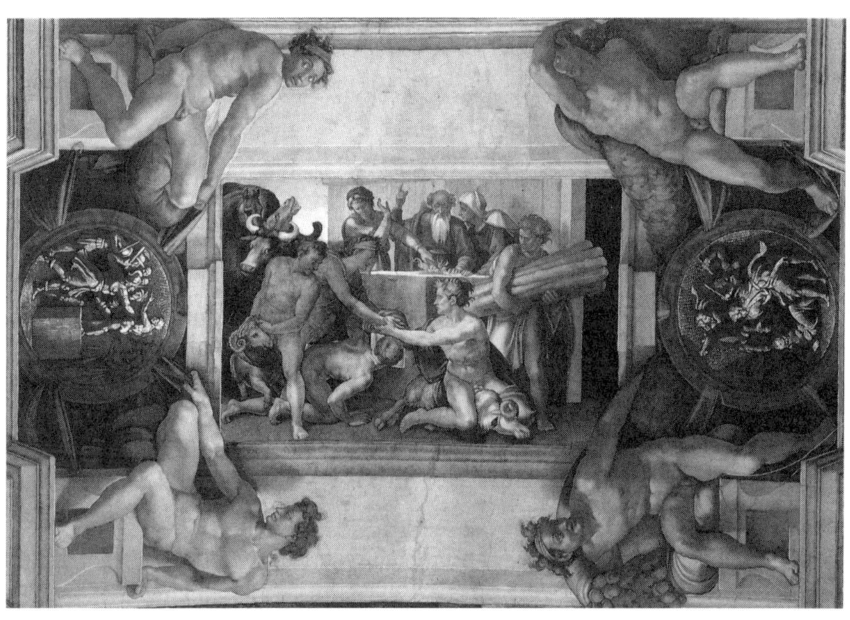

Abb. 5 *Michelangelo, Noahs Dankesopfer*
Vatikan, Sixtinische Kapelle

Leben zuständig; er muss sich auf Erden mit Sünde, Unheil und Schwäche herumschlagen und darf seinem Herrn für keine Plage zürnen. So leitet er das Publikum, das die Schranke nicht durchschreiten darf, und tröstet seine Betrachter, weil es ihm auf Erden nicht besser ergeht als ihnen.

Der Sündenfall

In dieser Logik gehört der Sündenfall (Abb. V) auf die allzumenschliche Seite der Schranke. Es war nicht Gottes Idee, Adam und Eva in den Apfel beißen zu lassen. Hier beginnt die Eigenverantwortung seiner Zöglinge. Michelangelo lässt auf Sünde Sühne folgen und setzt die Szene vor das Dankesopfer Noahs, als letzte Mitteltafel vor dem Lettner.

Die Schuld ist nicht zu delegieren und nicht zu teilen. Adam, Eva und die zur Vollblutfrau ausgewachsene Schlange agieren auf der großen Bildtafel Hand in Hand. Eva greift nach der Reptilienfrau, als wolle sie den Fingerzeig parodieren, mit dem der erste Mensch in Michelangelos Schöpfungsszene Gott die Hand reichen wird. Parallel zu den Armen der Frauen erstreckt sich Adams kräftiger Arm, der beherzt in den Baum fasst. Mag sein, dass Eva ihn verführt hat, wie ihr Kopf auf Höhe seiner Lenden andeutet. Doch vom Baum der Erkenntnis hätte er nicht essen müssen, denn dies hat Gott ihm verboten, wie Prediger der Zeit Michelangelos betonen. Der Mensch verantwortet sein Schicksal, und es ist seine Schuld, wenn nun hinter dem Schlangenbaum ein wütender Engel herbeischwebt und Mann und Frau fortjagt aus dem Paradies.

Tiefbetrübt und verängstigt eilen sie davon, immer noch unbekleidet – wieder ist nicht die Blöße das Problem, sondern die Tat. Und auch diese weiß die Theologie der Renaissance positiv zu wenden. Denn ohne Sünde keine Befreiung und kein Seelenheil: «Oh glückliche Schuld, welch großen Erlöser hast Du gefunden!», heißt es in einer zeitgenössischen Hymne der Liturgie zur Osternacht. Und in den Predigten der Sixtina war zu Beginn des 16. Jahrhunderts viel die Rede von der Güte Gottes und der Würde seiner Kreatur, die durch die Menschwerdung Christi eine höhere Stufe erreicht habe als vor dem Sündenfall.[7]

Böse wirken die glücklich Schuldigen auf dem Fresko nicht. Michelangelo moduliert ihr Fleisch in warmen, fließenden Farben. Erst trägt er Ockergelb, Umbra und Weiß auf, dann schattiert er die nackte Haut noch einmal sanft in Schwarz- und Brauntönen. Gesichter strichelt er mit feinem Pinsel, Gewänder entwirft er in groben Zügen. Grell treffen die Farben hier ohne Abstufungen aufeinander.

Auch der Schlangenschwanz schimmert in hart kontrastiertem Gelb, Grün und Rot. Der Künstler nimmt es mit der giftigen Energie des Tiers auf und schlägt den Pinsel in schnellen Hieben gegen den Putz. So sicher fühlt er sich inzwischen, dass er seine Pappvorlagen nicht mehr löchern und ordentlich durchstauben lässt, sondern die Linien nun am angenagelten Karton mit dem Griffel in den Putz drückt. Schlange und Baum trägt er sogar direkt auf die Decke auf, ohne Vorlage in gleicher Größe.

Im linken Bildfeld zitiert er ein antikes Sarkophagrelief – und sich selbst: Den grünen Hügel des Gartens Eden kennt der Betrachter schon aus der Sintflutszene. Auch die späteren großformatigen Kompositionen an der Decke wird der Künstler links mit grün bewachsenen Erdstücken verschiedener Größe ausstatten. So ähnelt sich die Kulisse, und die Bildfolge funktioniert beinahe wie die viel späteren Trickfilme: Zu erleben ist eine logische Entwicklung, das kontinuierliche Fortschreiten einer Geschichte.

Die Seher und der Meister

Diese Geschichte kennt keine Zufälle. Die klügsten Geschöpfe Gottes konnten sie vorhersagen. Dies waren in der Sicht der Renaissance die Propheten des Alten Testaments sowie die Sibyllen der Antike. Sie hatten das Pech, vor Christi Geburt zu leben, und konnten doch intellektuell an seinen Offenbarungen teilnehmen. Deshalb erhebt Michelangelo ihre Throne über die Vorfahren Christi und platziert sie in seiner Scheinarchitektur direkt unter die *ignudi* und die kleineren Bildtafeln des Mittelfeldes. Hier wölbt sich das Gewölbe besonders stark, so dass es ausgeklügelter Verkürzungen bedarf, damit die Figuren vom Boden aus gesehen nicht wie im Zerrspiegel wirken. Michelangelo delegiert diese Arbeiten nicht, sondern malt die Seher eigenhändig.

In ihren übermenschlichen Dimensionen entsprechen sie ganz seinem Ideal: Sie haben mächtige Pranken, breite Oberschenkel und Armmuskeln wie Dreikämpfer. Dabei tun sie nichts anderes als zu lesen und zu denken. Jeder Figur ist ein Paar nackter Buben beigesellt, die sich einen Spaß aus der erhabenen Versunkenheit der Männer und Frauen machen. Manche äffen die Lektüre nach, allerdings vor leeren Seiten (Abb. 7). Einer fuchtelt mit der Fackel der Erleuchtung herum, hält sie aber so ungeschickt, dass sein augenreibender Kumpan im Dunkeln bleibt. Ein Lockenkopf weist einen Propheten laut gestikulierend auf das Theater an der Decke hin, doch nimmt der in Gedanken entrückte Mann den Störenfried kaum wahr. Und ein Junge drückt seinen Daumen zwischen Zeige- und Mittelfinger hindurch, wohl wissend, dass diese rüde Geste vom Boden aus nicht mehr erkennbar sein wird.

Übermütig geworden erfindet ihr Maler noch mehrere Kategorien Nackter hinzu. Die Scheinpilaster neben den Thronen zieren angeblich marmorne Putten, und um die Stichkappen der Ahnen ranken sich düstere fingierte Bronzeakte. Die Namensschilder der Seherinnen und Seher prangen wiederum auf den Köpfen von mal verdrießlichen, mal freundlichen Putten, darunter auch eine barbusige, schlecht gelaunte Jungfrau. Die vielen Nackten bilden das humane Gerüst der gesamten Konstruktion, sie vermitteln zwischen Bildgeschichten und Betrachtern. Die Bibel ist Vergangenheit – sie aber, die kleinen und großen Ebenbilder Gottes, leben im Hier und Jetzt.

Die Gegenwart jedoch hat nur eine Zukunft, wenn sie aus dem Alten schöpft. Lesen lohnt sich, sagen die Propheten. Gleich am

Eingang, über dem bronzenen Wappen der della Rovere-Päpste, blättert Sacharja in seinen Schriften (Abb. 6) – noch ein weißbärtiger Alter, diesmal mit Glatze. Einst kündigte er passenderweise den Wiederaufbau des Tempels an. Zudem wusste er um die Ankunft eines Königs: «Er ist gerecht und hilft; er ist demütig und reitet auf einem Esel.» In Erinnerung an den Einzug Christi in Jerusalem schreiten die Renaissance-Päpste am Palmsonntag durch diese Tür der Kapelle, wenn auch nicht gar so demütig. Julius zelebriert den Palmsonntag gerne als Siegeszug in militärischen Angelegenheiten, wie zum Beispiel dem Sieg der antivenezianischen Allianz gegen den Lagunenstaat 1509.

Zu diesem Zeitpunkt dürfte die Prophetenfigur allerdings noch nicht fertig gewesen sein. Und erst im Laufe des Jahres 1509 malt Michelangelo Sacharjas Nachbarin, die Delphische Sibylle mit ihren großen braunen Augen über gerader Nase und leicht geöffneten Lippen (Abb. 7). Rätselhaft sollen ihre Aussagen gewesen sein, manch ein Herrscher missverstand sie und verlor deshalb sein Reich. Michelangelo zeigt sie als jüngste und vielleicht schönste der Seherinnen. Ein blaues Haartuch umrahmt ihr ebenmäßiges Gesicht, das an seine früheren Madonnenbilder erinnert. Der hellwache Blick der Frau richtet sich zur Tür: Wer eintritt, der höre gut zu und mache keine Fehler.

Ihr Schöpfer könnte auch ein wenig Zuspruch brauchen. Immer freier werden seine Figuren, immer treffsicherer seine Pinselstriche – nur Michelangelos Laune wird nicht besser. Er bekennt sich zu seiner eigenbrötlerischen Melancholie, hält sie vielleicht sogar für eine Antriebsfeder im Schaffensprozess. Später wird er einem guten Freund einmal von einer Abendgesellschaft berichten, die es ihm erlaubt habe, kurz aus seiner «Melancholie, oder vielmehr Verrücktheit» herauszukommen.[8]

Im Moment klagt er vor allem in seinen Briefen nach Hause – auch deshalb, weil sein Vater und seine Brüder ihm auf der Tasche

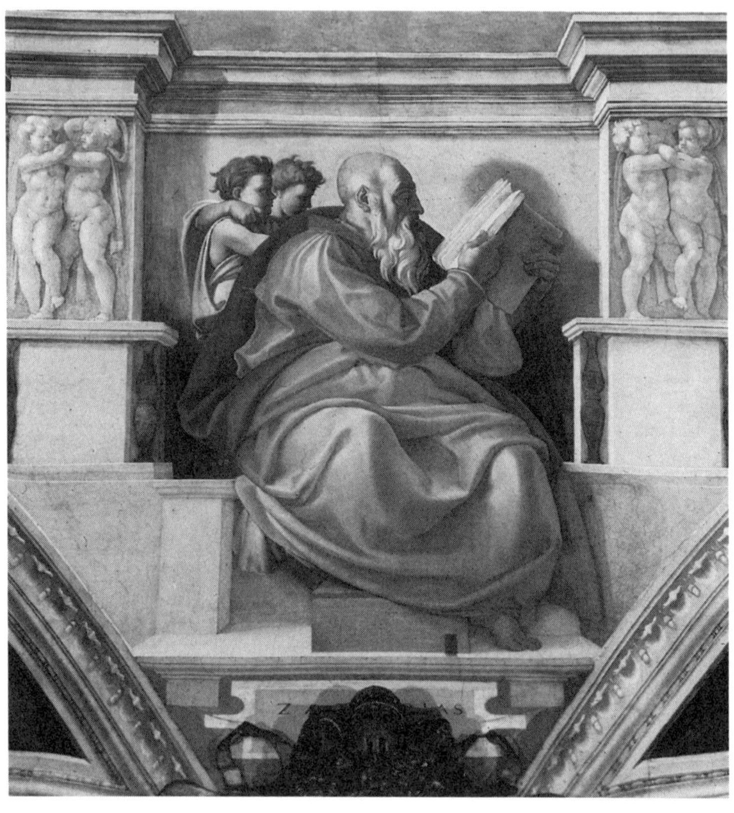

Abb. 6 *Michelangelo, Der Prophet Sacharja*
Vatikan, Sixtinische Kapelle

liegen und seiner Meinung nach nicht genug würdigen, wie hart er für Ansehen und Vermögen der Familie schuftet. Im Frühsommer 1509 schreibt er seinem Vater: «Ich arbeite, so viel ich nur irgend kann. Seit dreizehn Monaten habe ich vom Papst kein Geld erhalten. (...) Ich bin hier weiterhin unzufrieden, nicht allzu gesund und mühe mich unablässig ab, ohne Hilfe und ohne Geld. Doch hege ich die begründete Hoffnung, dass Gott mir helfen wird.»[9]

Ständig muss er sich aus der Ferne mit Familienstreitigkeiten herumschlagen. Als einer seiner Brüder den Vater tätlich bedroht,

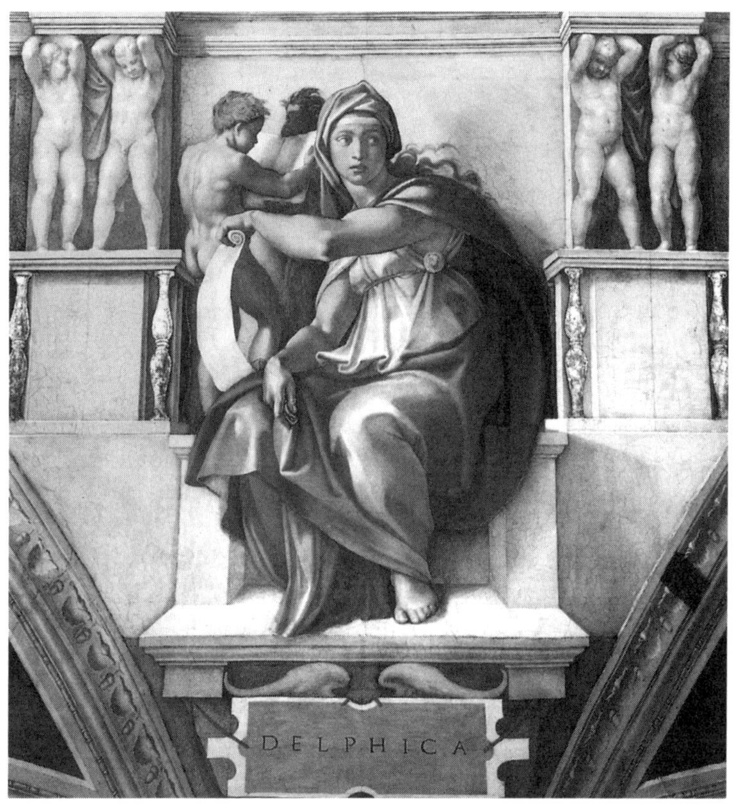

Abb. 7 *Michelangelo, Die Delphische Sibylle*
Vatikan, Sixtinische Kapelle

schreibt er ihm fauchend: «Du bist ein wildes Tier, und wie ein wildes Tier will ich Dich behandeln.»[10] Ein anderer Bruder bettelt ihn an, und der Bildhauer lässt die Familie wissen, er könne sich selbst «kaum mit dem Nötigsten versorgen. Ich bin hier den schwersten Mühen und körperlichen Anstrengungen ausgesetzt, habe keine Freunde und will auch keine. Ja, ich habe nicht einmal Zeit, um genug zu essen. Deswegen sage ich Euch: Belästigt mich nicht weiter, ich ertrage auch die kleinste Störung nicht mehr.»[11]

Wirklich verstanden fühlt er sich oben auf seinem Gerüst nicht. Weil er möglichst wenige Gäste dort sehen will, weiß auch kaum jemand, wie elend es ihm beim Arbeiten geht. Später wird er über seinen Zustand dichten: «Mein Bauch drückt sich mit Macht dem Kinn entgegen / und der Bart zum Himmel. / Und die Erinnerung fühl ich im Kreuz, die Brust wie bei Harpyen, / und der Pinsel tropft mir aufs Gesicht / ein Fußbodenmuster, reich an Farben.» Harpyen sind die Vögel mit Mädchenköpfen, die den römischen Stammesvater Aeneas einst mit Kot beworfen haben sollen. Befleckt und verunstaltet fühlt sich auch der Künstler, während er seine Athleten malt: «Währenddessen schiebt sich mir die Lende in den Wanst / und mit dem Arsch halt ich das Kreuz im Gleichgewicht / und Schritte tue ich, ohne sie zu sehen, vergeblich. / Von vorne dehnt sich meine Schwarte, / die sich nach hinten zu einem Buckel krümmt.» Kokett ergänzt er: «Trügerisch und fremd / ist auch das Urteil, das meinem Kopf entspringt; / denn schlecht schießt sich's aus einer krummen Haubitze.»[12] (Abb. 12)

So muss ein Künstler in seinen Augen sein: ein großer Leidender, der immer über die eigenen Grenzen geht, um das Menschenmögliche zu schaffen. Einer, der sich ganz der Kunst opfert und dafür auf die Genüsse des Lebens verzichtet. Auch für diese Härte gegen sich selbst möchte Michelangelo bewundert werden, er, dessen meist fleischlose Mahlzeiten oft nur aus Obst, Gemüse und billigem, dunklem Brot bestehen. Im Winter trägt er einen Mantel aus Wolfspelz, nie aber Hermelin. Mit Freundschaften, gar Liebesbeziehungen würde er erst recht nicht prahlen, wenn er denn überhaupt welche unterhält. Auch seine Einrichtung ist karg; mehr als Stuhl, Tisch und Bett braucht er kaum. Als Person hat er es nicht nötig zu repräsentieren. Das tun ausschließlich seine Werke.

Nur passt dieses mönchische Dasein kaum noch in die Zeit. Unter Julius II. feiert die Renaissance sich selbst und das gute Leben. Eleganz, Anpassungsfähigkeit, Geschmack und Leichtigkeit zeichnen den erfolgreichen Höfling aus. Und bei Hofe wollen die

Künstler Erfolg haben, tun sie doch alles, um die alte ruhmlose Handwerkerrolle mit ihren dreckigen Kitteln abzustreifen. Raffael, das weiß Michelangelo, hat dies begriffen. Er schmeichelt, diniert, umgibt sich mit den Vornehmen und Gebildeten. Nebenbei unterhält er Liebschaften, von denen ganz Rom weiß. Er verkörpert das Ideal der *sprezzatura*, das der Schriftsteller Baldassare Castiglione (1478 bis 1529) später in seinem *Hofmann* beschreiben wird: die Kunst, jede Arbeit einfach aussehen zu lassen.

Die Plagerei in der Sixtina ist auch ein Versuch, diesem geschmeidigen Typus junger Aufsteiger den Garaus zu machen. Das wichtigste Gemälde der Christenheit soll auch für seinen Schöpfer das qualvollste werden. Die Leichtigkeit bleibt bei Michelangelo der Kunst vorbehalten.

Eva, die Sibylle und Julius

Im Hochsommer 1510 kann der Künstler endlich einem seiner Brüder mitteilen: «Ich werde am Ende der nächsten Woche meine Malereien beendigt haben, das heißt, den Teil, den ich begonnen habe. Und gleich nach ihrer Enthüllung glaube ich, Geld zu erhalten, und werde versuchen, Urlaub nach Florenz für einen Monat zu bekommen. (...) Nötig hätte ich ihn, denn ich bin nicht sehr gesund.»[13]

Zu diesem Zeitpunkt hat er vermutlich gerade die Erschaffung Evas beendet (Abb. VI). Das Fresko prangt über der Marmorschranke, die den Altar- vom Zuschauerraum trennt. Obwohl das Werk zu den kleineren Mitteltafeln der Decke gehört, hebt schon dieser zentrale Ort es hervor. Das Thema ist für den Vatikan von höchster Brisanz: Im Verhältnis Evas zu ihrem Schöpfer spiegelt sich die Beziehung der Kirche zu Gott, denn Eva ist eine Vorläuferin Marias, und diese versinnbildlicht die Institution der Kirche.

Michelangelos jugendliche Eva entsteigt dem Körper ihres Mannes als blonde Schönheit vor lichtem Himmel – und sie weiß sofort, wem sie das zu verdanken hat. In einer Mischung aus Knicks und Verbeugung wendet sie sich Gottvater mit geöffneten Lippen zu. Der erscheint in lila verhüllter Statur, sein massiver Körper zeichnet sich unter dem Umhang kaum ab. Blonde Locken und ein Rauschebart verhüllen sein Gesicht. Ähnlichkeit mit dem schlafenden Adam verrät nur sein nackter Fuß. Dominantester Körperteil ist seine Schöpferhand, die sich gebieterisch Eva zuneigt.

Es ist das erste Mal, dass Michelangelo Gott an der Decke auftreten lässt. Er malt ihn als letzte Figur des Freskos – und zögert wohl noch, den Herrn allzu gelenkig zu zeigen. Möglicherweise haben sich auch die päpstlichen Berater eingemischt. Für sie ist entscheidend, dass Eva, die Kirche, sich demütig gibt. Nicht nur vor Gott, sondern auch vor dessen Repräsentanten auf Erden, dem Papst.

Das Papsttum ist im frühen 16. Jahrhundert keineswegs anerkannt als höchste Instanz in Europa. Viele Kleriker und auch Könige fordern, nicht der Papst, sondern die im Konzil versammelten Theologen müssten in der Kirche das letzte Wort haben. Vor allem aus Frankreich sind solche Töne zu hören, was Julius II. besonders ärgert, weil der französische König Teile der Lombardei besetzt hält. Der Pontifex verzettelt sich also in militärische Aktionen gegen die Franzosen – und möchte in der Sixtina das Werk seines Onkels Sixtus IV. fortgesetzt sehen: Die Malerei soll die Autorität einzelner Glaubensführer stärken, seien es Jesus und Moses an den Wänden oder Gottvater und Noah an der Decke jener Kapelle, in der die Päpste gewählt werden.

Und das bitte schnell, bevor noch ein Unglück passiert. Julius ist in seinen Sechzigern und leidet an den Folgen der Malaria sowie an Syphilis. Womöglich bleibt ihm nicht viel Zeit. Und wenn es schief geht, wird der nächste Papst ein Franzose sein.

Auch deshalb lag er im vergangenen Jahr seinem Künstler ständig in den Ohren. So oft es ging, kam er in die Kapelle und ließ sich von ihm hochhelfen, schreibt Condivi.[14] Der Papst drängt, nach der Hälfte, also nach der Eva, solle das Gerüst endlich abgebaut und der erste Teil der Decke öffentlich präsentiert werden.

So haben sich der Künstler und seine Mitarbeiter beeilt, haben außer den Mitteltafeln auch die Akte und Seher der ersten Hälfte fertig gestellt und sind immer schneller geworden. In Blickrichtung der frisch geschaffenen Eva hockt nun eine alte Dame: Äußerlich hat die Cumäische Sibylle (Abb. 8) mit der Urmutter wenig gemein; eher sieht sie aus, als habe der Maler den derbsten Schläger aus Rom gebeten, seine Schultern zu enthüllen. Nichts ist grazil an der Seherin, und weitsichtig ist sie auch. Zum Glück sind ihre muskelbepackten Arme stark genug, ihr schweres Buch ausreichend weit von den faltenumrahmten Augen entfernt zu halten. Eva mag vom Baum der Erkenntnis genascht haben, ihre Nachfahrin könnte ihn gleich ausreißen. Diese Sibylle war mindestens so klug wie kräftig, glauben die Humanisten der Renaissance. Sie sagte dem Mythos zufolge in ihrer Grotte nahe Neapel ein goldenes Zeitalter vorher. Das hält der päpstliche Berater Egidio für eine Prophezeiung des Christentums – und der aktuellen Herrschaft von Julius II.

Seine thematischen Aufgaben hat Michelangelo also erfüllt. Und doch ist ihm der erste Deckenabschnitt nicht zum kirchlichen Propagandawerk geraten. Die junge und die alte Frau, der Betrunkene und seine Söhne, die Flutopfer, das Schlangenweib, die Familien und die Nackten versinnbildlichen nicht in erster Linie diese oder jene Botschaft, sondern sie stehen für sich selbst.

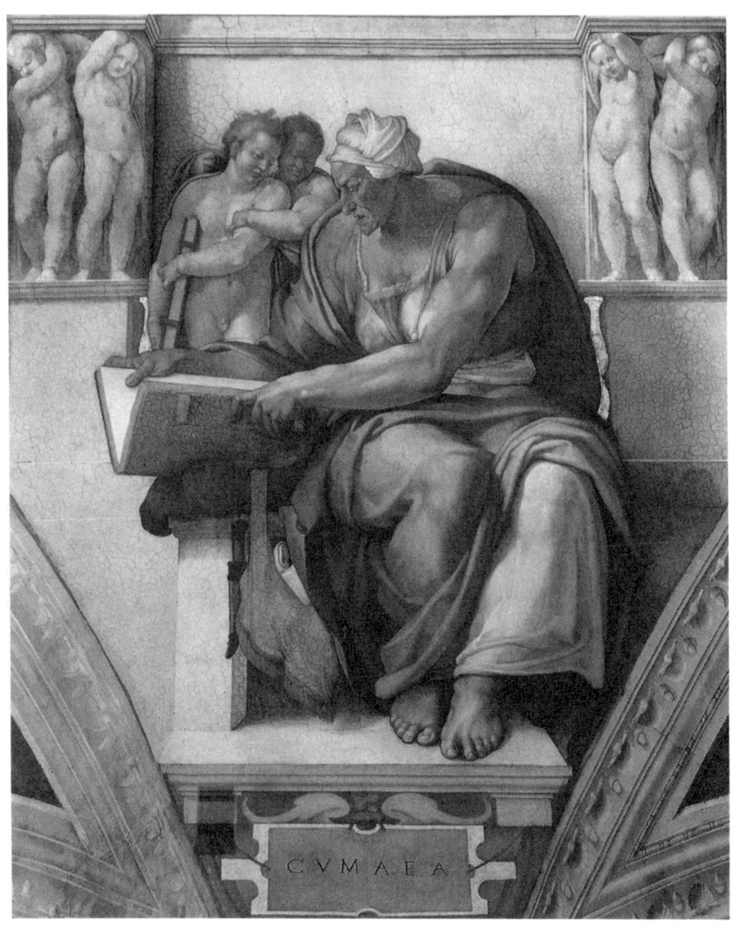

Abb. 8 *Michelangelo, Die Cumäische Sibylle* Vatikan, Sixtinische Kapelle

Der Augustiner Egidio und seine Kollegen mögen jubeln, weil sie ihre Lehrmeinungen an der Decke wiederzuerkennen meinen. Schon wenige Jahrzehnte später wird niemand mehr davon sprechen. Jeder aber wird erkennen, wie Michelangelo den Menschen als Menschen feiert. So bescheiden sich der Maler gibt: An seinem jahrhundertelangen Nachruhm zweifelt er nicht.

Möge die Welt sich also ein Urteil bilden. Michelangelo ist nun bereit, seine Gestalten mit der Öffentlichkeit zu teilen. Vermutlich hat er längst die Erfahrung gemacht, dass er seine Erfindungen sowieso nicht geheim halten kann – zu groß ist die Sensation neuer Bilder in der Papstkapelle. Bekannt ist, dass er zwei Jahre später, noch vor Abschluss aller Arbeiten, auf dem Gerüst von hochgeborenen Touristen mit päpstlicher Sondererlaubnis belästigt wird. Ein Herzog lässt sich oben stundenlang Zeit und bedrängt den Künstler auch noch mit privaten Bildbestellungen.

Aber Fürsten sind in der Regel schlechte Kopisten. Schlimmer ist es, wenn andere Künstler die Erfindungen stehlen, bevor die Öffentlichkeit sie kennt und ihren wahren Schöpfer feiern kann. Michelangelo hat einen schlimmen Verdacht. Was, wenn Raffael in einem unbeobachteten Moment heimlich die Stiegen hochschleicht? Runter also mit den Brettern, her mit den staunenden Gästen.

Doch es kommt anders. Denn ohne den Papst geht es nicht. Der aber reist plötzlich Richtung Norditalien ab. Er führt seine Soldaten gerne höchstpersönlich mit Harnisch und Helm an. Wieder einmal geht es gegen die Franzosen und auch gegen Ferrara, das «den Barbaren» in Augen des Papstes zu wohlgesinnt ist. «Züchtigen» wolle er deshalb den Herzog von Ferrara, grunzt Julius nach einer schlaflosen Nacht. Zwar hat er noch im vergangenen Jahr gemeinsame Sache mit den Franzosen gegen die florierende Wirtschaftsmetropole Venedig gemacht. Die Serenissima musste daraufhin wichtige Landstriche abgeben, und ihre Diplomaten warfen sich dem Papst öffentlich zu Füßen und baten um Wiederaufnahme in die heilige römische Kirche.

Allerdings konnten sich die Franzosen durch diese Allianz noch weiter in Norditalien ausbreiten. Auch Bologna ist gefährdet. Hier hatte Michelangelo kurz vor Beginn der Deckenmalerei eine Bronzestatue von Julius II. an der Kathedrale angebracht. Es war seine Wiedergutmachung für seine Flucht aus Rom, die ihm sein

Chef so übel genommen hatte. Michelangelo wollte der Figur ein Buch in die linke Hand geben, Julius aber wies den Bildhauer laut Vasari an: «Mach' ihr ein Schwert, ich hab' doch keine Bildung.»[15] Schon bald, im Dezember 1511, werden die Bürger von Bologna die überdimensionale Bronze die Fassade hinabstürzen und sie in ein Beet aus Kuhmist krachen lassen. Michelangelos kriegerischer Julius wird zersplittert im Dreck liegen. Noch aber ist Bologna nicht verloren, und der Papst schlägt hier im Herbst 1510 sein Hauptquartier auf.

Michelangelo ist verzweifelt. Er fürchtet, außer um den Erfolg der Deckenmalerei auch um sein Geld geprellt zu werden, wenn er das Werk nicht bald zeigen und beenden kann. Zu tief sitzt die schlechte Erfahrung mit diesem Papst, der schon einmal ein gemeinsames Herzensprojekt sausen ließ: das steinerne Grabmal, begonnen und nicht vollendet. Das darf nicht noch einmal passieren. Also lässt der Künstler Noah, Eva und die nackten Jünglinge schweren Herzens allein und fährt über seine Heimatstadt Florenz nach Bologna zu Julius. Der Papst kränkelt (der Marsch seiner Truppen führte durch starken Regen), aber er freut sich über die Ankunft seines Künstlers und weist ihm Geld an. Insgesamt zweimal muss Michelangelo ihn dafür besuchen. Monatelang bleibt er der Sixtina fern.

Raffael hat also genügend Gelegenheit zur Werkspionage. Giorgio Vasari, der Biograf beider, wird 1550 in der ersten Ausgabe seiner *Viten* berichten, genau dies sei tatsächlich geschehen: Raffael habe von seinem Freund Bramante, Michelangelos Feind, den Schlüssel zur Kapelle erhalten. Dieses Detail ist nicht bewiesen, bekannt aber ist, dass Raffael in den nächsten Jahren in der römischen Kirche Santa Maria della Pace Sibyllen und Propheten an die Wände malt.

Vielleicht will er dem Älteren huldigen, vielleicht will er allen beweisen, dass er es genauso gut kann. Oder er findet sein Verhal-

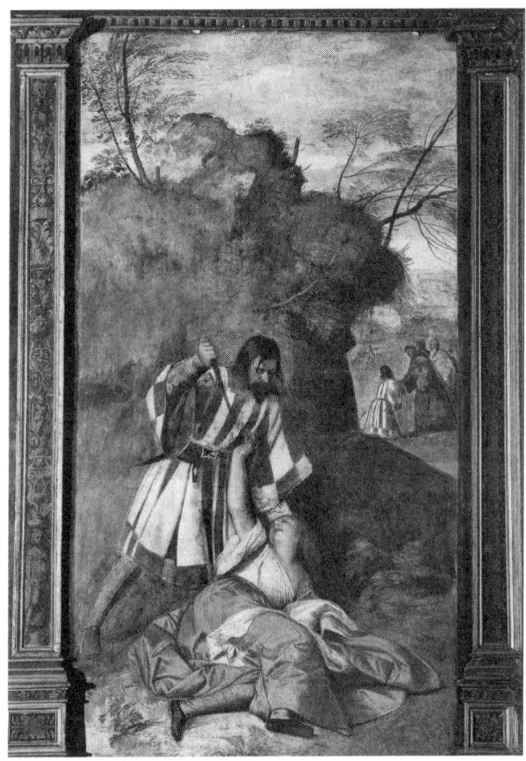

Abb. 9 *Tizian, Der eifersüchtige Ehemann, Fresko*
Padua, Scuola del Santo

ten nicht ungewöhnlich. Jeder ambitionierte Künstler, der eine Erfindung Michelangelos zu Gesicht bekommt, probiert sich an ihr aus. Sogar der junge Tizian (um 1488 bis 1576) im fernen Venedig erfährt schon 1510 oder 1511 von Michelangelos sitzender Eva, die zur Schlange greift – und verwandelt die Figur in der Scuola del Santo von Padua in eine Ehefrau, die von ihrem eifersüchtigen Gatten niedergestochen wird (Abb. 9). Aus der glücklichen Sünderin, die keine Gewalt kennt, wird ein unglückliches Opfer. Der erhobene Arm reckt sich nicht mehr nach der Frucht, sondern versucht verzweifelt, den Dolch des Angreifers abzuwehren.

Michelangelo will das einzige Genie weit und breit sein. Die anderen aber sind schon zur Stelle.

Gottes Geschöpf

Michelangelo wird unruhig. Seit Monaten nun schon stocken die Arbeiten in der Sixtina. Der Papst stapft in Norditalien mit seinen Truppen durch den Schnee. Doch seine Schlachtrufe verhallen, und der Kirchenstaat verliert einen Kampf nach dem anderen. Julius ist zu alt für solche Abenteuer, ständig ist er krank – er riskiert seinen Tod und setzt Michelangelos Ruhm aufs Spiel. Wenn er jetzt sterben sollte, würden in der Sixtina die Zellen für die Papstwähler aufgestellt, Maler hätten vorerst keinen Zutritt mehr. Und wenn, wie es im Moment aussieht, ein Papst aus Paris gekürt wird, könnte Michelangelo alles verlieren. Kein Franzose wird della Rovere-Eicheln im Allerheiligsten sehen wollen, und mit dem Grabmal für den Franzosenhasser Julius würde es dann auch nichts mehr.

Es nützt also nichts. Michelangelo kann dem Papst nur Erfolg und einen baldigen Triumphzug durch die Heilige Stadt wünschen. Auch wenn er persönlich den päpstlichen Kriegszug nicht gutheißen mag. Später wird er über seine Zeit in Rom dichten: «Hier macht man aus Kelchen Helme und Schwerter, / und das Blut Christi verkauft man eimerweise, / und Kreuz und Dornenkrone werden Lanzen und Schilde, / selbst Christus wäre mit seiner Geduld am Ende.»[16] So denken selbst im Klerus viele und fragen sich, ob der Vatikan wirklich christliche Städte auf der Halbinsel attackieren muss. Michelangelo weiß beachtliche Teile der öffentlichen Meinung hinter sich, wenn er an der Decke der Sixtina den Menschen feiert und dessen kriegerische Vernichtung in schlecht sichtbare fingierte Bronzetafeln abdrängt.

In diesen unsicheren Wochen bittet der Maler in seinem Atelier einen jungen, gut trainierten Mann, sich auszuziehen und es sich bequem zu machen. Er soll sich ausstrecken und mit dem rechten Ellenbogen abstützen. Entspannt darf das aussehen, trotzdem müssen die Muskeln an Bauch und Brust sich abzeichnen, auch die geschwungene Form des Schlüsselbeins interessiert den Zeichner. Als Bildhauer hat er jahrelang zu Übungszwecken Leichen zerschnitten, er kennt sich aus mit dem menschlichen Körperbau. Alles wird stimmen, wenn er, der chronisch Missmutige, ein Bild der Lebensfreude erfindet: seine Erschaffung des Adam (Abb. VII).

Wenn er so arbeitet, wie im Rausch, vergisst er alles um sich herum und muss sich zwingen, noch zu essen und zu schlafen. Die Politik ist weit weg, die Familie auch und der Papst sowieso. Michelangelo ist wieder er selbst, er zeichnet und zeichnet, nur für sich allein. Wie genau er vorgeht, lässt sich kaum ermessen, denn der Künstler vernichtet die meisten Blätter beizeiten – seine produktive Einsamkeit am Zeichentisch, die verletzliche Suche nach Formen gehen niemanden etwas an. Nur manchmal lässt er einen seiner Lieblingslehrlinge Skizzen kopieren; später wird er einige wenige Zeichnungen auserwählten Freunden schenken, die er verehrt. Fürsten und andere Auftraggeber aber betteln vergebens. Der Künstler trennt zwischen Privatem und Beruflichem, und es gibt für ihn kaum etwas Persönlicheres als seine Art, mit Kohle, Rötel und Bleistift Striche über das Papier zu ziehen, schnell, ohne Korrekturen, offen für das, was kommt.

So wird er sich darüber klar, was wichtig ist. Wenige Figuren sind besser als viele, Statisten hemmen die Bewegung im Bild. Schwung entsteht durch Übersicht; jede Figur braucht eine bildnerische Funktion: Sie soll nicht nur repräsentieren, sondern sie muss sich auch zu den anderen Menschen verhalten. Am Anfang aller Beziehungen aber stehen Gott und sein Geschöpf, Adam. «Und Gott schuf den Menschen zum Bild, zum Bilde Gottes schuf er ihn», heißt es im ersten Kapitel der Genesis.

Was macht Gott aus? Auch er ist in Bewegung. Die Welt erfand er nicht am Schreibtisch, sondern mit vollem Körpereinsatz. Michelangelo lässt den athletischen Alten mit leichtem Hüftschwung durch den Himmel gleiten, getragen von einer Woge nackter Engel. Ein Mädchen stützt seinen linken Arm, damit er nicht auf die Erde plumpst. Weit lehnt sich Gott hinaus aus der himmlischen Hülle und streckt seinen rechten Zeigefinger dem frisch geschaffenen Adam entgegen. Der ruht auf grünblauer Erde und reicht Gott seine Linke, ohne dass ihre Fingerspitzen sich berühren. Tief schauen die beiden einander in die Augen: Es ist Liebe auf den ersten Blick.

Vermutlich wartet Michelangelo nicht auf die Rückkehr des Papstes, sondern beginnt schon einmal mit der zweiten Deckenhälfte. Julius hatte sich in Bologna einen Bart wachsen lassen und schwor, sich erst wieder zu rasieren, wenn die Franzosen aus Italien vertrieben sind. Damit eifert er Julius Cäsar nach, der nach einer Niederlage gegen die Gallier keine Klinge mehr an sein Gesicht ließ, als Zeichen noch ausstehender Rache. Gegen einen weißbärtigen Gott in voller Aktion wird der Papst wenig einzuwenden haben.

Oben auf dem Gerüst lässt Michelangelo zuerst die Pappvorlage mit Gott und den Engeln an die Decke nageln und mit Kohle durchstauben. Der Herr wird ein rosarotes, hauchdünnes Gewand tragen. An dieser Stelle drängt der Künstler zur Eile und lässt die Konturen vom Karton auf den Putz ritzen. Auch Adams Umrisse werden schnell übertragen. Als die Vorlagen aber entfernt sind, malt der Künstler sorgfältig Haar um Haar des dunklen Schopfes und tupft liebevoll die Schatten auf die Haut. So schön sei Michelangelos Adam, jubelt Giorgio Vasari später, «dass er erneut von diesem höchsten und seinem ersten Schöpfer gebildet zu sein scheint, und nicht mit dem Pinsel nach dem Entwurf eines Menschen wie er selbst.» Michelangelo habe «göttliche Hände».[17]

Der Maler widerspricht solcher Hybris nicht. Gott ist schließlich weder Krieger noch Staatschef, sondern zuerst Menschenbildner und damit den Bildhauern und Künstlern seelenverwandt.

Für Vielfalt auf der Welt hat auch Michelangelo zu sorgen, also entwirft er besonders groteske Bronzemänner neben der Adamtafel: Den Schönen flankieren zwei schreiende, dunkle Akrobaten mit windzersaustem Haar. Edel und ausgeglichen sei der Mensch. Aber er kann auch anders.

Das weiß auch Julius. Zwar hat er mit seinen Leuten die Festung Mirandola im Norden eingenommen, aber Bologna ist gefallen und wird nun von Franzosenfreunden regiert. Und die Gegner des Papstes planen ein Generalkonzil in Pisa, um ihn abzusetzen. Julius muss die hohen Kleriker für ein Gegenkonzil zu seinen Gunsten mobilisieren. Ende Juni 1511 kehrt der geschlagene Feldherr nach Rom zurück. Sein Schwert hat versagt. Jetzt braucht er die Kunst als Verbündete.

Der Konkurrent

Das Gerüst des ersten Teils wird abgebaut, und Julius eilt in die Kapelle, «bevor der Staub sich wieder gelegt hatte», wie Michelangelos Biograf Condivi schreibt.[18] Zum ersten Mal können der Papst und sein Künstler die Figuren in der richtigen Entfernung sehen. Der Anblick bestätigt Michelangelo in seiner Auffassung, zugunsten größtmöglicher Klarheit lieber auf einige Figuren zu verzichten und die anderen dafür größer zu malen.

Am Abend vor Mariä Himmelfahrt, am 14. August, feiert der Papst die erste Messe unter den nun sichtbaren Fresken. «Der

Papst kam in die Kapelle, teils um die dort enthüllten neuen Fresken zu sehen, teils aus Frömmigkeit», notiert sein Zeremonienmeister spitzzüngig.[19] «Ganz Rom», ergänzt Condivi, ziehe es nun in die Sixtina.[20] Die Begeisterung ist groß über eine solch freie, farbenfrohe Malerei.

Spätestens jetzt sieht auch Raffael das Werk. Es reizt ihn allzu sehr, mehr noch als seine eigene Arbeit in den Stanzen, die weit weniger Besucher sehen werden als die Sixtina. Zu gerne möchte er seine zielsicheren Pinselstriche mit Michelangelos leuchtenden Farben verschmelzen. Am liebsten würde er selbst die Altarzone füllen, ähnlich wie der Meister, aber doch anders. Wäre es nicht wunderbar, überlegt er, die zwei wichtigsten Künstler im Kirchenstaat hier vereint zu sehen? Nicht bekannt ist, ob er schon ein Konzept vorbereitet hat oder dem Papst Versprechungen macht, wie er ihn an der Decke noch besser ehren wolle als Michelangelo. Wohl aber versucht sein Freund Bramante es wieder einmal mit Einflüsterung, wie sowohl Condivi als auch Vasari berichten: Ob der Heilige Vater den Rest der Decke nicht gerne von Raffael gemalt sähe? Er schätze ihn doch so sehr.[21]

Diesmal aber ist Michelangelo zur Stelle und interveniert beim Papst. Er nimmt kein Blatt vor den Mund und schildert, wie bösartig ihn die beiden Konkurrenten seiner Meinung nach seit Beginn der Arbeit verfolgen. Vielleicht ahnt er, wie wenig glaubwürdig dies klingt, also setzt er noch eins drauf: Unfähig sei Bramante und so aggressiv, dass er beim Abriss des alten Petersdoms auch die schönsten Säulen zerschlagen habe, anstatt sie aufzubewahren und später wieder einzusetzen. So sehr missachte Bramante anderer Leute Arbeit. Ob denn der Heilige Vater wisse, wie viel Mühe es bereite, eine schöne Säule zu bauen? Damit schlägt er in dieselbe Kerbe wie der päpstliche Zeremonienmeister, der Bramante hinter dessen Rücken «ruinante» schimpft.

Julius wiegelt ab. Er schätzt Bramante als Baumeister; Personalentscheidungen aber trifft er alleine. Und er möchte wissen, wie es mit dem so gut aussehenden bärtigen Gott an der Decke weitergeht. Sein Machtwort: Michelangelo male die Sixtina zu Ende, basta.

Und er eile sich! Julius kann es nicht mitansehen, wie der Maler über seinen Zeichnungen grübelt, während der französische König ein feindliches Konzil und die Machtübernahme in Rom plant. Wann der Herr denn einmal fertig werde, knurrt er. «Wenn ich in künstlerischer Hinsicht mit mir zufrieden bin», antwortet der Maler. Ja, was denkt er denn, dieser Angestellte! «Und wir wollen, dass ihr uns zufrieden stellt, die wir es schnell ausgeführt zu sehen wünschen», entgegnet der Papst.[22] Sonst lasse er ihn von seinem Gerüst stürzen. Condivi zufolge treibt Julius seinen Künstler sogar mit dem Stock zur Eile an.[23]

Rasender Schöpfer

Michelangelo nimmt die Drohungen ernst und wird schneller. Er ist jetzt in Fahrt, manch eine Lünette mit den Vorfahren Christi erledigt er an einem einzigen Tag. Am meisten Freude machen ihm offenbar die Bilder des Herrn. Musste Gottvater in der Eva-Szene noch strammstehen, so darf er nun im Zickzack über die Bildfelder fliegen. Vor der Adamszene stürzt er kopfüber mit ausgereckten Händen auf den Betrachter zu und trennt Wasser und Himmel (Abb. 10). Michelangelo traut sich inzwischen, den Bärtigen nach hinten stark zu verkürzen, was ihn vom Boden aus gesehen noch realer wirken lässt. Gott schuf den Menschen nach seinem Ebenbild, jetzt macht Michelangelo dasselbe mit Gott.

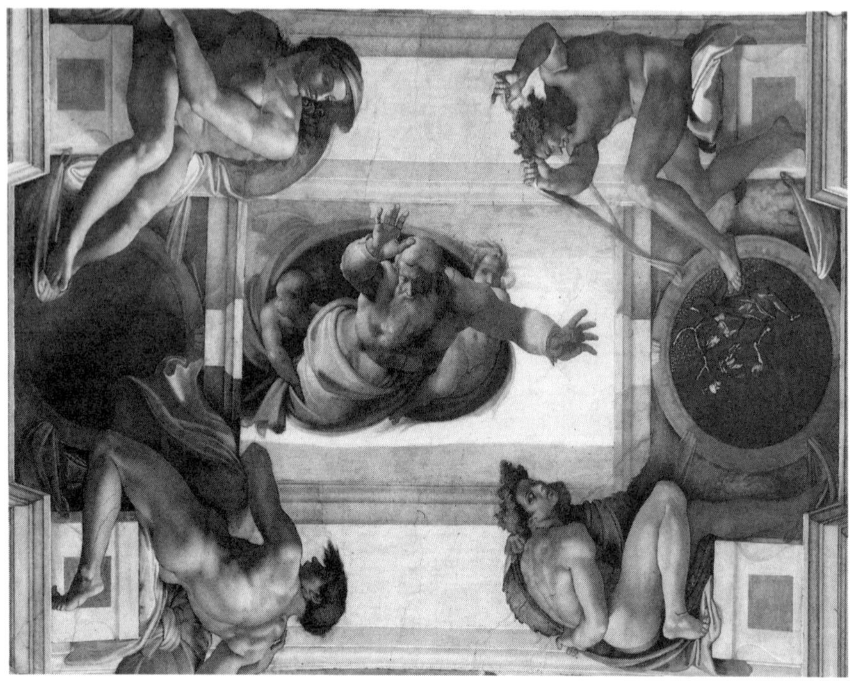

Abb. 10 *Michelangelo, Gott trennt Wasser und Himmel*
Vatikan, Sixtinische Kapelle

Immer ausgelassener werden die *ignudi* rund um die Schöpfungsszenen. Übermütig ziehen sie an Stoffbändern und werfen sich schließlich, in unmittelbarer Nähe zum Altar, mit geöffneten Schenkeln und geneigtem Kopf in Pose.

Der Herr aber hat für Spielereien keine Zeit. Er muss zunächst Gestirne und Pflanzen auf einem einzigen Bild erfinden (Abb. 11), Michelangelo widmet diesem Fresko sieben Tage. Gebieterisch schubst sein pinkfarbener Gott die sorgfältig gezirkelte Sonne ins Zentrum und rückt den Mond zur Seite. Schon flitzt er zur Flora weiter und wendet dem Betrachter seinen leicht bekleideten Hintern und die Fußsohlen zu. Nach dem gängigen malerischen Kodex wäre eine solche Ansicht schon bei einem Menschen als Affront zu werten.

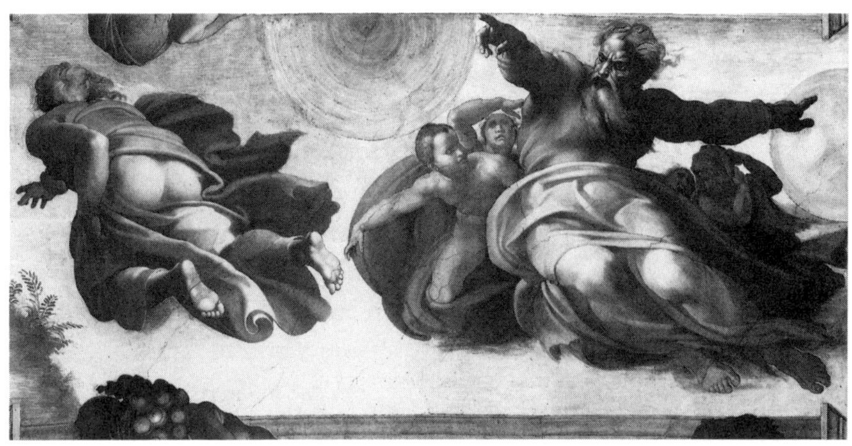

Abb. 11 *Michelangelo, Gott erschafft Sonne, Mond und Pflanzen*

Vatikan, Sixtinische Kapelle

Michelangelo aber, der neue Schöpfer, setzt seine eigenen Maßstäbe. Und lässt Gottvater wirbeln im folgenden Bild, dem ersten Mittelfresko über dem Altar. Leichthändig geht der Herr den schwierigsten Akt an, die Scheidung von Licht und Finsternis (Abb. VIII). Mit den Fingern über dem Kopf tastet er sich durch das Nichts, drängt die Dunkelheit auf die eine, die helle Luft auf die andere Seite. Wie ein Künstler muss er Farben, Licht und Schatten sortieren. Nichts hat Form um ihn herum, er aber gleitet zielsicher durch das All.

Michelangelo reduziert nun seine Palette auf Weiß, Grau und für das Gewand einige Violetttöne. Der tanzende Schöpfer ist ihm so nah, dass er dieses Bild an einem einzigen Tag malen kann. Später wird er sich selbst zeichnen, wie er mit dem Pinsel kopfüber Gott an den Himmel wirft (Abb. 12). In dem Selbstporträt nimmt er dieselbe Körperhaltung ein wie sein lichtsuchender Gott. Ganz selbstverständlich identifiziert er sich mit dem Allerhöchsten.

Auch Vasari versteht das letzte Fresko des Reigens als Glaubensbekenntnis auch an die Kunst: «Hier sieht man, wie Seine

Abb. 12 *Michelangelo, Selbstporträt, wie er kopfüber an die Decke der Sixtinischen Kapelle malt, Zeichnung neben dem auf Seite 42 zitierten Gedicht*

Florenz, Casa Buonarroti

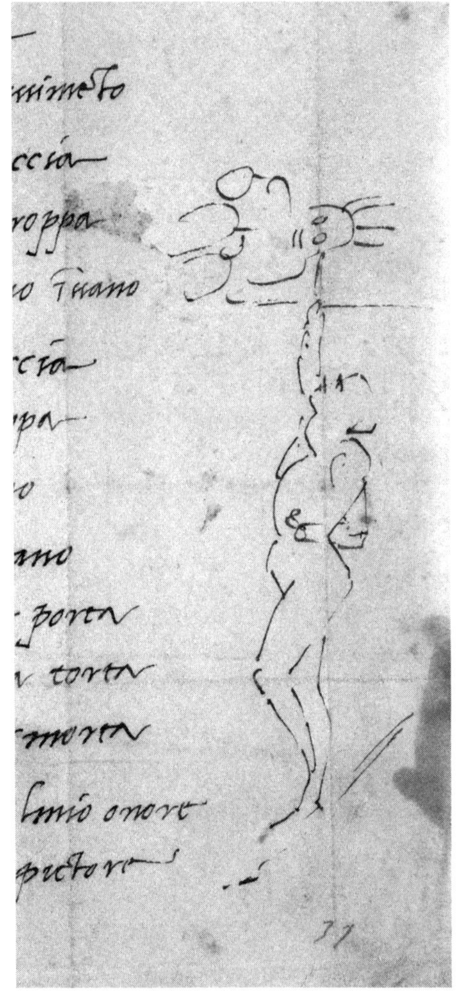

Majestät sich mit ausgebreiteten Armen selbst trägt und gleichzeitig Liebe und künstlerische Schaffenskraft offenbart», frohlockt der Biograf. Michelangelo gehe es darum, «die Vollendung der Kunst und Gottes Größe zu veranschaulichen».[24] So ist das nun: Erst kommt die Kunst, dann der Herrgott. Beide schaffen in dieser Sicht Werke der Liebe.

Und der Selbstliebe. Nicht weniger als der wirbelnde Farbengott ähnelt dem Künstler der einsame Prophet zu dessen Füßen. In gebeugter Denkerpose ruht Jeremias auf seinem Thron und stützt das bärtige Gesicht auf seine Rechte (Abb. IX). Die Linke hängt untätig herab.

Der einsame und der staunende Prophet

Traurig scheint der alte Seher in seiner Kontemplation, die Gottes Aktionismus kontrastiert und ergänzt. In den Augen der Renaissance-Humanisten braucht das volle Leben, die *vita activa*, den intellektuellen Ausgleich der *vita contemplativa*. Auch die Melancholie hat so ihren Platz und Sinn: Wer wie Michelangelo schnell viel produziert, der kann auf grüblerische Muße nicht verzichten. Sorgfältig gestaltet der Maler sein Abbild als Prophet in dreizehn Tagen. Gegenüber öffnet die Libysche Sibylle in schulterfreier Farbenpracht ein großes Buch. Es wirkt wie eine Bibel, für alle gemacht. Jeremias mag sich zurückziehen – zum Ausgleich lädt die Sibylle zur intellektuellen Teilhabe ein.

So denkt der Künstler immer auch an sein Publikum. Die Besucher sind ihm so wichtig, dass er ihnen das allerletzte Bild der Decke widmet: Es zeigt den Propheten Jonas mit dem Wal, in dessen Bauch er drei Tage verbrachte (Abb. X). Groß prangt der Prophet an der Stirnseite unter dem Bild Gottes; wer die Kapelle betritt, sieht zuerst ihn. Jonas lehnt sich zurück und gleicht so in einem optischen Trick die ungünstige Wölbung im Übergang zwischen Decke und Wand aus. Er wirkt, als befände er sich auf einer planen Fläche. Sein bewundernder Blick geht nach oben Richtung Genesis. So repräsentiert und lenkt diese Schlüsselfigur die Betrachter – denn Jonas staunt wie jeder, der den Raum betritt. Er gibt mit seinem Blick die Leserichtung vor: Die Geschichte beginnt mit dem wirbelnden Gott und entwickelt sich über Schöpfung und Schlange bis zur Arche Noah. Zu erleben ist das Wunder der göttlichen Heilsordnung, die Natur und Menschen gebiert und dann den Dingen ihren Lauf lässt. Sünde und Sühne halten sich die Waage; die Kreatur macht Fehler, dankt Gott und betet um Erlösung.

Laokoons Erbe

Jonas' Finger weisen auf den Eckzwickel mit der Geschichte des Haman (Abb. 13), der im Alten Testament die Juden verrät, bis die tapfere Esther einschreitet. Er wird hier nicht wie in der Bibel gehängt, sondern gekreuzigt. Das passt motivisch besser in eine christliche Kapelle – und es ermöglicht Michelangelo, einen nackten Mann in starker perspektivischer Verkürzung alle Viere von sich strecken zu lassen.

Abb. 13 *Michelangelo, Die Bestrafung Hamans*
Vatikan, Sixtinische Kapelle

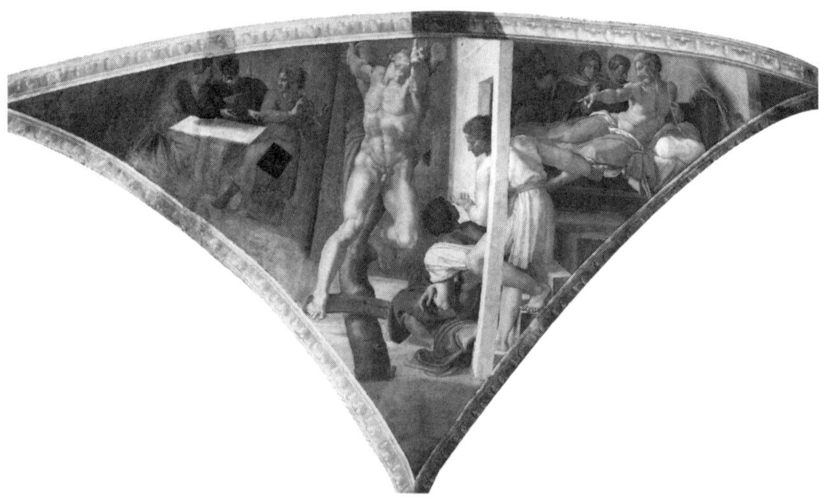

Im anderen Eckzwickel kämpfen die Juden verzweifelt gegen mächtige Würgeschlangen und finden Hoffnung im Anblick der gottgesandten ehernen Schlange, welche die Gefahr bannt (Abb. 14). In beiden Fällen werden die Ungläubigen bestraft und die Gottesfürchtigen gerettet. So wird es auch im Jüngsten Gericht sein, und tatsächlich wird Michelangelo viele Jahre später an die Wand unter diesen Zwickeln sein Weltengericht malen.

Noch aber arbeitet er an den Eckfeldern. Wieder hat er es mit schillernden Schlangen zu tun. Vasari staunt später, wie eindrucksvoll der Maler «eine Vielzahl von Todesarten» zeige, «auch nicht zu vergessen die herrlich gelungenen Köpfe, die schreiend und sich verrenkend ihrer Verzweiflung Ausdruck geben».[25] Die Kunst der Gewaltdarstellung, die sich hektisch windenden Leiber und schmerzverzerrten Mienen faszinieren den Biografen offenbar mehr als die theologischen Aspekte.

Tatsächlich passt das Motiv Michelangelo nur zu gut. Im Januar 1506 war er dabei, als in einem

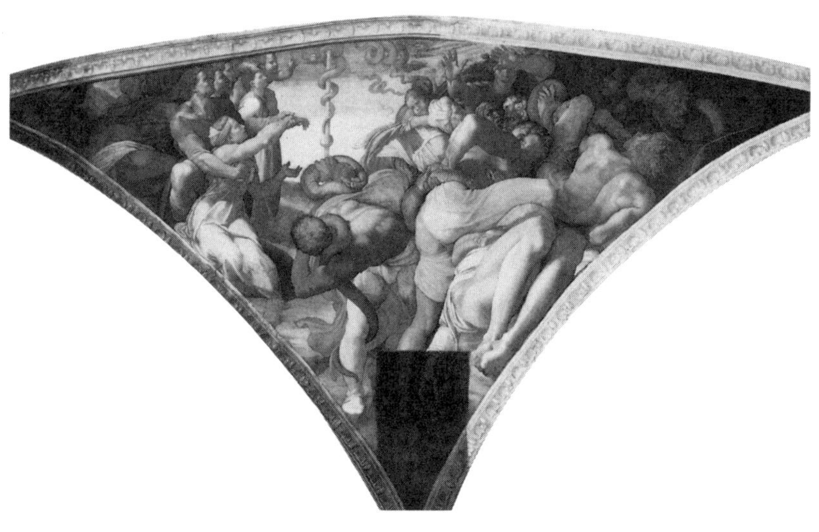

Abb. 14 *Michelangelo, Die eherne Schlange*
Vatikan, Sixtinische Kapelle

Weinberg nahe des Kolosseums die antike Laokoon-Statue ausgegraben wurde. Der Priester Laokoon warnte einst vor dem Untergang Trojas, welcher zu Roms Gründung führte. Sein Tod war also aus Sicht der römischen Renaissance ein notwendiges Opfer. Julius kaufte die Skulptur und stellte sie in den Belvedere-Hof des Vatikans.

Wie der Priester Laokoon und seine Söhne vergeblich mit den Seeschlangen ringen, wie Schrecken und Schmerz ihre Gesichter verzerren und ihre Körper zu Hochleistungen treiben, das beeindruckt Michelangelo weit mehr als alle Kunst seiner eigenen Zeit. Er hat seinen Meister gefunden und misst sich fortan immer wieder an dem *Laokoon*. Seine Fresken der Schlangenopfer und des gespreizten Judenfeindes Haman nehmen die bedrückenden Windungen der alten Skulptur auf und verwandeln sie in noch größere Qualen. Der Bildhauer verachtet seine Nachahmer – aber auch er hat seine Künstlerhelden, die er verehrt. Nur sind sie schon lange tot.

Die Enthüllung

Michelangelos eigenes Leid als Maler soll nun, im Herbst 1512, ein Ende haben, auf dass er sich die Farbe aus dem Gesicht wischen und der Welt wieder in ewigem Stein ihren Spiegel vorhalten kann. Auch der Heilige Vater will das Gerüst abgerissen sehen. Ostern 1512 hatten seine Leute bei Ravenna eine unvorstellbar blutige Schlacht gegen die Franzosen verloren. Im Sommer aber, vor wenigen Wochen, wendete sich das Blatt. Die Franzosen mussten den Rückzug aus Italien antreten. Schon vor Jahren hatte

Julius Schweizer Soldaten mit bunten Kleidern ausgestattet und in seine Leibgarde berufen. Nun verbündete sich endlich ein ganzes Schweizer Heer mit dem Kirchenstaat, zu Zehntausenden marschierten sie Richtung Rom und vertrieben gemeinsam mit den Venezianern die Franzosen. Ihr Einzug in der Ewigen Stadt war ein großes Fest: Julius hatte Italien befreit.

Wirkungslos war damit auch die Resolution, die seine Feinde im April auf einem gegnerischen Konzil in Mailand beschlossen hatten: Sie wollten Julius entmachten. Er selbst hält seit Mai sein eigenes Konzil in der römischen Basilika San Giovanni in Laterano ab. Angefeuert von dem Augustiner Egidio da Viterbo, stellen sich die anwesenden Theologen unisono hinter den siegreichen Papst. Die Tagungen dauern noch an, denn Julius möchte, dass seine Klerikerkollegen die Offenbarung von Michelangelos Decke erleben. Alle sollen das Kunstwerk sehen, das der Kirche und künftigen Päpsten die goldenen Zeiten unter Julius II. vor Augen führt.

Als das Gerüst in der Altarhälfte abgeschlagen ist, merkt der Pontifex allerdings, dass diese Kunst gar nicht golden aussieht. Es fehlt auch Ultramarin, die andere sehr teure Schmuckfarbe, die aus zerkleinertem Lapislazuli gewonnen wird. Michelangelo, der Pfennigfuchser, hat auf diese beiden Kostbarkeiten verzichtet und nur 25 Dukaten in Pigmente investiert. Er bekam aber inklusive Spesen 3000 Dukaten Honorar, was etwa dreißig Jahresgehältern eines gutverdienenden Bankmanagers entspricht. Diesen Geiz will sich Julius nicht bieten lassen. Also baue der Künstler sein Gerüst wieder auf und versetze die Figuren mit Gold!

Der Maler legt weder bei sich noch bei anderen Wert auf gute Kleidung. Kollegen, die sich in teures Tuch hüllen, verspottet er: Ob ihre inneren Werte auch so hübsch seien wie ihre äußere Hülle? Die Bescheidenheit seiner Figuren verteidigt er nun mit den Worten: «Ich sehe nicht, dass diese Menschen Gold anhätten.»

Julius, selbst von erlesener Garderobe, klagt: «Es wird sich ärmlich machen.» Michelangelo hat keine Lust, das Gerüst wieder aufzubauen, nur weil sein Chef Prunk liebt. «Die da aufgemalt sind, waren auch ärmlich», sagt er.[26] Also bleiben die Herrschaften an der Decke, wie sie sind: schlicht oder gar nicht gekleidet.

Im Oktober 1512, nach vier Jahren Schufterei, schreibt Michelangelo seinem Vater schließlich: «Ich habe die Kapelle, die ich ausmalte, beendet. Der Papst ist recht wohl zufrieden damit.»[27] Und am 31. Oktober, dem Vorabend von Allerheiligen, schreitet Julius in die Sixtina mit siebzehn Kardinälen, alle gekleidet in goldverzierte Mäntel aus rotem Damast. Sie feiern die erste Messe unter dem schwingenden Gott. Der staunende Jonas empfängt sie, und so wie der Prophet im Bauch des Wals überlebte, so wollen auch sie alle irdische Unbill überstehen und eines Tages vor ihren Schöpfer treten.

Einzig ist der himmlische Herr an der Decke, einzig auch der irdische Herrscher auf dem Papstthron der Sixtina. Bald vergleichen Theologen die beiden tatkräftigen Bartträger. Wie Michelangelos Gott Ordnung und Licht in die Finsternis bringe, meint einer, so erleuchte auch Julius die Erde. Und der gewitzte Egidio da Viterbo wird noch konkreter: So wie der Schöpfer bei Michelangelo die Wasser scheide, so habe Julius auch die beiden Konzilien voneinander getrennt in das gegnerische und das gute.

Der Augustiner weiß jedoch, dass tagespolitische Kommentare nicht genügen, um bis in alle Zukunft geachtet zu werden. Er, der möglicherweise das inhaltliche Programm der Decke beeinflusste, erklärt schon zwei Wochen nach der Enthüllung dessen höheren Sinn: An den Wänden zeigen die älteren Fresken das Gesetz des Moses und das Gesetz des Evangeliums. An der Decke ist das Gesetz der Natur dargestellt, die erste aller Ordnungen. Sie besteht aus reiner Liebe. Gott schuf Himmel und Erde, Adam und Eva aus Liebe, und dafür lieben die Menschen den Herrn. Diese klare Botschaft werden Menschen aller Zeiten und Kulturen verstehen. [28]

Julius II. ist begeistert. Er wollte eine Familienkapelle der Della Rovere-Päpste gestalten, aber er möchte nicht des Nepotismus bezichtigt werden, der Vetternwirtschaft. Dafür haben die Römer seinen Vorgänger, Alexander VI. aus der Familie der Borgia, gehasst. Gerne hört er nun, wie ihn Egidio lobt: «Für Dich stellt die Kirche Ehefrau, Kinder und die ganze Familie dar.»[29] So lässt sich auch diese Malerei verstehen: Über die Familienbande, die Ahnen Christi, hat Michelangelo die Gelehrten erhoben, die Propheten und Sibyllen mit ihren starken Persönlichkeiten. Der Papst mag mit der griechischen Sprache hadern. Aber er weiß, dass nicht sein Familiensinn, sondern sein Respekt vor Bildung und Kunst ihm ewigen Ruhm sichern wird.

Nur knapp hat Julius seine Ziele erreicht, in der Politik und in der Kirche. Kurz nach der Enthüllung wird er schwer krank. Seine Zeit läuft ab. Am 21. Februar 1513 ruft Gott ihn zu sich. Rom trauert um den Papst der Krieger und Künstler. Und in der Sixtina versammeln sich bald die Kardinäle zum Konklave.

Michelangelo hofft, jetzt schnell das Grabmal für Julius beenden zu können. Der Verstorbene wünschte sich, dass es nun in der Kapelle errichtet wird, als Gesamtkunstwerk aus Michelangelos Hand.

Derweil arbeitet Raffael noch in den Stanzen. Michelangelo hat ihm die Schau gestohlen, dafür aber wird nun er zum Kommentator der Umbruchszeit. Seine Sicht der Dinge hat er schon kundgetan: Nachdem er die Sixtina nicht zu Ende malen durfte, hat er sein Wandgemälde der Schule von Athen noch einmal angefasst. Bisher hatte er hier vor allem Lehrer-Schüler-Verhältnisse inszeniert, hatte gezeigt, wie fruchtbar intellektueller Austausch sein kann.

Jetzt aber hat er in vorderster Front einen Einzelgänger gemalt.

Einen Kollegenhasser und Verweigerer (Abb. 24). Traurig und einsam sitzt er da, ein dunkler Kerl mit kräftigen Waden, dickem Schädel und platter Nase. Sein Gesicht umhüllt ein dichter Bart, die Betrachter würdigt er keines Blicks. Er will einen Brief schreiben, schweift aber ab in seine tief verschattete Melancholie. Die Debatten all der Denker um ihn herum verpasst er, und falls ihn einer preisen wollte, bekäme er das nicht mit. So sieht ihn sein Rivale: den armen, unglücklichen, hochgelobten Michelangelo.

II

Der Vater, ein Fälscherskandal und Leonardo da Vinci: Die Kämpfe des jungen Michelangelo

Anfänge

So war es von Beginn an: Michelangelo war auf sich allein gestellt oder hat sich zumindest so gefühlt. Bei seiner Geburt in der Nacht zum 6. März 1475 hätte ihm wohl niemand Weltruhm vorhergesagt. Seinen Vater Lodovico di Buonarroto de' Simoni hat es mit der Familie nach Caprese verschlagen, einem kleinen Dorf im Apennin. Das Amt als Ortsvorsteher bringt kaum Geld und noch weniger Ruhm, aber Lodovico bleibt nichts anderes übrig. Früher waren die Männer der Florentiner Patrizierfamilie stadtbekannte Wollhändler und Geldleiher, man vertraute ihnen hohe politische Ämter an. Nun ist dem Clan nur das Bewusstsein einer großen Vergangenheit geblieben. In Florenz treffen inzwischen die Medici alle Entscheidungen gemeinsam mit einigen wenigen anderen Adelsfamilien. Die Stadtherren fürchten Umsturzversuche der Zünfte, deshalb gestehen sie alle übrigen Privilegien den Handwerkern zu. Die weniger prominenten Adeligen gehen dafür leer aus. Schon Michelangelos Großvater war mittellos, und sein Vater besitzt nicht einmal genügend Geld, um den Söhnen eine höhere Bildung zukommen zu lassen.

Trotzdem legt Lodovico Wert auf gehobene Sitten. Das Baby bleibt nur wenige Wochen bei seiner Mutter, dann kehren die Eltern nach Florenz zurück, weil der Vertrag des Vaters ausläuft. Wie im Adel üblich, pflegt eine Amme den kleinen Jungen. Auf dem Land nehmen die Ersatzmütter weniger Geld, deshalb kommt Michelangelo zu einer Frau in Settignano, drei Meilen von Florenz entfernt. Der Ort ist berühmt für seinen dunklen, leicht lehmigen Sandstein, den die Florentiner Baumeister verarbeiten.

Michelangelos Amme ist die Tochter und Gattin von Steinmetzen, und sie kümmert sich jahrelang liebevoll um den Jungen. Seine leibliche Mutter stirbt, als er sechs Jahre alt ist. Er wird sich vor allem an seine Amme erinnern und betont später gerne die Macht der Muttermilch: als Kleinkind habe er Marmorstaub eingeatmet, deshalb sei er aus der Art geschlagen und Bildhauer geworden.[1]

Lodovico tut alles, um seinen Sohn von der Kunst abzuhalten. Bildhauer und Maler gelten als Handwerker, und so tief möchte der Vater die Familie nicht fallen sehen. Von Bildern versteht er nichts. Also prügelt er den Jungen, der nach seiner Rückkehr aus Settignano jeden Tag am Tisch des engen Florentiner Mietshauses sitzt und zeichnet.[2]

Doch Schläge und Vorwürfe verfehlen ihre Wirkung. Michelangelo findet einen Freund, der in der besten Malerwerkstatt der Stadt studiert, bei den Brüdern Ghirlandaio. Der Lehrling zeigt ihm das Atelier und borgt ihm Vorlagen zum Abzeichnen.

So kommt Michelangelo zu einem Druck von Martin Schongauer (um 1445 bis 1491), der die Versuchung des Antonius zeigt. Er will den Heiligen mit seinen Ungeheuern farbig abzeichnen – und verbessern. Also geht er auf den Fischmarkt und studiert Farbe und Form der Flossen, prägt sich den Glanz der Tieraugen ein und lässt den Blick über das noch zuckende Meeresgetier schweifen – um die Monster noch verführerischer zu gestalten als Schongauer. Das zumindest wird er später Condivi erzählen, um zu demonstrieren, wie früh er sich nicht nur für Kunstwerke, sondern auch für die Nachahmung der Natur interessierte.[3] Angeblich reagiert sogar der Werkstattchef Domenico Ghirlandaio (1449 bis 1494) neidisch auf das Ergebnis – behaupten Michelangelo und sein Biograf.

Vermutlich ist das übertrieben, denn Ghirlandaio akzeptiert den circa dreizehnjährigen Michelangelo als Auszubildenden. Lodovico gibt schließlich nach. Er sieht wohl ein, dass er dem Sohn sowieso keine höhere Bildung bezahlen könnte. Michelangelo hat seinen Kopf durchgesetzt und wird ein Leben lang stolz darauf sein. Sein Vater konnte ihn nicht brechen, wem sollte dies dann gelingen?

Seinem Meister jedenfalls nicht. Zu Beginn lässt er den Jungen wie alle Anfänger Hilfsarbeiten ausführen: Farben anrühren, Holztafeln grundieren, Pinsel waschen. Zeichnen dürfen Auszubildende nur in der freien Zeit. Michelangelo – der es später mit seinen Lehrlingen nicht anders halten wird – langweilt sich. Und beginnt eine Laufbahn als Fälscher. Er kopiert haargenau einen von seinem Chef gezeichneten Porträtkopf und hält das fertige Blatt über Rauch, damit es älter wirkt. Dann gibt er dem Meister nicht dessen Vorlage, sondern die Kopie zurück. Der merkt den Betrug erst, als sich Michelangelo vor den anderen Werkstattjungen brüstet und den gutgläubigen Ghirlandaio auslacht.[4] Auch damit wird Michelangelo noch als alter Mann prahlen.

Und nein, der Heranwachsende schämt sich nicht für seine Überheblichkeit. Der Familienstolz färbt auf ihn ab, und bald schon überwerfen sich Meister und Schüler. Michelangelo schließt seine Lehre nicht ab, wahrscheinlich geht er freiwillig. Die beste Werkstatt der Stadt genügt ihm nicht mehr.

Der Garten der Kunst

Er will dorthin, wo die großen Entscheidungen getroffen werden. Florenz ist eine Republik, in der wichtige Ämter mit mehr oder weniger Manipulation unter Adeligen und höheren Zunftvertretern ausgelost werden. Zur Zeit regiert die Familie Medici. Da sie keine Fürsten sind, können sie nicht darauf setzen, ihren Einfluss zu vererben. Sie müssen ihren Machtanspruch immer wieder begründen und fördern Dichter, Künstler, Humanisten, Architekten. Auch in antike Statuen investieren sie und zeigen so, dass es ihnen um mehr geht als um die eigene Familie, nämlich um die großen Zusammenhänge der italienischen Geschichte.

Die Statuen stehen in einem Garten nahe des Klosters San Marco. Begabte Künstler können hier ihr Auge schulen und sich ausprobieren. Wie genau Michelangelo den Regierungschef Lorenzo de' Medici (1449 bis 1492) von seinem Talent überzeugt, ist nicht überliefert. Aber es gelingt ihm, ein Stipendium im Garten zu bekommen.

Wieder wehrt sich Lodovico gegen die Berufswahl seines Sohnes. Michelangelo hat es als Jugendlicher ins Zentrum der Macht geschafft, und immer noch lästert der Vater über dreckige Kittel und körperliche Arbeit. Seinen Hochmut lässt er sich bezahlen. Erst als die Medici ihm ein Amt als Zöllner bieten, darf der Sohn in den Palast Lorenzos ziehen und in dessen Garten werkeln.

Zwischen Zypressen und Beeten findet Michelangelo seine Wahlverwandten: die Bildhauer der Antike. Ihre Werke wirken mal derbe und komisch, dann wieder romantisch und idealschön. Sie zeigen den menschlichen Körper in all seinen Bewegungen und Empfindungen.

So schult sich Michelangelo mit Hammer und Meißel in den Gesten der Alten. Er schlägt eine Kentaurenschlacht in ein Marmorrelief, lässt Muskeln spielen und nackte Leiber aufeinanderprallen, als würde er ein Theaterstück mit Schauspielern aus Fleisch und Blut inszenieren. Seine Abende verbringt er im Hospital von Santo Spirito, wo er heimlich Leichen zerschneidet und studiert. Der Prior tut so, als würde er diesen Verstoß gegen die Bestattungsregeln nicht bemerken.

Michelangelo will keine Kunst um der Kunst willen schaffen, sie soll zum Leben passen. Einmal haut er einen Faun in Stein, als Hommage an die Antike. Lorenzo de' Medici höhnt, ein Faun müsse alt wirken und nicht jugendlich wie dieser. Umgehend sorgt der Künstler für Realitätsnähe und schlägt der Figur einen Zahn inklusive Wurzelloch aus.

Von Kollegen im Garten lässt er sich dagegen nichts sagen. Einmal erlaubt sich einer ein paar Scherze, es kommt zur Rauferei. Michelangelo überschätzt seine Kräfte. Eine Faust trifft sein Nasenbein, so dass der Knochen bricht. Fortan muss der Bildhauer mit eingedrückter Nase herumlaufen. Und der Schläger wird noch lange damit prahlen, wie er einst das Antlitz des Genies zu Teig verarbeitete. Von nun an traut Michelangelo seinen Konkurrenten jede Schandtat zu.

Eigentlich verlässt er sich nur auf sich selbst. Er will sich von niemandem abhängig machen, auch nicht von den Medici. Lorenzo stirbt 1492, und sein Sohn Piero übernimmt die Macht im Staat und im Garten. Auch er fördert die Kunst, doch die Regierungsgeschäfte glücken ihm nicht. 1494 marschieren die Franzosen in Richtung Toskana; in Florenz wird gemunkelt, das Ende der Medici nahe. Michelangelo wartet nicht ab, was kommen mag: Heimlich packt der Neunzehnjährige seine Sachen und stiehlt sich eines Nachts aus der Stadt. Mögen sie ihn einen Verräter nennen – er wird mit den Herrschaften nicht untergehen.

Als der Bildhauer Weihnachten 1495 von seiner Reise durch Italien zurückkehrt, haben die Florentiner die Medici tatsächlich vertrieben. Nicht ein Clan soll herrschen, sondern alle Familien von Rang und Namen. Als Bildhauer müsste Michelangelo diese Entwicklung bedauern, denn die Fürstenhöfe bieten in diesen Jahren die besten Aufstiegschancen für Künstler. Doch sein Freiheitsdrang ist größer als sein Geschäftssinn: Er ist Feuer und Flamme für die Republik.

Das Machtvakuum währt nicht lange, denn bald schon schwingt sich der rigorose Bußprediger Savonarola (1452 bis 1498) zum Wortführer und Zensor auf. Er formiert eine Kinderarmee und hetzt die Halbwüchsigen als Tugendwächter auf die Bewohner. Die Jungen messen die Rocklängen der Frauen, melden den Gebrauch von Spielkarten und durchsuchen Häuser nach Schmuck und Kunstwerken. Alles, was der Eitelkeit oder dem Vergnügen dienen könnte, wird öffentlich verbrannt.

Karriere eines Fälschers

Wie genau Michelangelo zu Savonarola steht, ist letztlich nicht geklärt. Gut möglich, dass dessen Tugendideale ihm gefallen. Er wird in der Sixtina – zum Spott seines Vaters – auch Anhänger des Bußpredigers beschäftigen. Sicher aber erkennt Michelangelo, dass er als Künstler in einer solch sinnenfeindlichen Stimmung nicht weit kommen kann.

Umso mehr lockt ihn Rom, das Zentrum der alten wie der neuen Macht. Noch weiden Ziegen am Tiber, und die Leute züchten ihr Gemüse in Sichtweite des Kolosseums. Doch die Stadt wandelt sich: Barone und hohe Kleriker konkurrieren um die schönsten, modernsten Paläste. Sie füllen sie mit junger Kunst sowie mit den Antiken, die der Boden zahllos freigibt, wenn man sich erst einmal auf die Suche macht.

Wie aber Fuß fassen in der Ewigen Stadt? Sich hochdienen in einer Werkstatt wie derjenigen Ghirlandaios? Nie wieder. Michelangelo will nach ganz oben, und zwar jetzt.

Er besinnt sich seiner Erfahrungen und Qualifikationen. Und entscheidet sich, es noch einmal als Fälscher zu versuchen. Angestachelt von einem Kunsthändler meißelt er einen Cupido im antiken Stil und beschmiert ihn mit Ruß und Lehm. Der Händler bringt das Werk nach Rom und verkauft es dem Kardinal Raffaele Riario (1460 bis 1521) zum Antikenpreis von 200 Dukaten. Der Künstler bekommt nur einen kleinen Teil der Summe.

Irgendwie fliegt der Betrug auf, der Kardinal fordert und erhält sein Geld zurück. Doch sein Kunstverstand siegt über sein Ehrgefühl, und er bestellt das junge Talent nach Rom. Dort baut der Kirchenmann, ein Großneffe von Papst Sixtus IV., den prachtvollsten Palast der Stadt, den Palazzo della Cancelleria nahe des Campo de' Fiori. Die Fassade ist bereits fertig, sie besteht aus Travertinblöcken, die der Bauherr am Kolosseum und an einem antiken Triumphbogen abmontieren ließ. Den Innenhof schmücken Säulen aus der Zeit des Augustus – sie stammen aus einer Kirche, die zu diesem Zweck niedergerissen wurde. Inzwischen ist der Monumentalbau so weit gediehen, dass der Kleriker seine altrömische Skulpturensammlung zur Schau stellen kann.

Am 25. Juni 1496 empfängt er hier den 21-jährigen Michelangelo. Der Künstler kramt seine Empfehlungsschreiben eines abtrünnigen Medici hervor. Der Kardinal hatte selbst einige Monate als Medici-Gegner im Gefängnis zugebracht. Michelangelos Zerwürfnis mit der Hauptlinie des Clans kann ihm jetzt nur nützen. Doch über Politik mag der Kardinal nicht reden. Er möchte lieber wissen, was der junge Mann von seiner Sammlung hält. Zwei Tage lang darf er die Antiken studieren, dann fragt ihn der Kleriker, ob ihm, dem Florentiner Bildhauer, auch so etwas gelingen könne?

Angesichts dieser Schätze vergeht Michelangelo sein Hochmut. Nein, sagt er kleinlaut, «so große Sachen» könne er wohl nicht schaffen. Ob er trotzdem bleiben und für den Kardinal arbeiten dürfe?[5]

Er darf. Der Kardinal besorgt ihm Marmor und eine nah gelegene Atelierwohnung. Michelangelo bedankt sich mit der Statue eines sehr verspielten, sehr betrunkenen jungen Bacchus, einer Bewegungsstudie des Kontrollverlusts. Schnell spricht sich herum, wie der zugezogene Bildhauer es mit der Antike aufzunehmen versteht. Die Aufträge häufen sich, bald kann er seinem jammernden Vater Geld nach Florenz schicken.

Für sich selbst gibt er so wenig wie möglich aus. Ihm geht es nicht um Genuss, sondern um den sozialen Status seiner Familie. So betrunken wie den Bacchus sieht man ihn in Rom wohl nie und auch selten vor voller Tafel. Als einer seiner Brüder ihn einmal besucht, erschrickt er über die armselige Wohnung und das einfache Handwerkeressen: braunes Brot, Salat, Gemüse. Daraufhin mahnt der Vater Michelangelo, nicht an der Gesundheit zu sparen: «Denn wenn Du krank wirst – was Gott verhüten möge –, bist Du bei Deinem Beruf verloren.»[6]

Was auch für den Vater das Ende wäre, denn er lebt von den Zuwendungen seines Zweitältesten – und verlangt nach immer mehr. Einmal klagt er, dass er, der Mittfünfziger, sein Geschirr selbst abwaschen müsse. Ja, soll denn Michelangelo dem Vater auch noch das Brot backen? Stolz müsste Lodovico auf Erfolg und Opferbereitschaft seines Sohnes sein, meint Michelangelo – und weiß doch, dass er darauf lange warten kann. Also beißt er im Namen der Familienehre die Zähne zusammen, arbeitet immer härter und schickt weiter Geld nach Hause. Sein Kundenkreis besteht inzwischen aus mehreren Kardinälen. Einer bittet ihn um eine Pietà aus feinstem Marmor. Im eisigen Winter 1497/98 fährt Michelangelo persönlich in die Steinbrüche von Carrara, um die schönsten – und günstigsten – Stücke auszusuchen. Als Ziehkind einer Steinmetzfrau fühlt er sich auch dazu berufen. Die Berge aus Marmor begeistern ihn so sehr, dass er mehr Blöcke kauft, als er im Moment verarbeiten kann.

Ein halbes Jahr später kommt die Schiffsladung mit den Steinen im Hafen bei Rom an. Michelangelo setzt den Meißel an. Quicklebendig schaut bald eine jugendlich schöne Maria aus dem Marmor (Abb. 15); auf ihren breit aufgestellten Knien liegt ein erwachsener Mann, so tot wie kaum ein Jesus zuvor. Sie hüllt sich in dichte Stoffmassen von bewegtem Faltenwurf; sein fast nackter, ebenmäßiger Körper dagegen ist bis in die Adern hinein ausgestaltet. Sein Schmerz wirkt offen, ihre Trauer still und merkwürdig glückselig. Auf dem Band zwischen Marias Brüsten prangt Michelangelos Signatur. Jetzt ist er angekommen: am Busen der Madonna.

In der Pietà hat der Bildhauer ein Lebensthema gefunden: das Spiel mit Kontrasten. Ambivalenzen sind dazu da, sie auszuhalten. Die Eindeutigkeit vergangener Jahrhunderte, die theologischen Gewissheiten um Wesen und Bestimmung des Menschen sind perdu. Jetzt gilt ein Sowohl-als-auch. Schriftsteller veröffentlichen Dialoge in Rede und Widerrede, Humanisten nennen antike Götter und christliche Heilige in einem Atemzug. Und Künstler erforschen und entwirren Gefühlswelten, zeigen den Menschen in all seinen widersprüchlichen Ausdrucksformen.

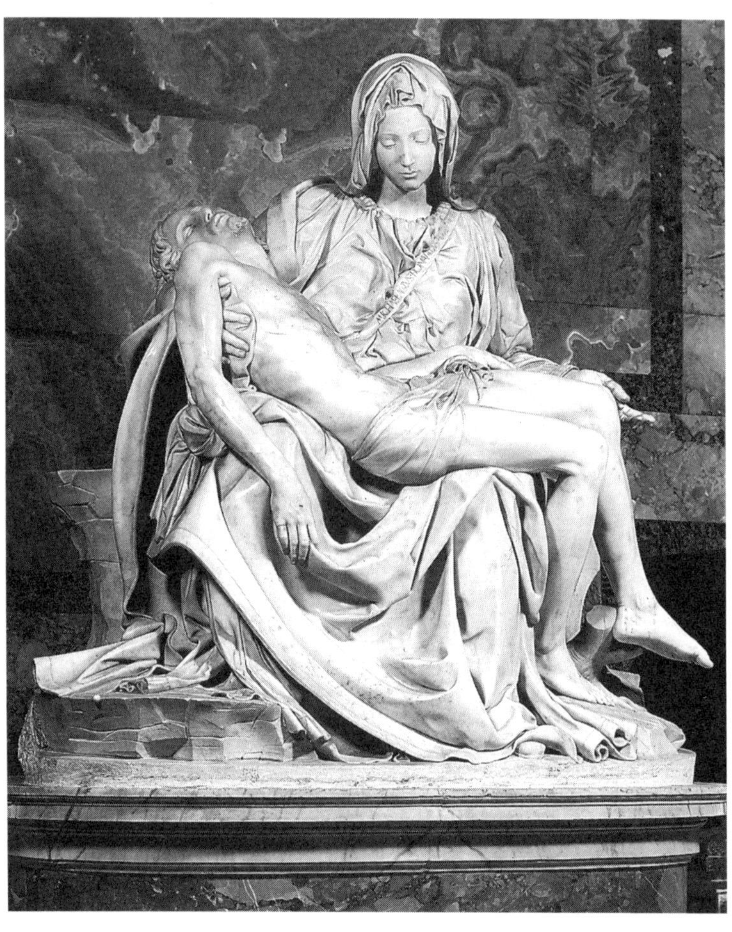

Abb. 15 *Michelangelo, Pietà*

Vatikan, Sankt Peter

Der Gigant

Die Zeit ist reif für neue Helden, auch in Florenz. Wie kann sich die Republik ohne Erbfolge neben all den Herzogtümern, Monarchien und Kleintyranneien der Zeit behaupten? Jugendlich, mutig, immer auf dem Sprung, so empfinden die Florentiner ihre Regierungsform: ein Alptraum der Tyrannen, ein Triumph für das rechtschaffene, freiheitsliebende Bürgertum. Diese Sehnsucht könnte die Bronzestatue der Judith von Donatello repräsentieren, die zu dieser Zeit die Treppe des Palazzo della Signoria flankiert, des Amtssitzes der Florentiner Stadtregierung. Doch die Tyrannenmörderin hat zwei Nachteile: Es waren die Medici, die das Werk in Auftrag gaben, und dann ist die Figur auch noch weiblich. Florentiner Regierungsmitglieder meinen, es sei ungehörig und bringe militärisches Unglück, wenn eine Frau einen Mann töte und sich so über ihn stelle. Sie träumen von einer machtvollen und virilen Gestalt. Der politische Beamte und militärische Berater Niccolò Machiavelli (1469 bis 1527) fordert einen kampfesmutigen Giganten, der den im Umland rekrutierten Soldaten beim Appell vor dem Rathaus ein Vorbild wäre.

Michelangelo ist zu diesem Zeitpunkt selbst auf dem Weg zum Giganten. Als die republikanische Regierung ihn bittet, eine Statue der Freiheit zu schaffen, kehrt er seinen römischen Kunden den Rücken zu und fährt in seine Heimatstadt. Aus einem schon halb zerstörten Steinblock schlägt er einen beinahe fünf Meter hohen David.

Der Jüngling sammelt sich zum großen Wurf mit kleiner Schleuder, die folgende Tat muss sich der Betrachter selbst ausmalen. Der Gewaltakt reizt den Künstler nicht; er entwirft kein

Monument des Schreckens, das die Feinde wie eine Vogelscheuche vertreiben soll. Ihn interessiert die innere Stärke des David. Der kürzlich in Florenz gestorbene Philosoph Giovanni Pico della Mirandola (1463 bis 1494) schrieb einmal, der Mensch könne zum Tier missraten oder zum Göttlichen aufstreben, sein Schicksal liege in seiner eigenen Hand. Auch Michelangelo betont den Moment der Entscheidung. Der republikanische Kämpfer handelt in Willensfreiheit, seine überragende, antikische Schönheit erzählt nicht von physischer Unterwerfung, sondern von moralischer Tugend und intellektueller Überlegenheit. Die junge Republik hat ihr Modell gefunden: die Ideale des alten Griechenlands. Anhänger der Medici verstehen die Botschaft sofort und bewerfen den demokratischen David, kaum ist er fertiggestellt, ausgerechnet mit Steinen. Was dem Meister der Schleuder nichts anhaben kann.

Rivalen in der Republik

Die Kaufleute, Bankiers und Handwerksmeister von Florenz empfinden sich als Gemeinschaft von Gleichen. Der Fanatiker Savonarola ist vor einigen Jahren erst exkommuniziert, dann von Volksmassen durch die Stadt gejagt worden. 1498 ließ ihn die Regierung auf dem Platz vor dem Rathaus hängen. Kein Einzelner, und sei er noch so erleuchtet, soll die Geschicke der Stadt bestimmen.

Was dem Vatikan die Sixtina, das ist der Republik ihr Ratssaal. Er ist ein Versammlungsort freier Bürger, in dem die wichtigsten Entscheidungen fallen. Also bittet der Regierungschef die zwei berühmtesten Florentiner Künstler um Fresken für den Raum: Leonardo da Vinci soll das Gefecht von Anghiari (1440) auf die eine Wand malen, Michelangelo darf gegenüber die Schlacht von Cascina (1364) darstellen. In beiden Auseinandersetzungen siegten die Florentiner und ihre Söldner, was diese eher unbedeutenden Ereignisse für die Republik interessant macht.

Leonardo ist kurz nach 1500 der wichtigste – und eleganteste – Maler südlich der Alpen. Umgeben von seinen Anhängern schlendert er in rosarotem, gerade einmal knielangem Gewand durch die Straßen. Für die Drecksarbeit eines Bildhauers hat er nur Verachtung übrig: «Da hat er das Gesicht ganz beschmiert und mit Marmorstaub eingepudert, so dass er wie ein Bäcker ausschaut, und ist mit kleinen Marmorsplittern über und über bedeckt, dass es aussieht, als hätte es ihm auf den Buckel geschneit, und seine Behausung, die ist voll Steinsplitter und Staub», so lästert er. Ein Maler dagegen schmücke sich «mit Kleidern, wie es ihm gefällt». Seine Farben seien anmutig und sein Haus «voll heiterer Malereien und reinlich». Statt Geklopfe höre er bei der Arbeit Musik oder lasse sich etwas vorlesen.[7]

So gesehen steht der Maler als feiner Hofmann da, der Bildhauer dagegen als grober Handwerker. Leonardo möchte das Malen zur Wissenschaft erheben, und er tut dies auf Kosten anderer Künste. Ein mechanisches Geschäft sei die schweißtreibende Arbeit der Marmorbildner und natürlich von «geringerer Geistesanstrengung als die Malerei», höhnt er.[8] Der Maler müsse Dunkelheit und Licht wiedergeben, er brauche perspektivische Kenntnisse und sollte Farben abstufen können, um Räumlichkeit vorzutäuschen. Sogar Naturphänomenen wie Gewittern und Fluten sei der Mann an der Staffelei gewachsen, er könne Berge, Meere und Landschaften nachempfinden – nichts auf der Welt entziehe sich der Nachahmung und Verschönerung durch den Pinsel. Ja, ein zweiter Schöpfer sei der malende Künstler: «Notwendigkeit zwingt den Verstand des Malers, sich in den Verstand der Natur selbst zu verwandeln.»[9]

Leonardo sieht durchaus die Unterschiede der Malerei und der Bildhauerkunst. Er weiß, wie viel haltbarer Steine als Leinwände sind, und ihm ist bewusst, dass sich ein Maler an der Staffelei korrigieren kann, während schon ein kleines Missgeschick dem Bildhauer das Werk ruiniert. Die Dauerhaftigkeit der Steine aber, sagt er, sei ein Verdienst des Materials, nicht des Künstlers. Und Fehlerlosigkeit verstehe sich ja wohl von selbst; wer irre, sei in diesem Beruf fehl am Platz. Es sei schwieriger, «das Genie eines Meisters zurechtzuflicken als das von ihm verpfuschte Werk».[10]

Michelangelo macht er sich so nicht zum Freund. Der Bildhauer ist stolz auf seine körperlich harte Arbeit und die seltene Gabe, eine Skulptur im Voraus zu durchdenken, auf dass nachher jeder Hammerschlag sitzt. Für ihn hat die Arbeit am Marmor nichts Rohes. Später wird er ein Sonett darüber schreiben, wie ein Bildhauer mit dem Meißel in der Hand nach Erkenntnis sucht und in einem qualvollen Prozess langsam den seelischen, quasi göttlichen Kern einer Figur im Stein findet.

Im Leben meidet Michelangelo körperliche Beziehungen, weil er glaubt, seine Schaffenskraft litte darunter. Beim Arbeiten aber fühlt er sich wie ein Verehrer, der sachte zum Herzen einer Frau vordringt. Wie in der Liebe, schreibt Michelangelo, so kann man auch in der Kunst in diesem mühseligen Prozess scheitern, kann die Schönheit und das Wissen um höhere Zusammenhänge verfehlen: «Die Kunst (...) versagt mir stets, wonach ich glühe.»[11] Bei aller Hybris fühlt sich der Bildhauer offenbar manchmal ungenügend, und das mag er nicht dem Stein anlasten.

Leonardo scheinen Selbstzweifel fremd zu sein. Dabei ist auch er schon gescheitert, meint Michelangelo. Denn der Bronzeguss eines großen Reiterstandbildes für den Mailänder Herrscher ist ihm einst misslungen. Woher also dieser Dünkel?, fragt sich der Bildhauer. Eines Tages steht eine Gruppe honoriger Florentiner auf einer Piazza und diskutiert über Dantes Werke. Sie sind sich in der Deutung nicht einig und rufen Leonardo herbei. Der sieht, wie Michelangelo zufällig um die Ecke biegt, und sagt: «Michelangelo wird es euch erklären.» Der Bildhauer ist sich sicher, dass der Maler ihn intellektuell vorführen möchte. Sofort geht er in die Offensive: «Erkläre es nur du selbst, du hast doch ein Pferd gemacht und wolltest es in Bronze gießen, aber das brachtest du nicht zustande.» Dann geht er und lässt den erröteten Leonardo stehen, wie ein Augenzeuge berichtet.[12]

Da Vinci zeigt sich keineswegs generöser gegenüber Michelangelo. Als entschieden werden muss, wo dessen David dauerhaft aufgestellt wird, plädiert er für die Loggia dei Lanzi seitlich vom Rathaus, damit «die öffentlichen Zeremonien nicht gestört werden».[13] Das ist dem Bildhauer jedoch viel zu bescheiden. Er setzt durch, dass David seine Kräfte im Freien direkt vor dem Rathaus sammeln darf, Stadt und Land im steten Blick.

Die Malerei also ist das Höchste, nicht die Skulptur? Michelangelo wird im Ratssaal den Platzhirsch auf dessen Terrain herausfordern und zeigen, dass er, der Bildhauer, vom menschlichen Körper am meisten versteht, gleichgültig, in welchem Medium. Leonardo ist Anfang fünfzig, Michelangelo noch in seinen Zwanzigern. Er ahnt nicht, dass keine zehn Jahre später im Vatikan ein junger Kollege den gleichen Groll gegen ihn hegen und auch zum Gegenschlag ansetzen wird.

Der Wettstreit begeistert die Florentiner. Leonardo gilt als der schwierigere Kandidat, er ist bekannt dafür, Arbeiten schleifen zu lassen. Die Ratsherren hoffen, dass die Konkurrenzsituation ihn disziplinieren wird. Sie haben einen komplizierten Vertrag aufgesetzt, in dem sie allerlei Alternativen festlegen für den Fall, dass Leonardo auf halber Strecke die Lust verliert.

Michelangelo hat sein Atelier im Krankenhaus der Färberzunft eingerichtet, Leonardo residiert dagegen im Kloster von Santa

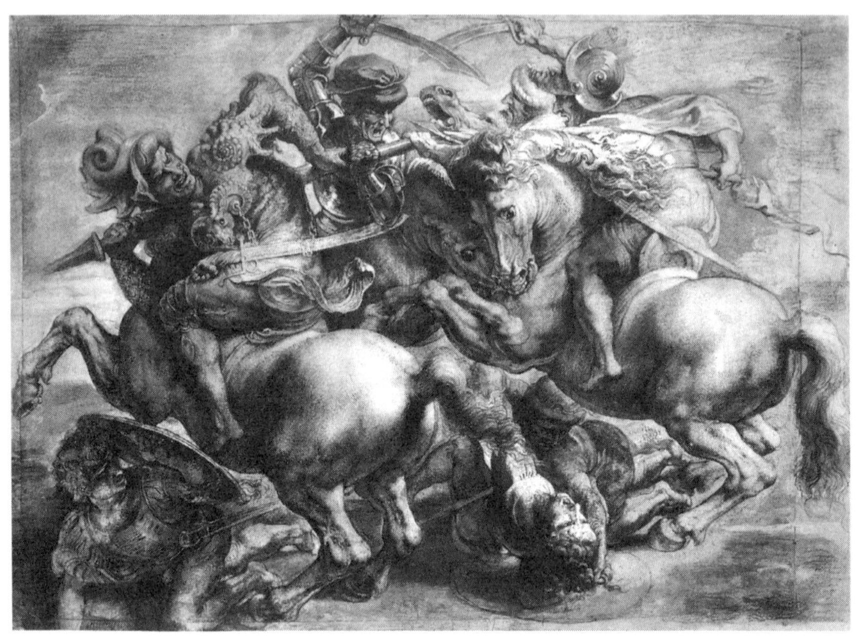

Abb. 16 *Peter Paul Rubens, (nach Leonardos* Schlacht von Anghiari*), Schlachtszene, Zeichnung* Paris, Musée du Louvre

Maria Novella, wo er im Papstsaal arbeiten darf. Sein Wandgemälde soll beinahe neunzehn mal acht Meter messen, das übertrifft sein Mailänder Fresko des Abendmahls bei weitem. Anstatt sich aber endlich einmal auf die traditionelle Freskiertechnik zu besinnen, plant da Vinci technische Experimente und möchte das Bild in einer komplizierten Ölmischtechnik ausführen. Er bestellt verschiedene teure Materialien. Doch die Pigmente haften kaum an der Wand, die Farbe zerfließt auf dem Putz, und Leonardo vollendet das Gemälde nicht.

Wohl aber den Karton, die eigentliche Sensation. Schauplatz des Wettkampfes ist schließlich nicht der Ratssaal im Palazzo della Signoria, sondern Santa Maria Novella, wo die beiden Entwürfe öffentlich ausgestellt werden. Leonardos Vorlage zeigt eine wilde Schlacht von Reitern (Abb. 16). Ihre Pferde bäumen sich auf, ver-

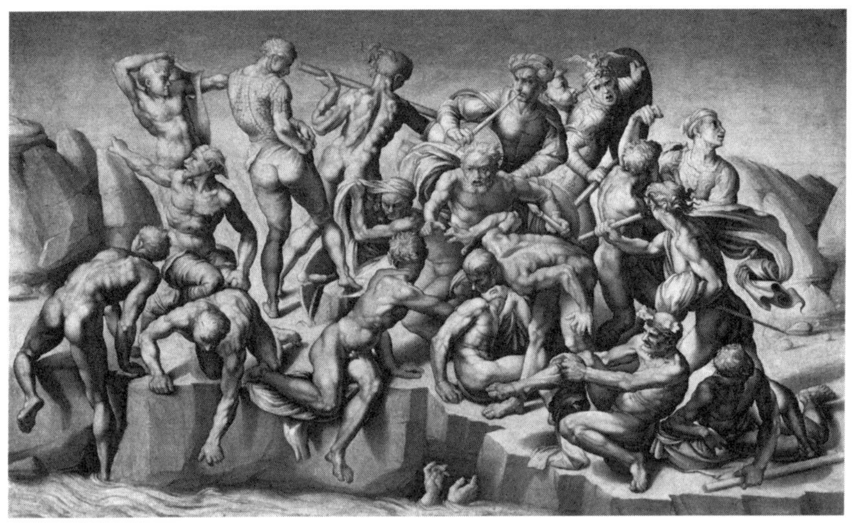

Abb. 17 *Bastiano da Sangallo (nach Michelangelo), Die Schlacht von Cascina/ Die Badenden, 1542, Öl auf Holz*

Norfolk, Holkham Hall, Collection of the Earl of Leicester

keilen ihre Hufe ineinander, schnauben und zucken unter den Säbelhieben. Auch die Reiter bilden ein Knäuel. Kraft, Dynamik und Chaos strahlt die Komposition aus; Leonardo nutzt das Motiv für eine ausgiebige Bewegungsstudie. In seiner Sicht drücken die Regungen des Körpers die der Seele aus, nur ein agierender Leib wirkt auf ihn lebendig. Wenn die Kunst nicht sterben will, muss auch sie in Bewegung bleiben.

Das sieht Michelangelo genauso, und er lernt von Leonardo, wie man gemalte Figuren dreht und windet. Doch er vermeidet Gemetzel sowie eine komplexe Gruppendynamik. Wieder zeigt er nicht das eigentliche Ereignis, sondern den Moment davor: Seine Männer baden gerade, als sie von der Nachricht eines Angriffs überrascht werden (Abb. 17). Sie müssen nun schnell ihre Kleider anziehen und losstürmen. Die meisten sind noch nackt, oder aber ihre Hosen sind so nass, dass sich ihre Pobacken deutlich abdrücken.

Vermutlich hat Machiavelli das Motiv angeregt, denn auch er verlangte von seinen Leuten, den Bauernsoldaten aus dem Umland, ständige Einsatzbereitschaft. Sicherlich aber ist Michelangelo mit der Themenwahl einverstanden: Das Bild der Badenden erlaubt dem Künstler, muskulöse, kaum bekleidete Männer in allen möglichen Posen darzustellen. Einer zieht sich am Ufer empor und präsentiert seinen Rücken, andere streifen sich mühsam Strümpfe über oder drehen den Kopf abrupt nach hinten, um nach den – unsichtbaren – Feinden zu spähen. Diese Männer kämpfen nicht mit anderen, sondern mit sich selbst; jeder von ihnen ist ein Einzelgänger wie ihr Schöpfer.

Am Ende setzt keiner der beiden Künstler seinen Entwurf im Ratssaal um: Leonardo wird nach Mailand abberufen, bevor er seine technischen Probleme lösen kann. Und Michelangelo, der mit dem Malen noch nicht begonnen hat, kehrt im Februar 1505 nach Rom zurück, weil der zwei Jahre zuvor gekürte Papst Julius II. sein Grabmal aus der Hand des Florentiners wünscht.

Der Erbe

Die zwei Kartons aber machen Schule. Der Künstler Benvenuto Cellini (1500 bis 1571) wird später jubeln, im Vergleich der beiden Entwürfe habe er für sein ganzes Leben gelernt. Vor allem einer kann sich nicht sattsehen: Raffael, knapp über zwanzig Jahre alt, zu Studienzwecken in Florenz.

Noch empfindet Michelangelo den höflichen jungen Mann nicht als Rivalen. Er ist ganz mit Leonardo beschäftigt, dem einflussreichsten Könner der Ölmalerei südlich der Alpen. Der propagiert den *sfumato*, die weichen Übergänge der vielfach geschichteten Farben, eine Methode, die Michelangelos Sinn für Klarheit widerstrebt. Wenn er schon malen muss, dann am liebsten in hart abgegrenzten Temperafarben, die mit Ei angerührt werden.

Die variantenreiche ölbasierte Malerei kommt aus Nordeuropa, sie verbreitet sich erst seit wenigen Jahrzehnten in Italien. Von dieser sinnenbetonten nordischen Malerei hält der Bildhauer wenig: «Nerv und Verstand» wird er den Flamen später absprechen, wird ihren Hang zum Detail und zu differenzierten Landschaften auslachen und ihre Gemälde als liebliche Weibersache diffamieren.[14] Wobei ihm die Kollegen jenseits der Alpen wohl relativ egal sind. Gemeint sind eher Norditaliener wie Leonardo da Vinci – und der große Kreis seiner Nachahmer und Bewunderer.

Zu denen zählt sich schon in Florenz Raffael. Er kopiert die Vorlagen für die beiden Schlachtengemälde akribisch – näher aber sind ihm, dem Ölmaler, die Erfindungen Leonardos, die er immer wieder variiert. Auch in seinem Habitus ist der elegante, gesellige Herr ihm vertrauter als der wenig gesprächige Michelangelo. Raffael könnte sich jetzt abgrenzen von der Kunst des älteren Bildhauers, könnte ihn anfeinden, so wie es Michelangelo mit Leonardo hält.

Doch er hat eine bessere Idee. Er wird beider Vorzüge aufsaugen, wird das vermeintlich Unvereinbare zusammenführen – und so den einen wie den anderen an die Wand spielen.

III

Auch ein Gott muss studieren: Raffaels Weg nach Rom

Der Ahnvater

Man kann nicht über Michelangelo und Raffael reden, ohne über Giorgio Vasari und seine Autorenkollegen zu sprechen. Die Leben der großen Künstler, ihre charakterlichen Eigenheiten, Stärken und Schwächen interessieren schon die Menschen des 16. Jahrhunderts. Bereits zu Lebzeiten Michelangelos und Raffaels und kurz danach beschreiben und deuten Humanisten und Kunstschriftsteller die Psychologie der beiden Maler, so dass bis heute die Fakten kaum von der Wolke früher Interpretationen zu trennen sind. Mehr noch als ein allgemeinmenschliches Interesse am Klatsch treibt die ersten Verfasser der Wille, den Rang der Künstlerschaft zu heben: Seht her, welche Persönlichkeiten Maler und Bildhauer sein können – keine handwerklich begabten Vollstrecker fremder Wünsche, sondern Weltengestalter eigenen Rechts.

Vasari und seine Kollegen machen sich den Spaß, ihre Helden nicht nur zu preisen, sondern auch ihre Kauzigkeit genüsslich auszubreiten. Ein Mensch mit Macken wirkt individuell und unverwechselbar, also darf Michelangelo ein Geizhals sein und mit Jugendsünden prahlen. Das zeugt in dieser Sicht von Chuzpe und Unternehmertum. Und seine Einsamkeit lässt sich umdeuten als konsequente Hingabe an die Kunst. Alles, was einen Künstler von der Masse abhebt, und sei es noch so merkwürdig, dient so gesehen dazu, das Außergewöhnliche des Berufsstandes zu betonen: Gesellschaftliche Außenseiter mögen die Künstler sein, aber genau darin liegt ihre Größe.

Auch die Renaissance-Maler selbst verbreiten gerne Mythen über ihre Person. Michelangelo diktiert seinem Schüler Condivi seine Biografie voller kleiner Makel. Raffael erzählt in Rom freizügig von seinen Liebschaften. Nach Ende seines kurzen Lebens ist es nur noch ein kleiner Schritt zu der Behauptung, er sei gestorben, weil er sich sexuell verausgabt habe.

Dies suggeriert Giorgio Vasari. Dem besten Geschichtenerzähler der Kunstwelt ist Mitte des 16. Jahrhunderts kein Gerücht zu abwegig. Der gelernte Maler weiß, dass Farblosigkeit das schlimmste Schicksal ist, also füttert er den Nachruhm seiner Klientel mit grellen Anekdoten. In seinen Viten von Künstlern der zweiten Reihe ist die Grenze zur üblen Nachrede fließend: Sodoma macht Vasari zu einem eitlen Pfau und homosexuellen «Tier», Andrea del Sarto zu einem willenlosen Frauendiener, Pontormo zu einem Hypochonder, Parmigianino zu einem Alchimisten und Paolo Uccello zu einem neurotischen Käsephobiker.

Seine Idole Leonardo, Michelangelo und Raffael kommen zwar nicht unbedingt viel besser weg, aber ihre Schrullen verlacht der Autor nicht, sondern erklärt sie zu Bedingungen ihres Genies. So klebt Vasaris junger Leonardo da Vinci einer Eidechse Flügel an und füllt ein Zimmer bis unter die Decke mit aufgeblähten Hammeldärmen. Das weist ihn als innovativen Tüftler aus. Michelangelos steter Ärger mit Autoritäten deutet bei Vasari nicht auf einen notorischen Querulanten hin, sondern spricht für einen unabhängigen Mann, der allen überlegen ist – eine Geistesgröße, der sich sogar Päpste beugen. Wenn der gestresste Bildhauer seine Hundefell-Stiefel Tag und Nacht anbehält, bis schließlich beim Ausziehen nach Wochen die Haut in Fetzen liegt, dann zeugt das nur von Arbeitseifer und Opferbereitschaft für die Kunst. Und Raffaels überaus liebenswürdigem Charakter tut seine Kopierleidenschaft auf Kosten der Kollegen keinen Abbruch – sie beweist bei Vasari nur Fleiß und Kunstverstand.

Vasari schreibt seine Viten nach dem Ende der Renaissance. Als sie 1550 und in zweiter Ausgabe 1568 erscheinen, ist die Gegenreformation in vollem Gange. Der Klerus wittert in der Kunst nun schnell Verrat an der katholischen Doktrin, die Regeln für Bilder werden immer strenger. Vasari legt sich nicht an mit den Herren der neuen Zeit. Aber er fantasiert eine Gegenwelt der Kunst, in der kreative Männer und einige wenige Frauen ohne viel Rücksicht auf Symbolpolitik bestimmen, was sie wie schaffen. Er selbst genügt diesem Ideal nicht, sondern richtet sein Vitenwerk nach den Bedürfnissen der Medici-Herrscher aus, die ihn bezahlen – weswegen toskanische Künstler besonders gut dastehen und Michelangelos republikanische Ansichten heruntergespielt werden müssen.

Giorgio Vasari ist Pragmatiker und Utopist zugleich. Er huldigt den weltlichen und kirchlichen Herrschern in Italien – und schreibt doch ein weit über tausendseitiges Werk, das es mit der Bibel aufnehmen will. Michelangelo, den Gottesmaler der Sixtina, skizziert er als neuen Schöpfer. Leonardo da Vinci erscheint ihm als eine Art Johannes der Täufer, ein frühzeitig Bekehrter. Dem Täufling Christus entspricht der «göttliche» Raffael. Zu noch mehr Größe wird die Kunst, ja, die Welt es nicht mehr bringen, meint er.[1]

Vasaris Raffael ist ein Geschenk des Himmels, ein durch und durch guter Mensch. Niemand habe schlechte Laune in Raffaels

Gegenwart, betont der Biograf. Nicht nur die Menschen, auch die Tiere verehrten den Maler wegen seiner Liebenswürdigkeit. In seiner Kunst wie in seinen Umgangsformen sei Raffael ein unerreichbares Vorbild für alle später Geborenen.[2]

Am Karfreitag 1483 kommt Vasaris Raffael zur Welt, am Karfreitag 1520 stirbt der Maler, beinahe noch im Jesus-Alter, und wird unter seinem letzten Bild aufgebahrt, einer *Verklärung Christi.* Im Einvernehmen mit anderen Autoren fälscht Vasari sogar den Kalender und legt den Karfreitag des Jahres 1483 auf einen 6. April, ein symbolschweres Datum: Jesus soll am 6. April gestorben sein, manche verlegen auch die Geburt der Menschheit auf diesen Tag. Und der Poet Petrarca (1303 bis 1374) will am Karfreitag, den 6. April 1327, in der Kirche von Avignon dem Mädchen Laura ein einziges Mal in die Augen geschaut haben (ebenfalls im Widerspruch zu kalendarischer Rechnung).

Danach war es um den Schriftsteller geschehen. Er dichtete den *Canzoniere* über seine unerfüllte Liebe zu Laura und entdeckte so das emotionale und literarische Potential der italienischen Sprache. Etliche Italiener des frühen 16. Jahrhunderts erkennen deshalb in diesem einen Wimpernschlag Lauras am 6. April 1327 den Beginn humanistischen Denkens und Fühlens. Raffaels so ausgeglichene, menschenfreundliche Kunst gilt vielen als Erfüllung der Hoffnungen ihrer Epoche, demnach muss auch seine Existenz um den 6. April kreisen.

Vermutlich wird es nie gelingen, hinter so viel poetischer Raffinesse den wahren Raffael aus den spärlich überlieferten Fakten hervorzulocken. Sicherlich war er ein umgänglicher und freundlicher Mensch, das bestätigen diverse Zeitzeugen. Aber wie war er abgesehen davon, was trieb ihn an? Und was dachten Michelangelo und Leonardo jenseits ihrer Spleens? Es gibt zu allen dreien einige Quellen, Briefe, Sonette, Verträge, ästhetische Selbstaussagen, und doch ist es unmöglich, Vasaris schon früh repetierte

Sprachbilder abzuschütteln. Die drei Renaissance-Heroen bleiben auf Dauer zuallererst seine Geschöpfe.

Immerhin, an manchen Stellen kann die Forschung den kunsthistorischen Ahnvater sachte korrigieren. So wissen wir heute, dass Raffaels erstes Vorbild nicht unter den großen Meistern zu finden ist, wie es Vasari suggeriert. Der wichtigste Mann im Leben des jungen Raffael ist der Provinzmaler Giovanni Santi (1435 bis 1494).

Der Vater

Giovanni Santi betreibt eine florierende Werkstatt in Urbino vis à vis des Fürstenhofes. Geprägt hat das Städtchen in den Marken der umtriebige und brutale Herzog und Söldnerführer Federico da Montefeltro (1422 bis 1482), der Machiavelli für seine Schrift *Il Principe* als Vorbild dienen wird. Montefeltro investiert seine enormen kriegerischen Gewinne gerne in Gemälde und Gebäude. Er pflegt engen Kontakt zu dem Kunsttheoretiker und Baumeister Leon Battista Alberti (1402 bis 1472), den er gerne als Architekten seines Schlosses gewonnen hätte. Piero della Francesca (1420 bis 1492) malt Federicos Porträt, auch Paolo Uccello (1397 bis 1475) arbeitet für ihn.

Der fürstliche Bedarf beschränkt sich nicht auf Renommierprojekte, es müssen auch Geschenkbilder, Andachtstafeln, Altarbilder, Festdekorationen und Banner produziert werden. Für all dies ist Giovanni mit seinen Männern da, bei Bedarf dichtet er auch Komödien für Hochzeiten oder Verse auf das Hofleben. Der Maler und Lohnschreiber demonstriert gerne seine künstlerische Bildung. Er ist stolz darauf, mit renommierten Kollegen wie Pietro Perugino (um 1445 bis 1523) bekannt zu sein. Auch die Werke niederländischer Maler, die bis nach Urbino gelangt sind, studiert er mit respektvoller Neugier. Wie viele Künstler seiner Zeit versteht Santi sich als Teil einer innovativen ästhetischen Bewegung; er verfasst für seinen Fürstenhof sogar eine Geschichte der Kunst.

Irgendwann im Frühling 1483 bekommen Giovanni und seine gutsituierte Frau Magia ihren einzigen Sohn: Raffael. Am Fürstenhof von Urbino arbeiten Pädagogen, die entgegen den Sitten ihrer Zeit für eine enge Mutter-Kind-Bindung eintreten und selbst hochgeborenen Frauen empfehlen, ihren Babys die Brust zu geben. Auch Giovanni bittet Magia, den Knaben im Haus zu behalten und selbst zu stillen – was sie gerne macht. So wächst Raffael von klein auf in das Werkstattleben des Vaters hinein. Seine Lehre beginnt im Vorschulalter, er darf zeichnen und lernt früher als andere, die Pigmente zu zerstoßen, Farben zu mischen, Bildtafeln zu grundieren.

Doch das Glück ist von kurzer Dauer. Raffaels Mutter stirbt, als der Junge acht Jahre alt ist. Sein Vater heiratet wieder. Und schon wenige Jahre später wird ihm eine Dienstreise nach Mantua zum Verhängnis. Dort porträtiert er die Mäzenin Isabella d'Este, es hätte ein Karrieresprung werden sollen. Giovanni aber erkrankt in den Sümpfen von Mantua und stirbt, bevor er seinem Sohn die Werkstatt übergeben kann. Der Elfjährige hat noch Verwandte in Urbino, die sich um ihn kümmern. Beruflich aber muss er nun selbst sehen, wie er zurechtkommt.

Wanderjahre

Die Lebenskrise entwickelt sich zur Chance. Raffael hat genügend Selbstvertrauen, um gemeinsam mit einem Gesellen seines Vaters durch das Land zu reisen und um Malaufträge zu bitten. In dem Städtchen Città di Castello in der Provinz von Perugia unterzeichnen die beiden Ende des Jahres 1500 einen Vertrag für ein beinahe drei Meter hohes Altarbild. Der Siebzehnjährige wird in diesem Dokument schon Meister genannt.

Noch orientiert er sich in Farbwahl und Komposition an der etwas steifen Malweise seines Vaters. Auf der Suche nach einem eigenen Weg probiert sich Raffael aber auch an freien Zeichnungen aus, wie etwa einem Selbstporträt, das ihn als bartlosen Knaben mit zarten Zügen und ernsthaftem, offenem Blick zeigt. So sieht er sich: kein Haudegen wie Michelangelo, sondern ein freundlicher, aufgeschlossener, zielstrebiger Jüngling. Die Aufträge häufen sich nun, er darf ein aufwändiges Banner für Prozessionen malen und mehrere sakrale Werke.

Im Sommer 1502 wird Urbino von dem Sohn des regierenden Borgia-Papstes überfallen. Der legitime Herzog, ein Sohn von Federico da Montefeltro, flieht mitten in der Nacht, nur mit einer Jacke bekleidet, nach Mantua. Raffael steht den vertriebenen Montefeltros viel zu nah, um jetzt in seine okkupierte Heimatstadt zurückzukehren.

Es zieht ihn in die Metropole der Region, nach Perugia. Hier freundet er sich mit Perugino an und arbeitet wohl auch für den alten Meister – sicher aber lernt er von seinem weichen, leicht verträumten Stil. Perugino hat die – von Michelangelo so verhassten – Lektionen der nordalpinen Malerei und der venezianischen

Schule aufgesogen und zeigt friedliche Landschaften detailgenau bis in die Blätter eines entfernt stehenden Baumes. Auch seine Porträts schwanken zwischen Entrückung und Realismus, er spart keine Falte auf der Nasenwurzel aus, ohne je aufdringlich zu werden. Seine Menschen wahren meditative Distanz. Besonders die religiösen Bilder laden in warmen Farben zur Versenkung ein.

Die Anmut, für die Raffaels Werke später gelobt werden, wurzelt in den umbrischen Hügeln mit ihren Kirchen voller Bilder Peruginos. Bald schon begnügt sich der Neuling nicht mit dem Studieren. Er will es aufnehmen mit dem Älteren und fordert ihn mit Gemälden heraus, die Peruginos Kompositionen unverhohlen verbessern. Raffaels *Marienkrönung* (Abb. 18) dramatisiert Peruginos Prinzip der stillen Andacht. Die Apostel staunen nun mit offenen Mündern, verrenken ihre Nacken zur Krönung im Himmel hin und schauen ergriffen zu, wie aus Marias leerem Grab Rosen wachsen. Minutiös hat Raffael die Gemütsregungen der einzelnen Figuren in Zeichnungen vorbereitet. Er weiß, dass Talent nicht vom Himmel fällt, sondern erarbeitet und geformt sein will. Und er glaubt an die Macht des Vergleichs.

So malt er eine große Tafel mit der *Vermählung der Maria* (Abb. 19), ein Thema, das Perugino viel Lob eingebracht hatte. Wie dieser, so platziert Raffael die Eheschließung im Freien vor einem Rundtempel und übt sich in strikter Zentralperspektive. Doch im Gegensatz zu dem älteren Meister unterwirft er nicht auch die Personen geometrischer Strenge. Sie stehen nun im Halbrund statt in Reih und Glied. Die Mädchen auf Seiten Marias zeigen ihre lieblichen Gesichter aus verschiedenen Blickwinkeln. Hinter Josef versammeln sich die abgewiesenen Verehrer der Braut und machen keinen Hehl aus ihrer Trauer und ihrem Ärger. Einer lässt den Kopf sinken, ein anderer zerbricht mit voller Kraft seinen Stab über dem Knie.

Abb. 18 *Raffael, Marienkrönung, Öl auf Holz, übertragen auf Leinwand*
Vatikanische Museen

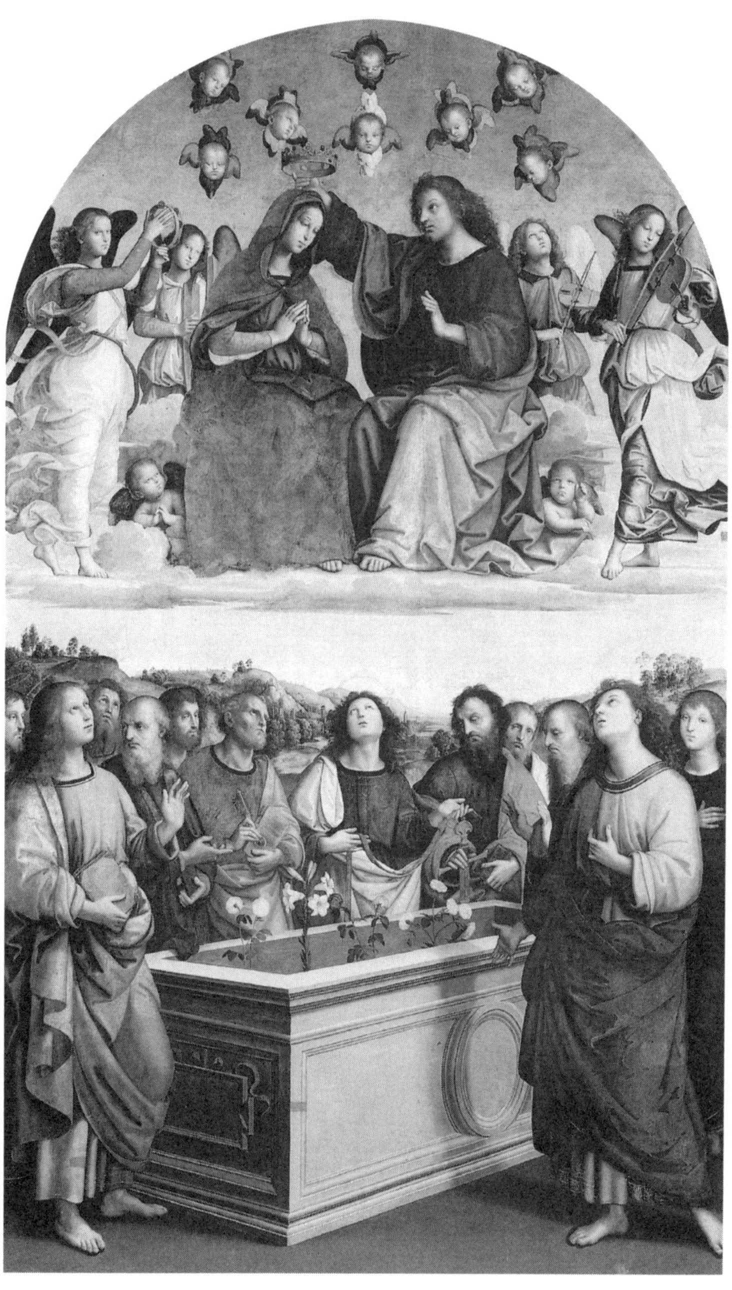

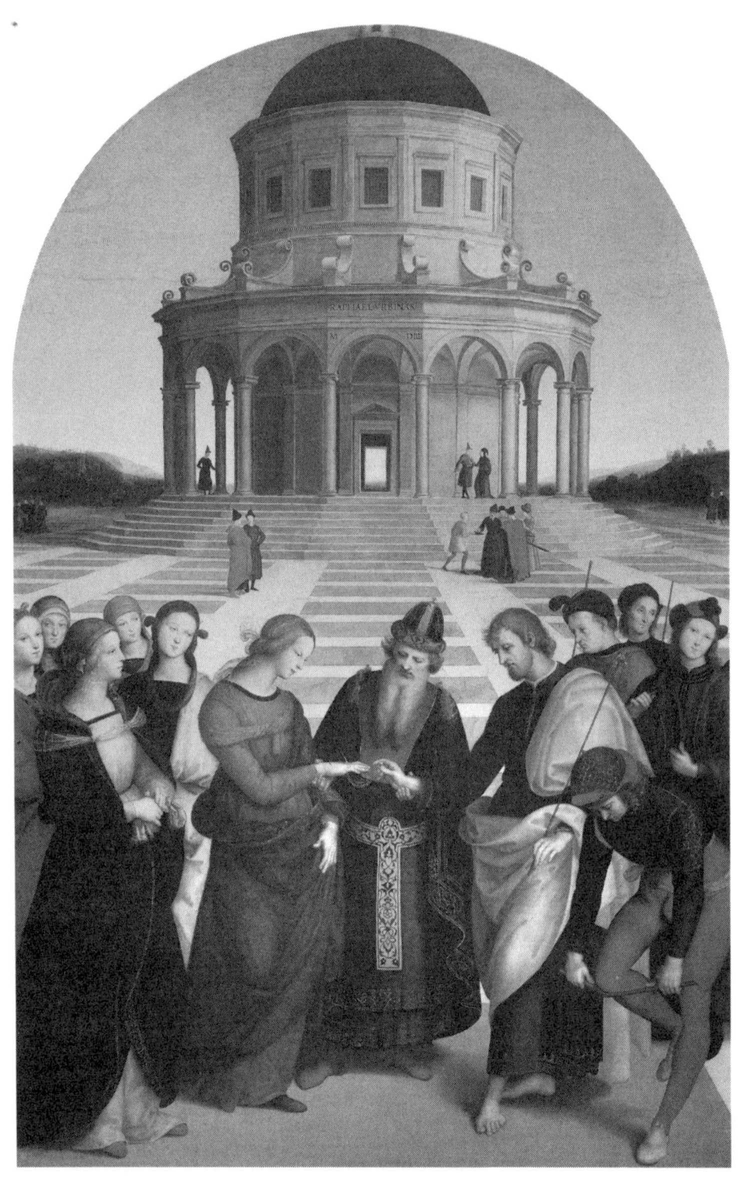

Abb. 19 *Raffael, Vermählung der Maria, Öl auf Holz*

Mailand, Pinacoteca di Brera

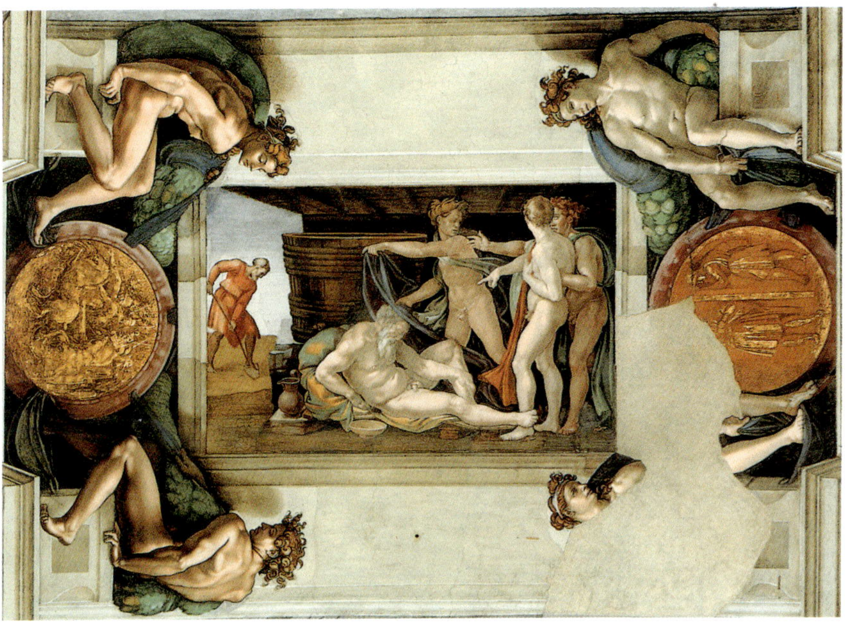

oben

Abb. I *Michelangelo, Der betrunkene Noah*

Vatikan, Sixtinische Kapelle

unten

Abb. II *Michelangelo, Sintflut*

Vatikan, Sixtinische Kapelle

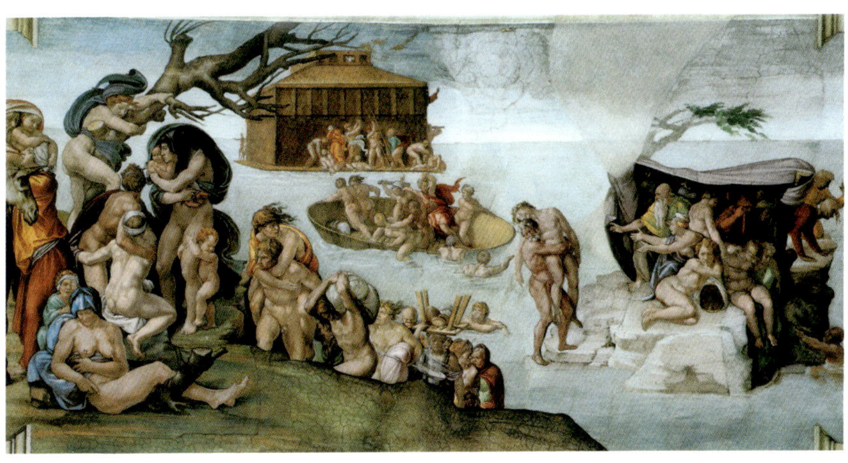

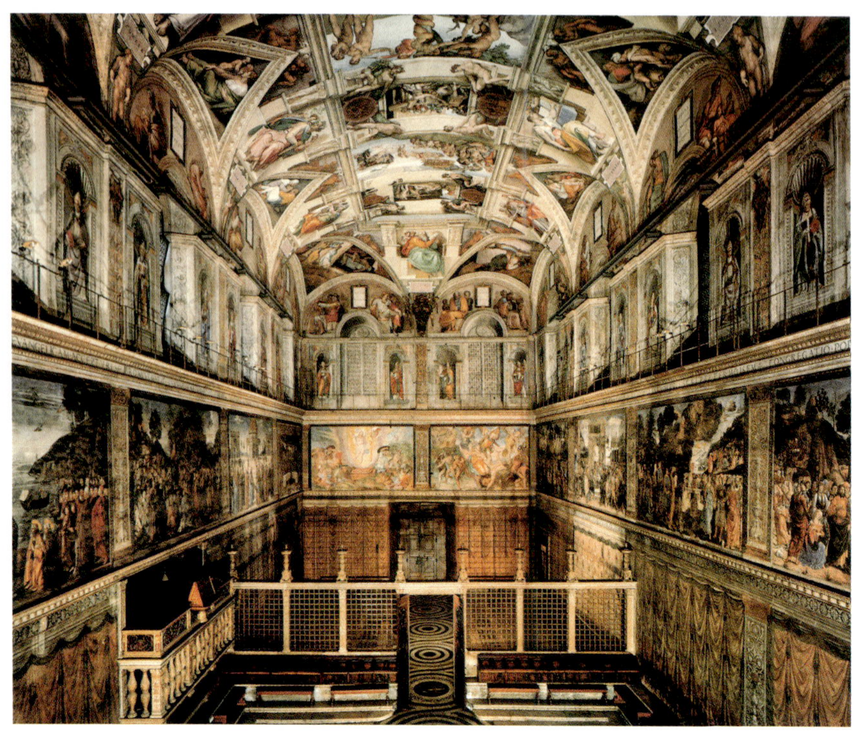

Abb. III *Blick in die Sixtinische Kapelle vom Altar zum Eingang*

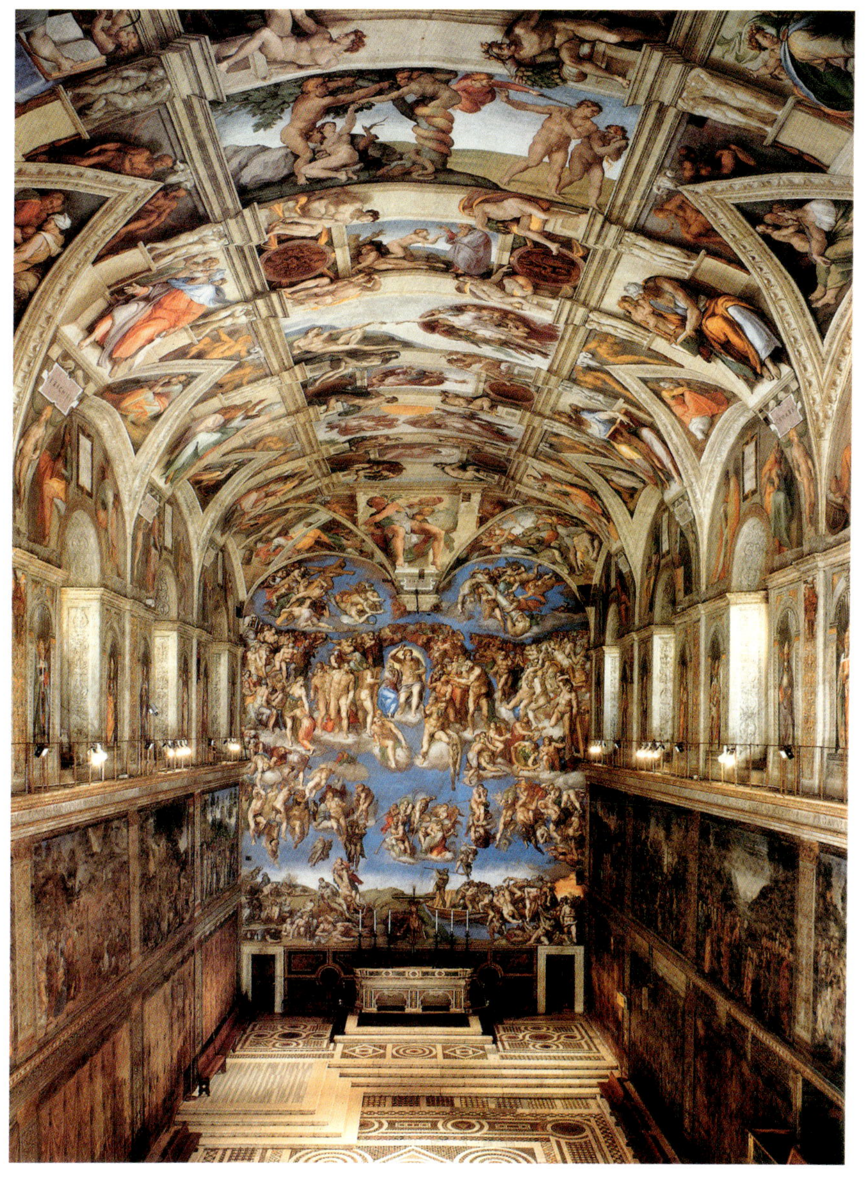

Abb. IV *Blick in die Sixtinische Kapelle vom Eingang zum Altar*

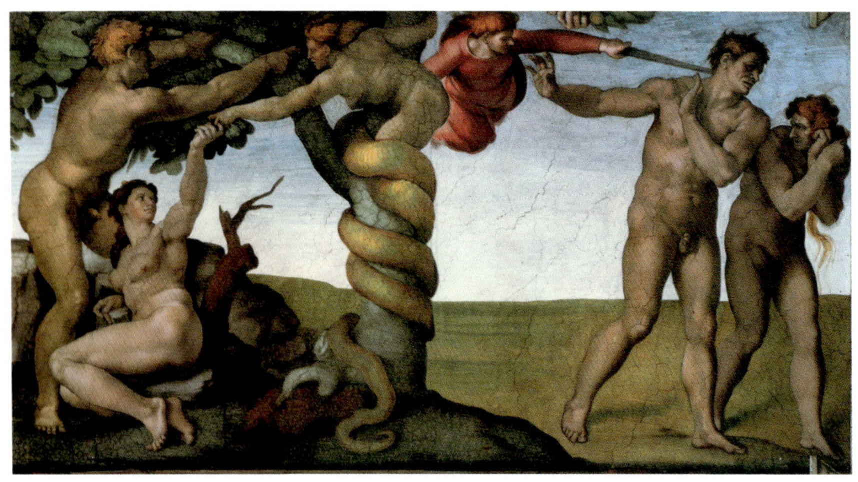

oben

Abb. V *Michelangelo, Der Sündenfall*

Vatikan, Sixtinische Kapelle

unten

Abb. VI *Michelangelo, Die Erschaffung Evas*

Vatikan, Sixtinische Kapelle

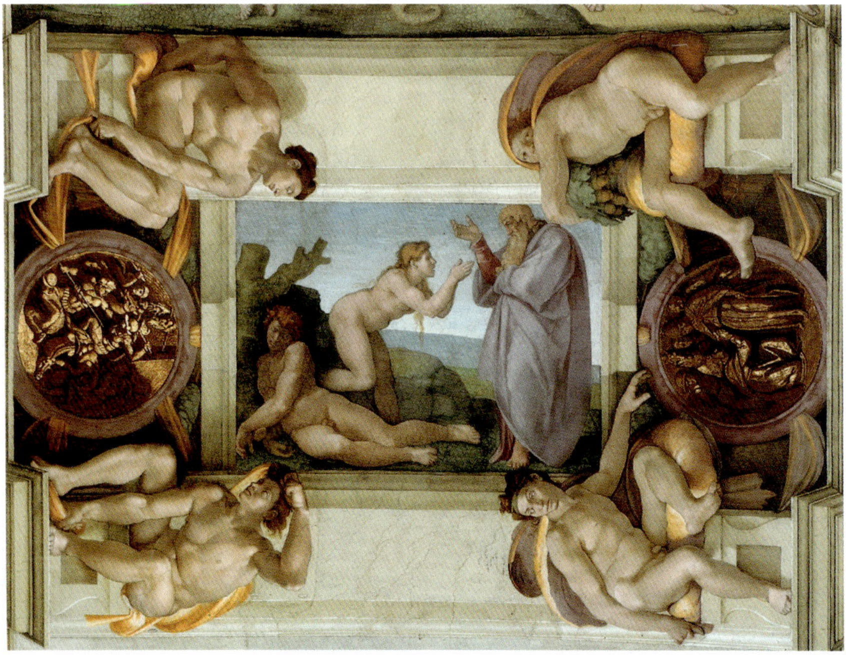

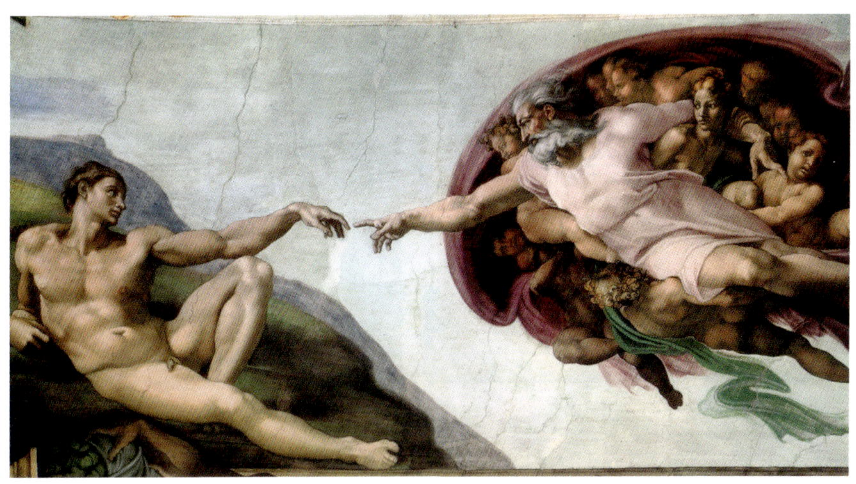

oben

Abb. VII *Michelangelo, Die Erschaffung Adams*

Vatikan, Sixtinische Kapelle

unten

Abb. VIII *Michelangelo, Gott trennt Licht und Dunkelheit*

Vatikan, Sixtinische Kapelle

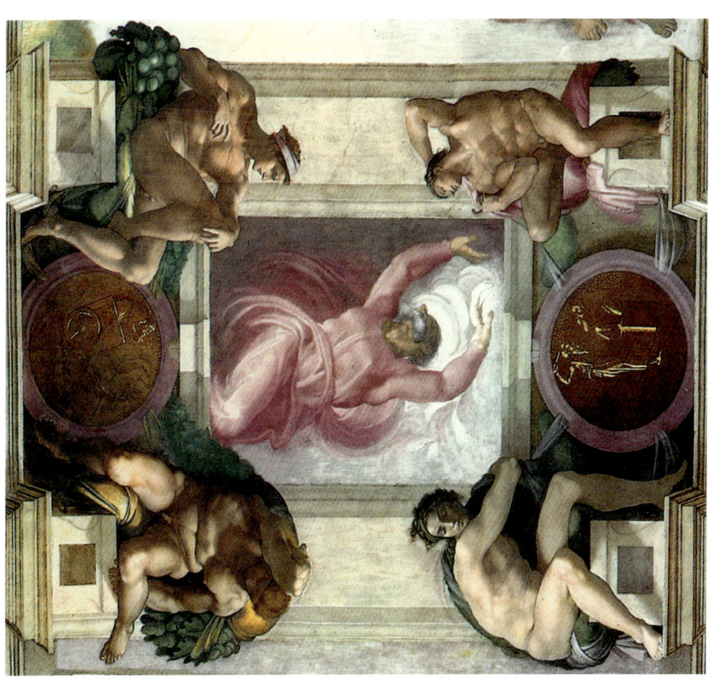

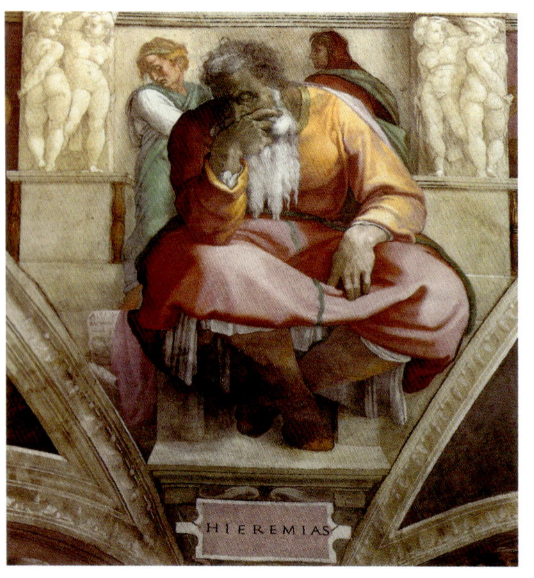

oben

Abb. IX *Michelangelo, Der Prophet Jeremias*

Vatikan, Sixtinische Kapelle

unten

Abb. X *Michelangelo, Der Prophet Jonas*

Vatikan, Sixtinische Kapelle

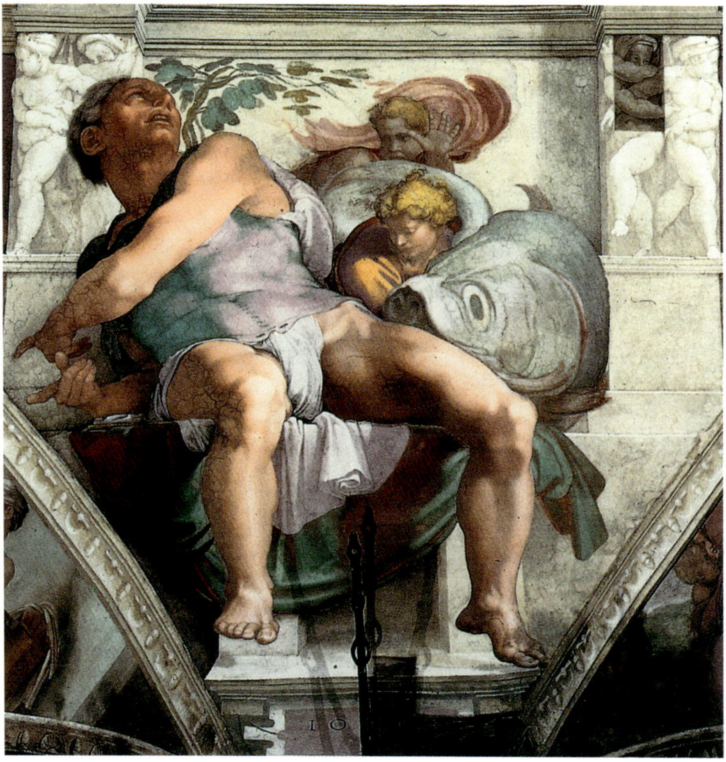

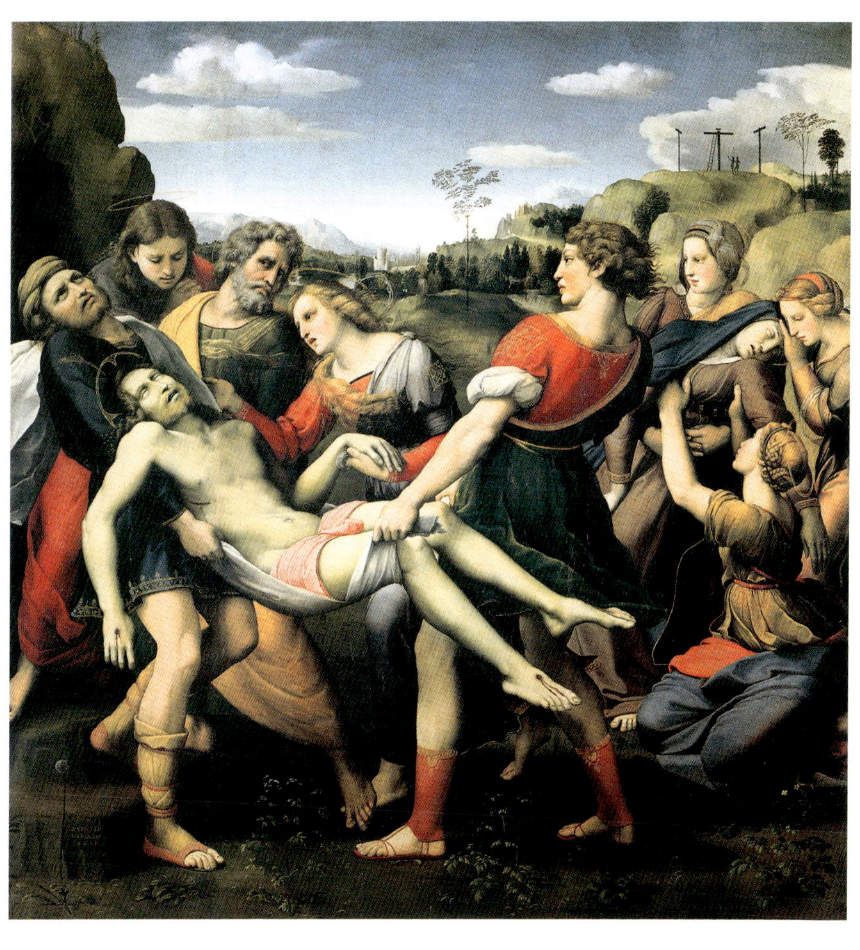

Abb. XI *Raffael,*
Die Grablegung Christi,
Öl auf Holz

Rom, Galleria Borghese

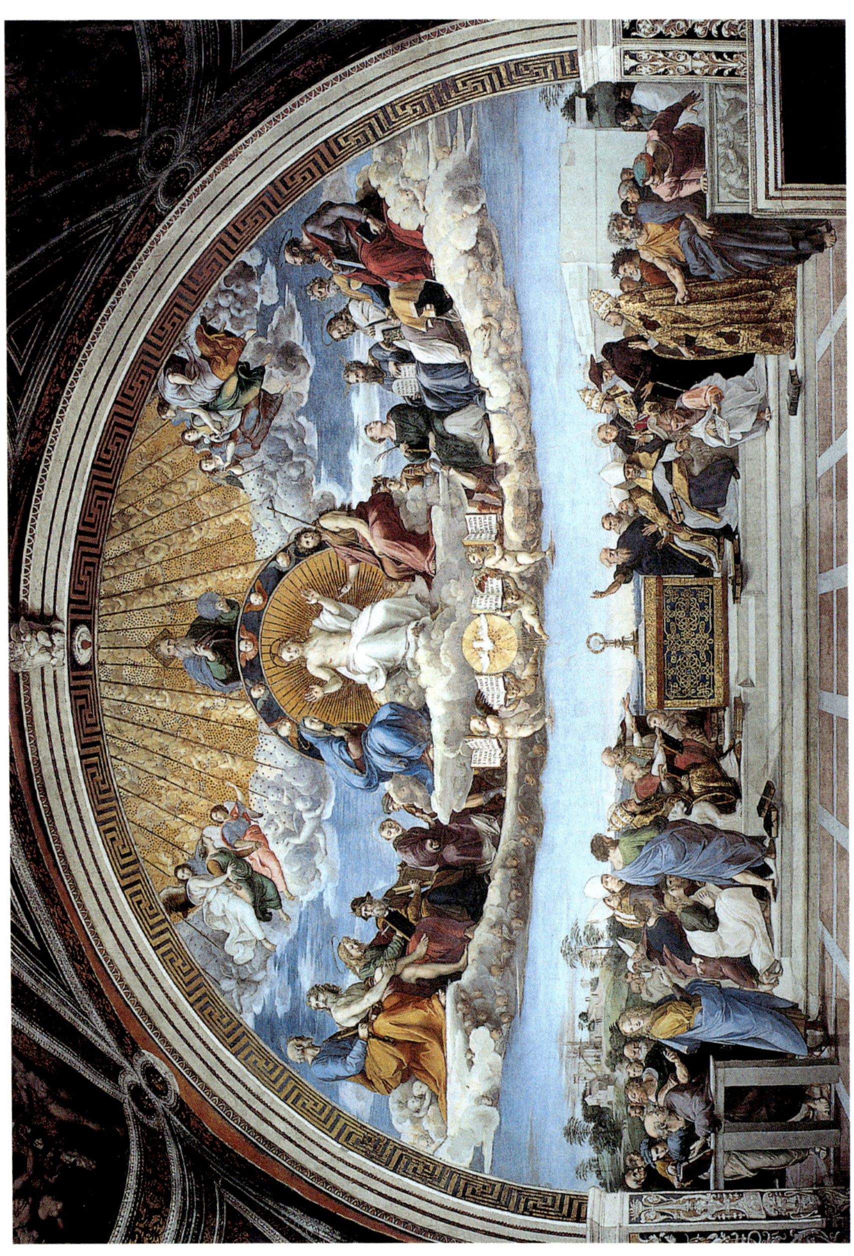

Abb. XII *Raffael, Disputà del Sacramento*

Vatikanspalast, Stanza della Segnatura

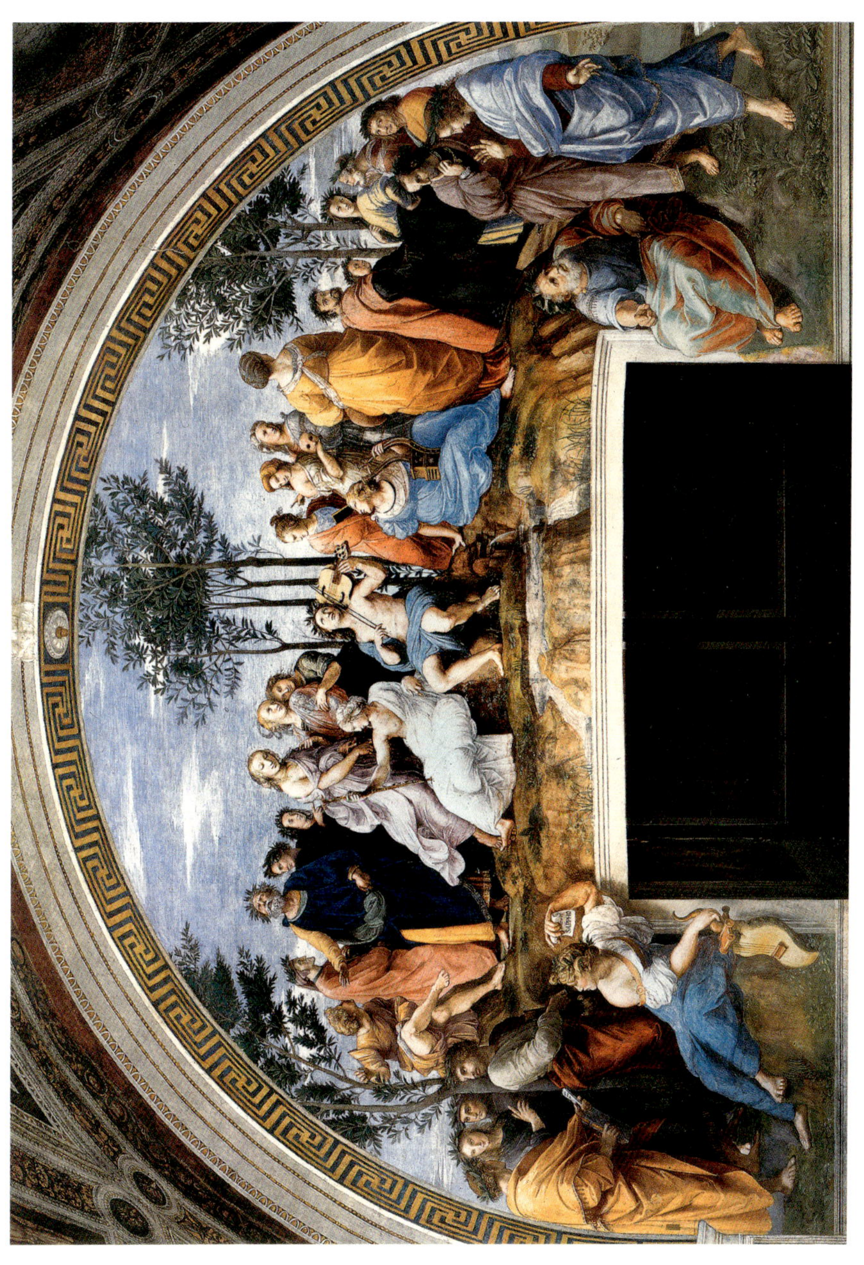

Abb. XIII *Raffael, Der Parnass*

Vatikanspalast, Stanza della Segnatura

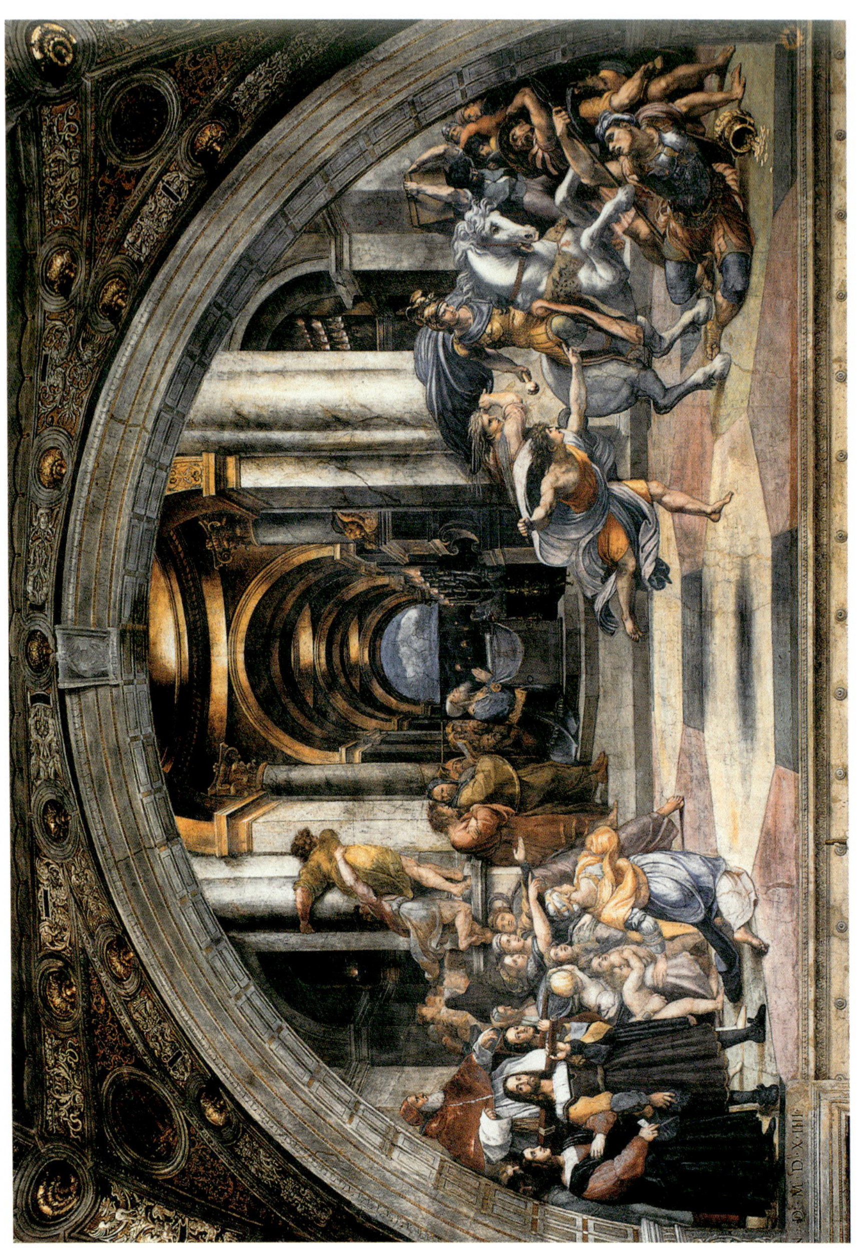

Abb. XIV *Raffael,*
Die Vertreibung des Heliodor

Vatikanspalast, Stanza d'Eliodoro

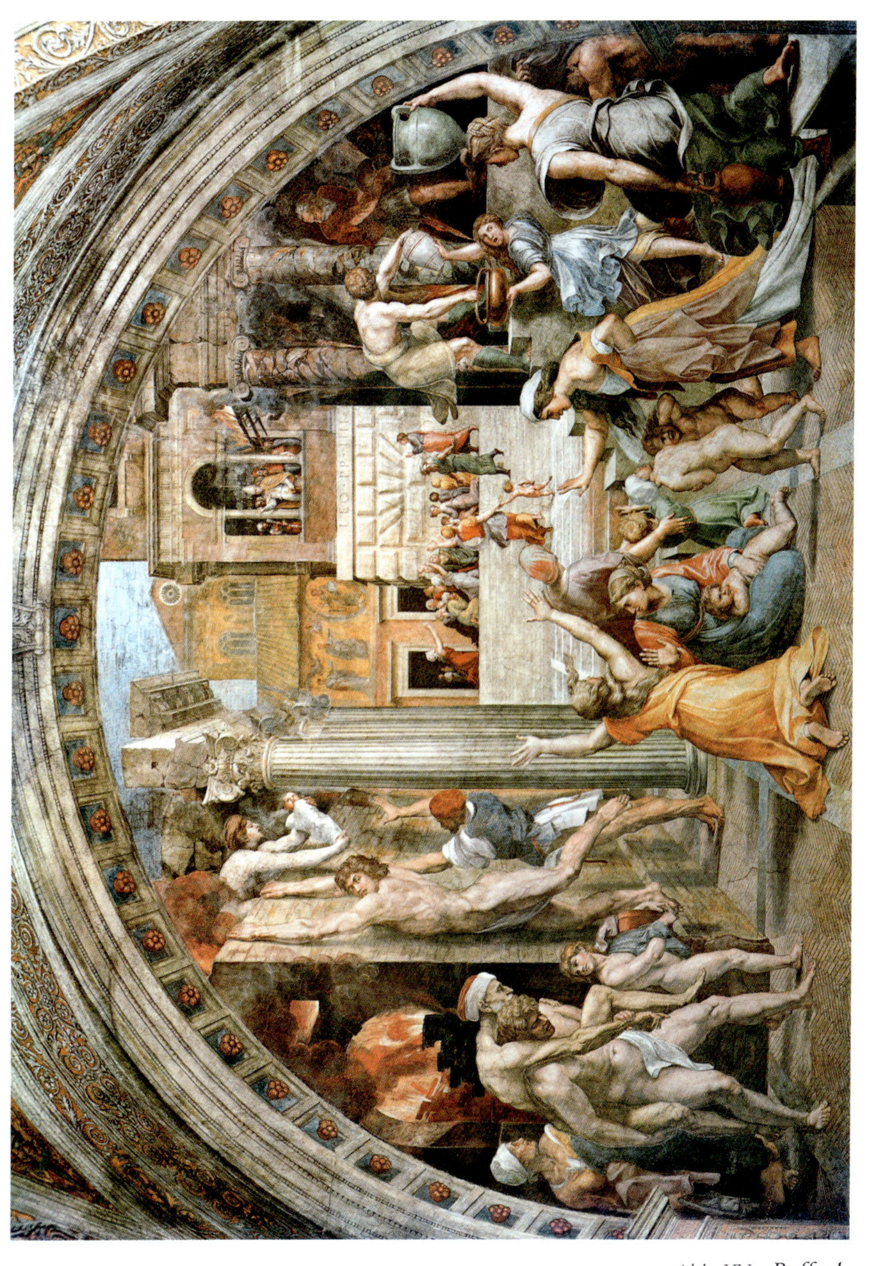

Abb. XV *Raffael, Der Borgobrand*

Vatikanspalast, Stanza dell' incendio di Borgo

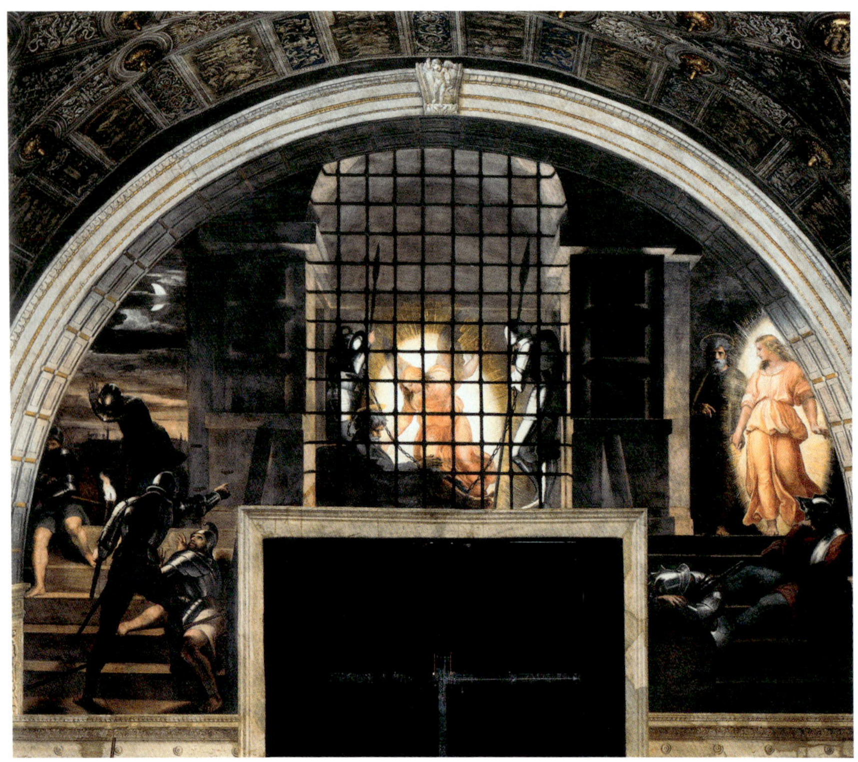

Abb. XVI *Raffael, Die Befreiung Petri*

Vatikanspalast, Stanza d'Eliodoro

Abb. XVII *Raffael, Verklärung Christi, Öl auf Holz*

Vatikanische Museen

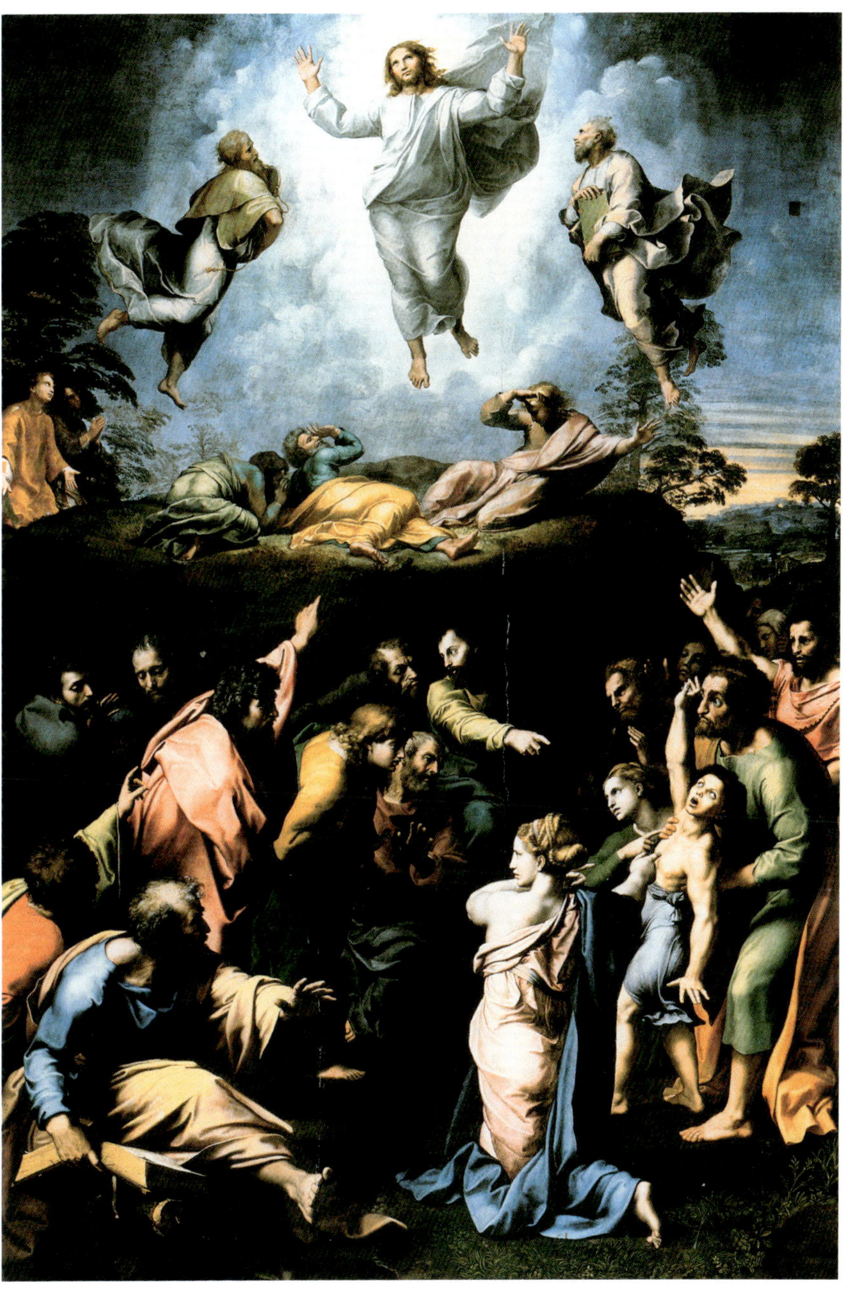

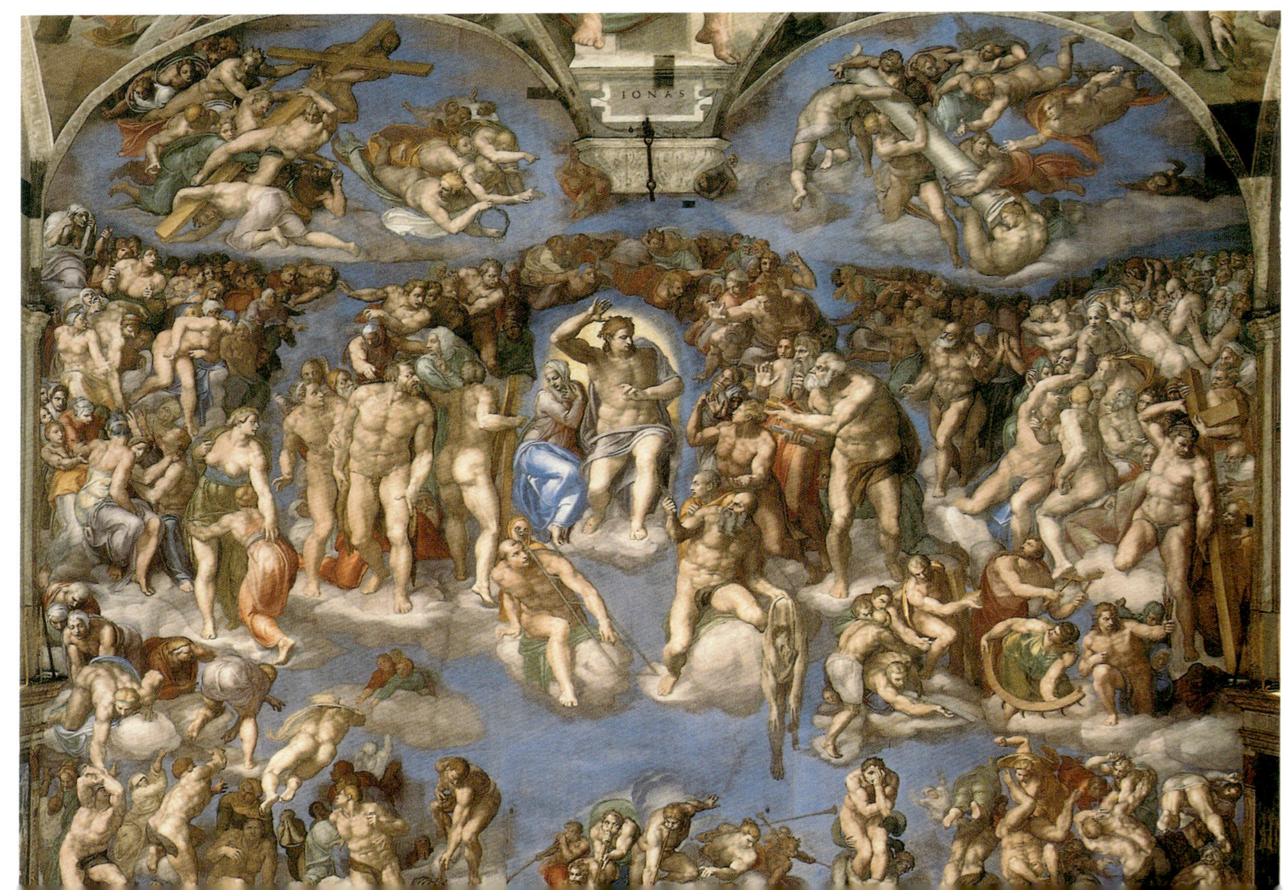
IONAS

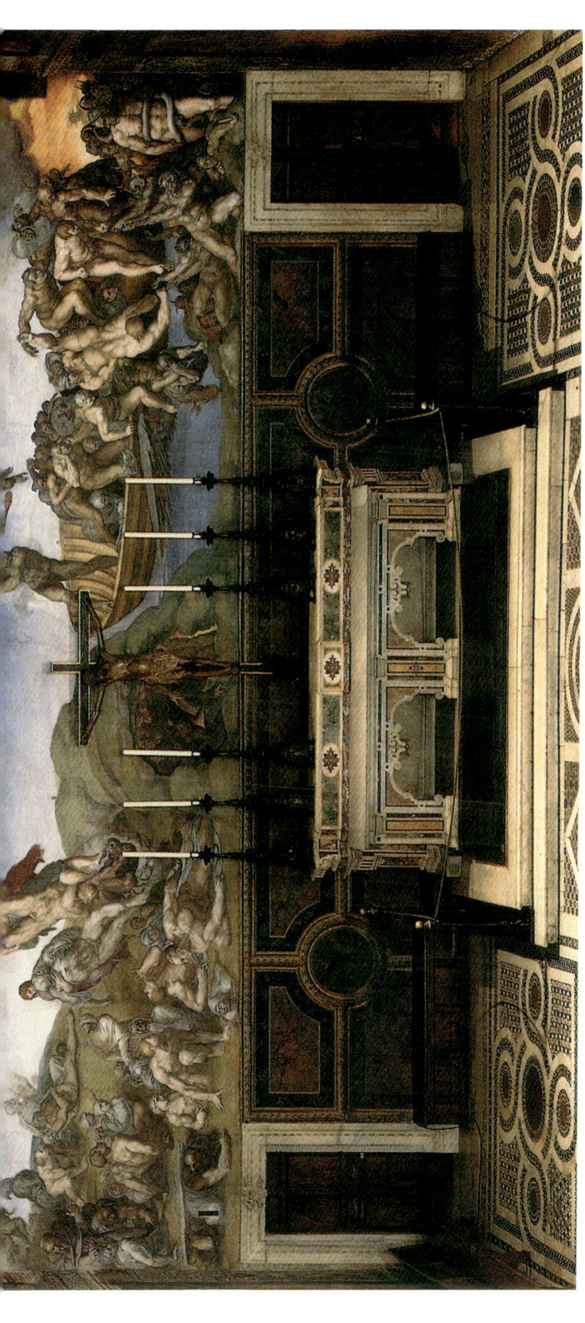

Abb. XVIII *Michelangelo, Das Jüngste Gericht*
Vatikan, Sixtinische Kapelle

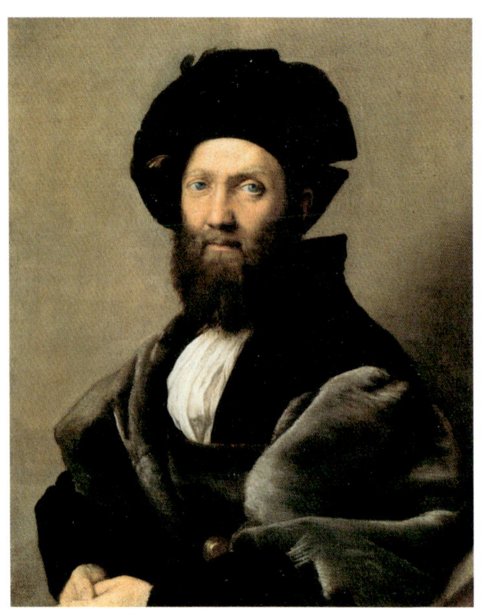

Abb. XIX *Raffael, Bildnis Baldassare Castigliones, Öl auf Leinwand*

Paris, Musée du Louvre

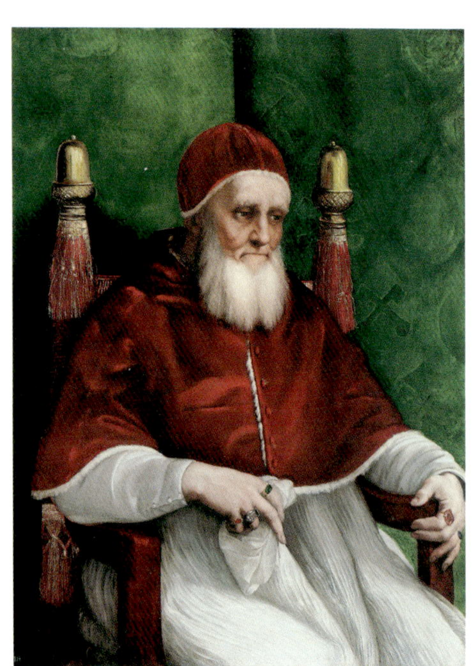

Abb. XX *Raffael, Bildnis Julius' II., Öl auf Holz*

London, National Gallery

Schon auf solchen frühen Gemälden demonstriert Raffael, worum es ihm geht: um ein fein ausdifferenziertes Panorama menschlicher Emotionen. Er will kein Spartenmaler werden, der immer wieder dieselben Formeln wiederholt und eine Madonna nach der anderen hinzaubert, bloß weil sich das verkauft. Nein, er will alles erreichen und alles malen – Kunst soll die Welt in ihrer Vielfalt wiedergeben und verbessern.

Lernen in Florenz

Im August 1503 stirbt der skrupellose Borgia-Papst Alexander VI. Rom atmet auf. Gewählt wird mit Giuliano della Rovere, mit Julius II., ein erklärter Feind des vorigen Pontifex. Er lässt Alexanders Sohn in Urbino entmachten. Julius' Bruder ist mit einer Tochter Federico da Montefeltros verheiratet; der Sohn des Paares, Julius' Neffe also, wird zum Erben des Herzogtums Urbino ernannt. Die Stadt hat ihre Herrscherfamilie zurück und steht zugleich unter dem persönlichen Schutz des neuen Papstes.

Raffael kommt dieser Umschwung nur zu gelegen. Als Junge aus Urbino und Schützling der Montefeltros verfügt er nun über beste Kontakte. Vielleicht liebäugelt er schon jetzt mit einer späteren Bewerbung bei Julius II. Erst einmal aber möchte er seine Kunst verfeinern. So wie er von Perugino gelernt und ihn mit großem Geschick übertroffen hat, so will er nun die besten Künstler seiner Zeit verstehen und hinter sich lassen: Leonardo und Michelangelo.

Also bittet er in Urbino die Gattin des Papstbruders um ein Empfehlungsschreiben nach Florenz. Sie wendet sich an die höchste Instanz vor Ort, an den republikanischen Regierungschef, der auch Michelangelo und Leonardo mit den Schlachtengemälden für den Ratssaal beauftragt hat.

Über Raffael schreibt sie: «Wie nun schon sein Vater voller guter Eigenschaften und mir sehr wert war, so ist auch dessen Sohn ein taktvoller und freundlicher junger Mann. Ich liebe ihn in jeder Hinsicht und wünsche ihm, dass er zu guter Meisterschaft gelänge.» Sie bitte wärmstens um Unterstützung und werde alle Annehmlichkeiten, die dem jungen Mann zugute kämen, so schätzen, als gälten sie ihr selbst.[3]

Als Raffael sich am Arno niederlässt, sind Leonardo und Michelangelo mitten in den Vorbereitungen für ihre Konkurrenzfresken. Ihre Entwürfe wird Raffael nachahmen, wird von Michelangelos Körperlichkeit und Leonardos Dynamik lernen. Der junge Maler verarbeitet alles, was ihm von den beiden Meistern unter die Augen kommt. Er skizziert Michelangelos David – in leichter Untersicht von hinten, nicht sehr schmeichelhaft, aber unkonventionell. Auch Michelangelos Steinreliefs von starken, schützenden Madonnen übersetzt er in Zeichnungen und versucht, Wucht und Souveränität dieser Figuren in seine eigene Malerei zu übertragen.

Von Leonardo kopiert er ganze Gemälde, womöglich verschafft er sich Zugang zur Werkstatt. Vor allem die geschmeidige Beweglichkeit der idealschönen Frauen fasziniert ihn, zu erleben in da Vincis Madonnengemälden und femininen Bildnissen. Als erster hat Leonardo mit der florentinischen Tradition gebrochen, Damen nur im Profil zu porträtieren, damit ihr Blick keusch wirkt. Seine weiblichen Figuren sitzen selten still, sie drehen sich und schauen den Betrachter aus tiefgründigen Augen an. Sie laden zu Fantasien ein – und wahren doch eine geheimnisvolle, unüberbrückbare Distanz.

Diese Mischung aus Intimität und Unerreichbarkeit zielt auf größtmögliche emotionale Wirkung. Die Kunst will nicht mehr nur gelobt werden, sie will geliebt sein, als wäre sie ein Wesen aus Fleisch und Blut. Nicht schmeicheln möchten diese Gemälde, nicht die Größe ihres Bestellers verherrlichen – sondern ihn kleinlaut sehen, ausgeliefert an die Macht der Malerei. Ein gelungenes Gemälde, meint Leonardo nicht ohne Häme, raube dem Betrachter seine innere Freiheit.[4] Gerne erzählt er, wie seine Kunden religiöse Bilder in die Werkstatt zurückbrächten, damit er die Heiligenscheine der Frauen übermale – denn die Besitzer möchten die Figuren ohne schlechtes Gewissen küssen.

Raffael hat sich in den vergangenen Jahren alleine durchschlagen müssen, hat mal für diesen, dann für jenen Herrn gearbeitet. Er möchte gefragt werden von den Mächtigen seiner Zeit, und er will dabei ein unabhängiger Mann bleiben, so wie Leonardo und Michelangelo es vorleben. Das geht am besten mit Gemälden von unwiderstehlicher Schönheit. Sehnsuchtsstücke, die eine Gelassenheit und Harmonie ausstrahlen, wie sie im realen Italien der blutigen Kriege und privaten Fehden rar sind. Bilder nicht von dem, was ist, sondern von dem, was sein könnte. Werke, die unbedingt alle haben wollen. Es gilt, die physische Präsenz der Figuren Michelangelos mit Leonardos psychologischer Tiefe zu verschmelzen.

Ein wenig dauert es, bis er zu dieser Erkenntnis gelangt. Erst versucht er sich noch in beinahe nordalpinem Realismus. Es gelingt ihm, Auftraggeber Michelangelos, ein reiches Ehepaar, für Porträts zu gewinnen. Dieses Genre vernachlässigt der Bildhauer, den Körper mehr faszinieren als Gesichter. Raffael dagegen hat sich von Perugino, Leonardo und den Niederländern abgeschaut, wie Landschaft und Physiognomie in Einklang zu bringen sind. Der Bildaufbau der beiden Porträtierten vor freier Natur wirkt leonardesk. Doch Raffaels gemalte Gattin trägt herbe Züge und stellt Schmuck und teures Tuch zur Schau, statt Einblicke in ihr Innenleben zu gewähren. Ihr Mann erscheint mit seinen glatten

Wangen und dunklem Blick schon nachdenklicher, steckt aber auch in einem auffälligen, bauschigen Gewand, das die Hälfte des Bildes bedeckt. Von den Repräsentationsbedürfnissen seiner Kunden kann sich Raffael nicht gänzlich freimachen.

Die schwere Leiche

Sein erstes hochkomplexes Gemälde malt er für eine Kundin, die von schwierigen Gefühlslagen mehr versteht, als ihr lieb ist. Atalanta Baglioni gehörte zur herrschenden Familie von Perugia, die Regierung beanspruchte jedoch ein Vetter ihres Sohnes Grifonetto. Atalanta hatte dagegen keine Einwände, doch Grifonetto ließ sich von einem Trupp Verschwörer verführen. Sie schlachteten seinen Cousin in der Nacht seiner Hochzeit ab und warfen den Leichnam auf die Hauptstraße.

Atalanta verfluchte ihren Sohn für die Tat und zog sich mit dem Rest der Familie einschließlich der Schwiegertochter in eine Peruginer Festung zurück. Grifonetto bat sie vor dem Tor um Vergebung, erhielt aber keinen Einlass. Im Weggehen wurde er auf offener Straße attackiert, aus Rache für sein Verbrechen. Atalanta eilte mit Grifonettos Frau herbei und vergab ihm, als er mit einem Handzeichen seinen Mördern verzieh. Darauf starb er in den Armen seiner Mutter und seiner Gemahlin.

Im Gedenken an diese Ereignisse des Jahres 1500 beauftragt Atalanta einige Jahre später Raffael mit einem Altarbild zum Tod Christi (Abb. XI). Marias Ohnmacht angesichts des toten Sohnes ist ihr vertraut, und das Leid der Magdalena erinnert sie an ihre Schwiegertochter. Das Werk soll die Wunde offenhalten und den

Bürgern Perugias als Mahnung gegen Gewalt und als Plädoyer für Vergebung dienen.

Raffael trifft die Vorbereitungen in Florenz, und es sind viele. Er erweckt gerne den Eindruck, das Malen gehe ihm locker und intuitiv von der Hand, tatsächlich aber sinniert er lange am Zeichenblock, probiert diese und jene Körperhaltung aus, bevor er eine Entscheidung trifft. Atalanta hat offenbar keine allzu strengen Vorgaben gemacht. Raffael denkt erst an eine Beweinungsszene, so wie sie Perugino einige Jahre zuvor gemalt hat: Der Gestorbene liegt vorne am Bildrand, um ihn herum stehen die Trauernden. Damit die Szene persönlicher wirkt als bei Perugino, legt Raffael Schultern und Kopf des Sohnes auf die Schenkel der Mutter.

Der Künstler ist jedoch nicht zufrieden. So wird das ein besserer Perugino, aber noch lange kein Michelangelo. Die Körper müssen sich bewegen, das Geschehen soll ein Drama werden und keine Schweigeminute. Christus kann nicht einfach so daliegen, sein Körper muss interagieren mit der Gruppe. Also verwirft Raffael die Beweinungsszene und plant eine Grablegung. Eine Leiche wiegt schwer, selbst wenn sie einem dünnen jungen Mann gehört. Hebt man sie hoch mit mehreren Trägern, spürt man das im Kreuz. Auf der nächsten Zeichnung ächzen die Helfer unter dem Gewicht des Gottessohnes, sie gehen in die Knie und beugen sich zurück, um die Last auszutarieren. Über die Mystik siegt die Physik.

Die Mutter kniet jetzt hinter der schwebenden Leiche, die Hände gefaltet. Doch bei allem Respekt vor der tapferen Atalanta: In dieser Szene wird nicht gebetet, sondern gehandelt – Maria muss woanders Platz nehmen. Hinter die Leiche stellt der Zeichner im nächsten Versuch die junge Maria Magdalena, unverschleiert, aber mit gebundenem Haar. Sie senkt ihren Kopf gen Wundmal und setzt zum Handkuss an. Der rechte Totenträger wendet sich nun dieser Frau zu; die Gruppe handelt plötzlich wie ein einziger Körper mit vielen Armen und Beinen.

Michelangelo ist der Meister des Materials, er schält seine Figuren mit dem Meißel so sachte aus dem Block, dass manche halb Stein, halb Mensch zu sein scheinen. Wie der heilige Matthäus, eines seiner unvollendeten Werke: Der Gottesmann steckt noch mit dem Rücken im Marmor fest, doch sein kräftiger Arm, sein klarer Blick lassen keinen Zweifel daran, dass er sich im nächsten Moment aus dem rohen Stein herauswinden könnte. Raffael fasziniert diese Figur, wenn er auch von Bildhauerei nichts versteht. Er kopiert die Statue mit Feder und Stift auf Papier, jetzt wirkt es, als schreite der halbfertige Heilige aus dem weißen Nichts auf den Betrachter zu. Raffael wird den bärtigen Kopf des Mannes spiegelverkehrt in sein Gemälde der Grablegung einfügen.

Es bleibt nicht seine einzige Hommage an Michelangelo. Der Heiland der *Grablegung* sieht im fertigen Gemälde so elendig tot aus wie Michelangelos Christus in der römischen Pietà. Raffael malt die schlaffe Leiche zudem gräulich an. So fällt der Kontrast zu der rosigen Haut Magdalenas besonders auf. Ihr rötlichblondes Haar ist nun offen, ihr Mund auch. Sie scheint den Toten anzusprechen, als wolle sie ihn wecken. Ihre Haltung ist energisch, beinahe wütend.

Maria Magdalena verbeugt sich nicht mehr zum Handkuss wie noch in der Zeichnung, denn Raffael hat jetzt eine feinere Idee: Er lässt Magdalena nach Christi Hand greifen. Doch statt zuzupacken und zu streicheln, was ihr nicht gehört, legt sie dezent ihren Schleier zwischen ihre und seine Finger. So dynamisch die Szenerie ist: Hier, in der Bildmitte, geht es zart zu.

Der Preis dafür ist, dass Maria nach rechts an den Bildrand gedrängt wird. Raffael hat ihr Skelett penibel vorgezeichnet, ehe er die Muttergottes auf dem Gemälde in Ohnmacht fallen lässt. Was ihr eine indirekte Nähe zu ihrem Sohn verschafft: Ihr herunterhängender kraftloser Arm spiegelt den seinen am anderen Bildrand. Die Unglückliche wird von einer Frauengruppe aufgefangen, bevor sie auf den Boden sinken kann. Um sie zu stützen, verdreht eine junge Sitzende ihren Oberkörper. Der Künstler zitiert damit eine gemalte Madonna Michelangelos, die ebenso gewunden nach ihrem Baby greift – so schwingt eine Erinnerung an Marias bessere Zeiten mit.

Atalanta hat keine Einwände gegen das 1507 vollendete Werk, auch nicht gegen die hilfsbedürftige Mutter. Und Vasari wird später schreiben: «Als Raffael dieses Werk schuf, stellte er sich den Schmerz vor, mit dem die nächsten und liebsten Angehörigen den Körper irgendeines teuren Menschen zur Ruhe betten.»[5]

Mit der *Grablegung* hat Raffael in Michelangelo seinen Meister gefunden – und gleich wieder überwunden. Er hat gelernt, wie der Ältere mit Kontrasten zu spielen, stark und schwach zu kombinieren, fahl und frisch, rot und grün. Und doch bleibt er der Sohn Santis und der Nachfolger Peruginos, ein harmoniebedürftiger Landschaftskünstler und Detailmaler, der noch die Pusteblume im Vordergrund fein auspinselt und an die Träne im Auge Magdalenas denkt, obwohl kein Betrachter das auf die Entfernung in der Kirche von Perugia wahrnehmen wird. So wird aus der Wut der Frau Trauer. Raffael glättet die Widersprüche nicht, er versöhnt sie.

Der Plan

Nach diesem Erfolg ist sich der 24-Jährige sicher, dass ihm eine große Karriere bevorsteht. Längst hat er sich angewöhnt, Preise für Gemälde nicht im Vorhinein festzulegen – denn die Besteller zahlen stets mehr, wenn sie nachher staunend vor einem Ergebnis stehen, das ihre Erwartungen übertrifft.

Michelangelo und Leonardo haben Florenz inzwischen verlassen, der Urbinate könnte hier nun ihren Platz einnehmen. Die Vorstellung aber langweilt ihn. Im April 1508 schreibt er seinen Verwandten in Urbino einen Brief. Man möge ihm doch bitte helfen, die Herrin der Heimatstadt zufriedenzustellen, er brauche sie nämlich noch. Und die Verwandten sollten doch bitte bei ihrem Gatten, dem Papstneffen, vorsprechen, damit dieser ein Empfehlungsschreiben für Raffael aufsetze an den Regierungschef von Florenz. Es gehe dabei um eine gewisse «Stanza», die auszumalen sei, eine Angelegenheit, die Seine Heiligkeit betreffe.[6]

Wenig später ruft Papst Julius II. ihn nach Rom: Raffael darf an der ersten Stanza im Vatikan mitarbeiten. Möglich, dass die Herrscher von Urbino und der Florentiner Regierungschef dem Heiligen Vater zugeraten haben. Sicherlich hat auch der Baumeister Bramante, ebenfalls ein Urbinate, für seinen Freund gesprochen. Von wem auch immer der Tipp kam – Michelangelo, der zu dem Zeitpunkt widerwillig sein eigenes Deckengemälde plant, war es sicherlich nicht.

IV

Zwischen Frieden und Rache: Raffaels Stanzen im Vatikan

Das Wissen der Welt

Auf diese Chance hat Raffael insgeheim lange gewartet. Als Julius ihn ruft, lässt er alles stehen und liegen, auch halbfertige Werke, und reist im Herbst 1508 nach Rom.

Dort erlebt er eine Stadt im Aufbruch. Gerade einmal 40 000 Einwohner leben hier, kaum mehr als die Zahl der Herdentiere, die zwischen den Ruinen grasen, auch auf dem Forum Romanum. Seit Julius an der Macht ist, wächst neues Leben. Er fördert den Straßenbau und lässt die alten Monumente und Skulpturen erforschen und restaurieren. Raffael ist im richtigen Moment am richtigen Ort.

Bramante, sein Freund, führt ihn auf die Baustelle der päpstlichen Privatgemächer, der Stanzen im Vatikanspalast. Julius II. wartet schon ungeduldig darauf, die neuen Räume im dritten Stock zu beziehen. Er hasst seinen Vorgänger, den Borgia-Papst, der ihn einst ins französische Exil gezwungen hatte. Die Wände von dessen Appartement sind mit verherrlichenden Geschichten rund um das Borgia-Symbol, den Stier, ausgemalt. Julius respektiert die Kunst zu sehr, um die Fresken abschlagen zu lassen. Er hat die Räume verlassen und wohnt jetzt in einem Provisorium. Also treibt er die Künstlergruppe zur Eile. In der später so genannten Stanza della Segnatura möchte er seine Bibliothek einrichten. Nicht dass dieser Heilige Vater belesen wäre: Kaum 220 Bände gehören ihm. Es hatte schon seinen Grund, dass er zwei Jahre zuvor Michelangelo befohlen hatte, seine Porträtbronze in Bologna nicht mit einem Buch, sondern mit einem Schwert auszustatten. Nun jedoch denkt der alte Krieger weiter als bis zum nächsten Feldzug: Wie kann die päpstliche Vormacht in Italien langfristig gesichert werden? Was wird die Franzosen und auch die aufmüpfigen römischen Adeligen Gehorsam lehren? Was mag die Kardinäle zum Schweigen bringen, die am liebsten alle Entscheidungen selbst fällen würden?

Julius hat mehr zu gewinnen als Territorien. Ihm geht es um das Papsttum als Ganzes, um die von Vorgängern wie dem Borgia-Herrscher ausgepresste Institution. Unterstützt von den klügsten Denkern seiner Zeit entwickelt der Pontifex seine Strategie. Sie beginnt in der Vergangenheit, bestätigt die Gegenwart und führt bis in alle Zukunft. Das gesamte Wissen der Welt, die Geschichte, Philosophie, Poesie, die Theologie und Jurisprudenz, die Geometrie, Astronomie und die Rhetorik sollen auf den Plan treten, um den päpstlichen Wunsch nach Universalität zu begründen und zu verkünden.

Zu Hilfe kommen ihm die Toten: sein Onkel Sixtus IV., der ein Vierteljahrhundert zuvor mit seiner Antikenbegeisterung Rom wieder zum *caput mundi*, zum Haupt der Welt, werden ließ, und Nikolaus V., der Kunstfreund auf dem Stuhl Petri, der 1455 erkannt haben soll: «Die hohe Autorität der Kirche kann nur von denen voll und ganz anerkannt werden, die sich intensiven Studien über den Ursprung und die Geschichte der Kirche selbst widmen, andererseits können die Ungebildeten in ihrem schwachen

Glauben nur durch das bestärkt werden, was sie selbst sehen.»[1] Es gilt, mit den Zungen der besten Päpste zu sprechen, um das Amt über die Person hinaus zu erhöhen. Bücher und Bilder sind die Boten der neuen Glaubenslehre, die alle Menschen erfassen soll.

Eine Bibliothek muss her, berühmt wie die Bibliothek von Alexandrien und bemalt in den Farben der neuen Zeit. Julius selbst billigt offenbar das grobe Bildprogramm für die Fresken, die etliche bekannte Künstler unter Bramantes Leitung ausführen. Als Raffael dazustößt, läuft der Betrieb bereits auf Hochtouren.

Er trifft in den Stanzen Perugino wieder, sein langjähriges Vorbild. Keiner bringt so viel Erfahrung ein wie er, hat er doch schon das Team angeführt, das ein Vierteljahrhundert zuvor die Wände in der Sixtina bemalt hat. Auch wenn Sixtus IV. damals einen anderen Freskisten bevorzugte, der mit Gold und Ultramarin um sich warf, so gelten doch inzwischen Peruginos Werke als die wichtigsten der Kapelle. Sie fordern Michelangelo an der Decke gerade am meisten heraus, besonders die leuchtende, streng zentralperspektivisch gemalte Schlüsselübergabe von Christus an Petrus.

Nun aber ist der über sechzigjährige Perugino in den Stanzen nur noch einer von vielen. Ihm zur Seite stehen Männer wie der Flame Johannes Ruysch, Luca Signorelli aus Cortona und Sodoma aus Siena. Julius gefällt es, seine Künstler gegeneinander antreten zu lassen, und er heißt Raffael, das neue Talent, willkommen. Der umgängliche Jüngling mit Jesus-Haarschnitt unter schwarzer Malerkappe fügt sich in das Team – er hat ein Händchen dafür, auch mit Konkurrenten zu kooperieren. Sodoma (1477 bis 1549) wird ihm als Partner zugewiesen. Die beiden harmonieren, obwohl sie kaum unterschiedlicher sein könnten: Wo sich der in schlichter Eleganz gekleidete Raffael umsichtig und zurückhaltend gibt, liebt der Exzentriker aus Siena die große Schau – Vasari wird behaupten, der Maler habe in einem Zoo aus Meerkatzen, Berberaffen, Eichhörnchen, indischen Turteltauben und Dachsen gelebt. Sein Aufzug in Brokatjacken, reichverzierten Hauben und glänzenden Schmuckketten habe an einen Hofnarren erinnert. Mit seinem Spitznamen Sodoma, der auf seinen Umgang mit jungen Männern anspielt, soll er sich gebrüstet haben. In der Stanza habe er ständig Späßchen gemacht und sei deshalb nicht so schnell vorangekommen wie der fleißige Raffael.[2]

Mindestens eine Deckentafel und einige Ornamente in der Stanza della Segnatura stammen von Sodoma. Tatsächlich aber führt Raffael die meisten Arbeiten aus – obwohl er im Freskieren kaum erfahrener ist als Michelangelo, dem zu dieser Zeit in der Sixtina sein erstes Gemälde der Sintflut auf die Nase bröckelt. Doch der Urbinate lernt schnell, und die Kollegen vertrauen ihm bald ihre Arbeitsgeheimnisse an.

Raffael arbeitet wie besessen, fertigt zahllose Vorskizzen an, berät sich mit den päpstlichen Theologen und saugt das avancierte humanistische Denken der römischen Intelligenzia auf. Bald lässt er den himmelblauen, begrenzten Horizont der umbrischen Malerei hinter sich. Jetzt geht es ihm ums große Ganze, und er wird allen zeigen, wie er die Visionen seiner Zeit ins Bild zu setzen vermag.

Einheit in Vielfalt

Schon nach wenigen Monaten, im Januar 1509, ist Julius so begeistert von Raffaels Fortschritten in der Stanza, dass er alle anderen Künstler einschließlich Perugino nach Hause schickt. Raffael erhält doppelt so viel Lohn wie Sodoma und darf allein weitermalen. Er setzt sich aber dafür ein, dass nicht alle Arbeiten der anderen wieder abgeschlagen werden.

Michelangelo will in der Kapelle seine Vorgänger überwinden – tatsächlich aber ist es der junge Raffael, der nun für alle sichtbar über die alten Herren triumphiert. Jetzt gibt es neben ihm nur noch einen einflussreichen Künstler in Rom: den Sixtina-Maler, der jeden Kontakt mit ihm meidet.

Das vermutlich erste Wandfresko Raffaels in der Stanza della Segnatura ist die *Disputà del Sacramento* (Abb. XII). Kirchenväter, Päpste, Philosophen und Theologen aller Zeiten versammeln sich um einen Freiluftaltar unter belebtem Himmel. Auf Wolken gebettet sitzen über ihnen die Protagonisten der Bibel zu Füßen Jesu Christi, der von Maria und Johannes dem Täufer begleitet wird. Die strenge Vertikale in der Mitte verbindet die Dreifaltigkeit von Gottvater, Christus und Heiligem Geist mit der Hostie auf dem Altar. In dem blau-goldenen Knotenmotiv der großen Altardecke im Bildzentrum prangt der Name Julius.

Doch will dieser Papst nicht das Amt stärken anstatt nur sich selber? Schon, aber Julius, das sind in seiner Sicht viele. Julus nannten die Römer ja auch den Sohn des Aeneas, der das brennende Troja verließ und das antike Rom gegründet haben soll. Und dessen größter Staatsmann war Julius Cäsar, mit dem der Papst sich identifiziert. Denn das julianische Papsttum beruht nicht nur auf der Autorität des Glaubens und der Kirche. Es beansprucht auch weltliche Herrschaft wie das alte Rom, mit all der Prunkentfaltung, die Kritiker auf die Barrikaden bringen wird, darunter Raffaels Jahrgangsgenossen Martin Luther und den Humanisten Erasmus von Rotterdam (um 1466 bis 1536). In einem späteren Theaterstück von Erasmus weist Petrus Julius vor der Himmelstür ab und spottet: «Du selbst bist ein guter Bauherr; errichte dir ein neues Paradies!»[3]

In der *Disputà* Raffaels fühlt sich die Kirche noch völlig unangefochten von solchen Bedenken. Hier führt selbstverständlich der Weg in den Himmel über den Julius-Bau auf Erden, nämlich über die massiven Fundamente von Sankt Peter, die rechts im Bild zu sehen sind. Der Papst hatte fünf Jahre zuvor den Grundstein des Großprojektes legen lassen und fordert nun den verhängnisvollen Ablass, der die Reformationsbewegung auslösen wird. Raffael selbst wird nach Bramantes Tod 1514 für Sankt Peter verantwortlich sein und immer monumentalere Entwürfe erdenken.

Erst einmal jedoch muss sich der Maler im Bibliotheksraum beweisen. Dabei geht er behutsam vor und durchdenkt jede Figur, jede Konstellation genau. Von der *Disputà* fertigt er Hunderte von Blättern an, nur einige Dutzende werden überleben. Noch kennt er Michelangelos Pläne für die Sixtina nicht. Zuerst stellt er sich eine Komposition vor, die vage an Leonardos *Anbetung der Heiligen Drei Könige* erinnert. Wie Leonardo, so möchte auch Raffael zahlreiche Figuren in verschiedenen Körperhaltungen

Abb. 20 *Raffael, Studie für den unteren linken Bereich der* Disputà
London, British Museum

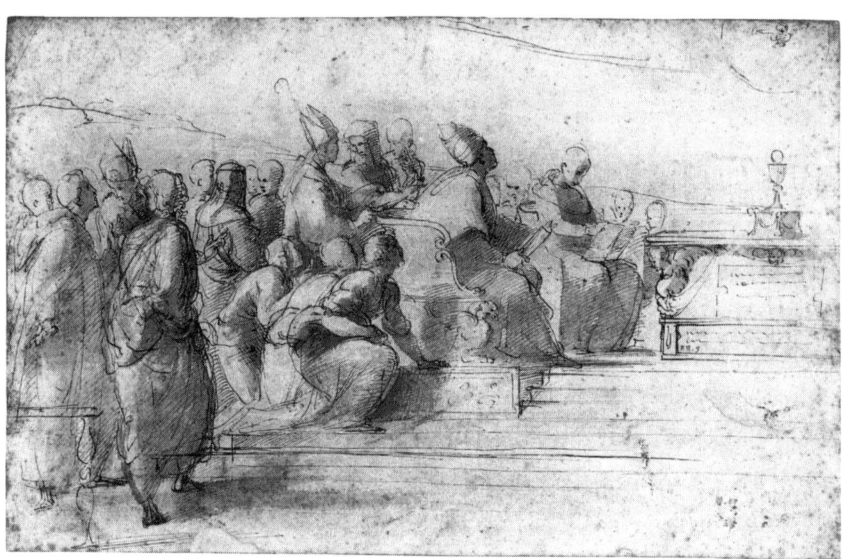

um das Bildzentrum herum ranken lassen. Er zeichnet einige Entwürfe in brauner Wasserfarbe und akzentuiert Glatzen, Gesichter und Gewänder mit weißen Tupfern.

Dann nimmt er eine Feder zur Hand und strichelt nur einen Ausschnitt mit einer Gruppe Menschen (Abb. 20). Er stellt fest, dass ein Altar in der Mitte der Komposition Halt gibt und das leonardeske Menschengewühl ordnen kann. Steht der Altar noch dazu auf Stufen, dann geraten die Betenden in Bewegung, sodass das Bild an Dynamik gewinnt.

Jetzt kennt Raffael die Grundidee, aber er möchte es noch genauer wissen. Was hätte ein antiker Künstler an seiner Stelle getan? Der Maler geht im Geiste die alten Skulpturen durch, die er in Rom kennengelernt hat. Dann zeichnet er dieselbe Gruppe der *Disputà* noch einmal, nur diesmal nackt (Abb. 21). Dafür muss er mehrere Vorzeichnungen nach dem Leben anfertigen. Einem seiner Aktmodelle dreht er den linken Arm

Abb. 21 *Raffael, Studie für den unteren linken Bereich der* Disputà
Frankfurt a. M., Städel Museum

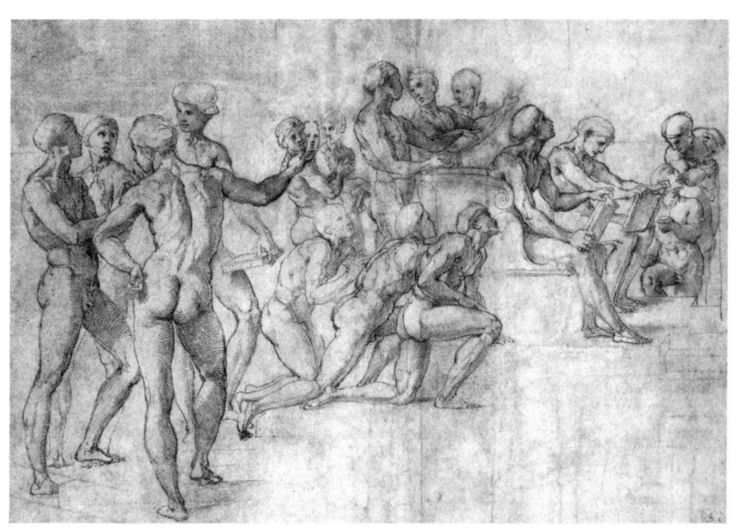

Abb. 22 *Raffael, Männlicher Akt, Halbfigur von hinten, Studie für die* Disputà
London, British Museum

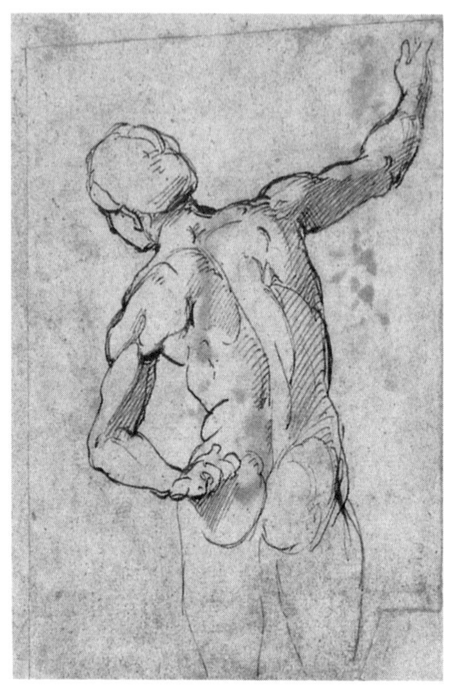

auf den Rücken, damit es nicht so starr wirkt (Abb. 22). Das aber sieht auf dem Papier zu künstlich aus, also zeichnet er den Mann noch einmal von hinten, jetzt aber mit locker auf der Hüfte abgelegter Hand. Im Fresko verwirft Raffael auch diese Pose und dreht die Figur um die eigene Achse, bis sie sich den Betrachtern zuwendet. Ihre Aufgabe ist es nun, alle auf das Geschehen in der Bildmitte hinzuweisen: die Bibliotheksgäste aus Fleisch und Blut sowie einige gemalte Männer, die sich links außen in ein Buch vertiefen.

So spielt der Maler mit seinen Figuren, als seien sie Marionetten, die er als Regisseur beliebig biegen, drehen und über die Bildfläche scheuchen kann. Ein junger Mann muss sich über eine gemalte Brüstung scheinbar tief in den Betrachterraum hineinbeugen (Abb. 23). Mit Feder und Tinte probiert Raffael aus, wie weit er gehen kann, ohne dass der Jüngling vornüber zu kippen droht.

Oben auf den Wolken aber fordert den Künstler Adam heraus, der einzige Nackte unter den Himmelsbewohnern. Beinahe damenhaft schlägt der Urvater am Ende die Beine übereinander und lauscht den Worten des Petrus. Die kraftstrotzende Männlichkeit Michelangelos liegt Raffaels Figuren fern. Wo der Bildhauer starke Individuen an die Decke schleudert, setzt Raffael auf Kommunikation und Verbundenheit. Jeder soll sich mit der neuen Kirche identifizieren können und nahe dem Altar sein Zuhause finden. Michelangelo feiert die Exklusivität, Raffael versteht sich auf Integration.

Früh entschließt sich der Maler, entgegen der Tradition die Personifikation der Theologie an

Abb. 23 ***Raffael,*** *Vornüber gebeugter Mann, Studie für die* Disputà
London, British Museum

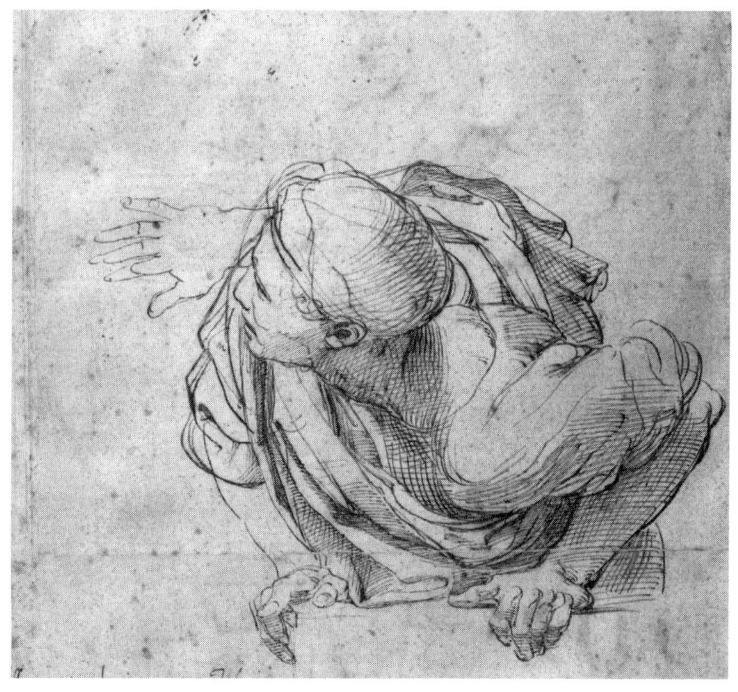

die Decke zu verbannen. So gewinnt die Handlung auf der Wand an Realität: Die Figuren versinnbildlichen nichts, sie agieren, gestikulieren, diskutieren. Wie leibhaftig treten in der *Disputà* historische Persönlichkeiten von Augustinus bis Dante in den Raum. Es scheint, als habe Raffael von der gerade wieder aufgelegten *Poetik*, der Dramentheorie des Aristoteles, gewusst. In bisher ungeahnter Weise lässt er all die Kirchenväter, Päpste, Autoren, Alt- und Neutestamentarier gemeinsam auf die Bühne seiner Malerei treten.

Das Stück, das die Gottesmänner aufführen, handelt von Einheit in Vielfalt. Die Theologen rund um die Hostie mögen über die rechte Deutung des heiligen Sakraments streiten, doch in der Anbetung des Leibes Christi sind sie ein Herz und eine Seele. Zu erleben ist eine Kirche, die aus vielen lebendigen Gliedern besteht – so, wie es schon Paulus in seinem Korintherbrief forderte. Christus ist allgegenwärtig im Wunder der Inkarnation. Gewährleistet wird dies und damit der Zusammenhalt der Kirche durch seinen Stellvertreter auf Erden. Deshalb richtet ein Papst seinen festen Blick auf die Monstranz – es ist Gregor der Große (540 bis 604), den Raffael der Deutlichkeit halber mit den Zügen seines Auftraggebers Julius ausstattet.

Rede und Widerrede

Wer noch alles unter dem Dach der Kirche Platz nimmt, zeigt Raffael an den anderen Wänden der Stanza della Segnatura. Gegenüber der *Disputà* malt er seine *Schule von Athen* (Abb. hinterer Vorsatz): In einem futuristisch anmutenden Tempel scharen sich die großen Denker der Antike um Platon und Aristoteles, die in der

Renaissance als Vorgänger von Petrus und Paulus gedeutet werden. Auch hier löst Raffael Gegensätze nicht auf, sondern vereint sie im Gebäude der Kirche. Platon, der Experte für Göttliches, und Aristoteles, der Kenner des Natürlichen, gestikulieren heftig, aber sie bleiben im Gespräch.

Mit ihren Gesten nach oben und nach vorne scheinen sie die gigantischen Wölbungen des weiträumigen Tempels zu ermessen: Raffael zeigt schon einmal Bramantes geplanten Petersdom, wie er einmal aussehen könnte. Den Gedankengebäuden seiner Protagonisten entspricht eine Architekturvision von nie gesehener Großartigkeit – womit Raffael einen anderen Weg einschlägt als der körperfixierte Michelangelo. Nebenbei lässt er alle älteren Gebäudedarsteller hinter sich, von den Florentinern Lorenzo Ghirberti und Domenico Ghirlandaio bis zu Pinturicchio, dem umbrischen Maler der Borgia-Gemächer. Dessen heilige Katharina disputiert vor einem antiken Triumphbogen. Raffael dagegen baut die Zukunft und füllt sie mit den großen Geistern der Vergangenheit und Gegenwart.

Der hochgewachsene, weißbärtige Platon trägt wohl die Züge von Raffaels Vorbild Leonardo da Vinci. Seinesgleichen verortet der Künstler ansonsten auf Seiten der Rechenkunst und Naturwissenschaft: Der Mathematiker Euklid rechts außen sieht mit seiner Halbglatze aus wie Bramante. Er hat viel Spaß daran, mit Schiefertäfelchen und Zirkel eine Gruppe aufgeweckter Jungen zu unterrichten. Sie fragen nach, erklären einander das Gezeigte, interpretieren die Ausführungen des Meisters. So stellt Raffael sich das Lernen vor: gemeinsam mit anderen, in ständiger Auseinandersetzung mit dem Vordenker. Hinter Euklid-Bramante steht ein ernsthafter Jüngling mit schwarzer Samtkappe und schaut die Bildbetrachter aus großen Augen an: Raffael, der Lieblingsschüler, tritt selbst ins Bild.

Auch die anderen Grüppchen auf dem Bild erzählen von Wissenschaft als Austausch. Forscher schreiben voneinander ab, schauen ihren Mitstreitern über die Schulter, verteidigen wortreich ihre Texte, deuten auf diesen oder jenen Kollegen. Wobei die Menschen, die außen und unten stehen, vor allem mit Studium und Lehre beschäftigt sind, während der innere Zirkel um die beiden wichtigsten Philosophen der Antike sich dem Spiel von Rede und Widerrede hingibt. Die lebhaft geführte Debatte ist in Raffaels Augen die edelste Form des Wissens.

Nur einer wird von keiner anderen Figur bemerkt: der plattnasige, einsame Heraklit vorne auf den Stufen (Abb. 24). Raffaels als letzter gemalter Denker, der Michelangelo so ähnelt, hat zur Ge-

Abb. 24 *Raffael, Die Schule von Athen, Detail: Heraklit*
Vatikanspalast, Stanza della Segnatura

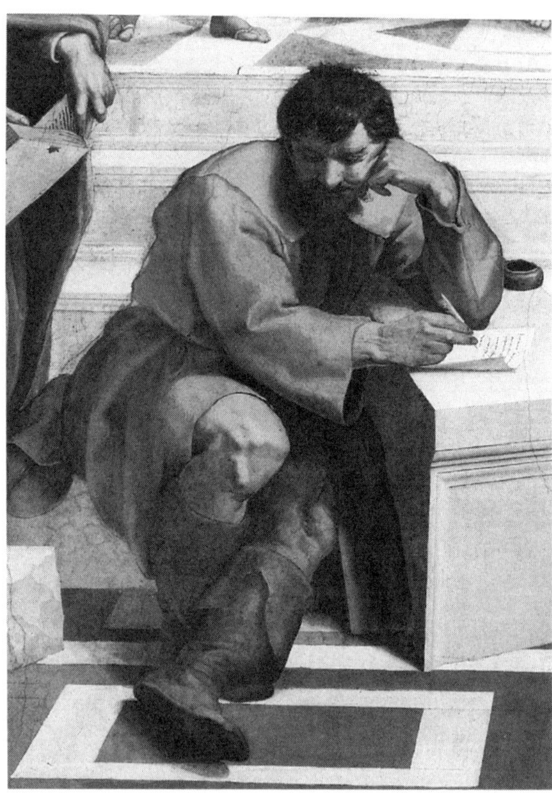

sellschaft nur einen Marmorblock. Der jüngere Maler kann nicht anders, er muss seine verschmähte Kollegenliebe laut und deutlich in die Welt hinausschreien. Der Grobian soll nur sehen, was er verpasst, wenn er sich mit seinem melancholischen Einzelgängertum aus der ewigen Kette der Lehrer-Schüler-Verhältnisse ausschließt, scheint das Bild zu sagen.

Friede durch Kunst: Der Dichterhügel

An die Wände der Stanza della Segnatura malt Raffael die humanistischen Ideale seiner Epoche. Sie decken sich mit den Werbemaßnahmen des Pontifikats für die eine universal gültige Kirche, sie taugen aber auch zu Sehnsuchtsbildern späterer Generationen. Julius kommt vor, doch wunschgemäß verherrlicht der Künstler mehr die Institution als die Person. An der weniger bedeutenden Decke aber würdigt Raffael seinen Entdecker explizit: Eine gemalte kosmische Kugel zeigt die Konstellation der Sterne, die bei Julius' Amtsantritt am 31. Oktober 1503 am Himmel über Rom prangte. So viel Schmeichelei muss Michelangelo gegen den Strich gehen, will sich der Bildhauer doch gerade von dem Personenkult befreien; an der Sixtinischen Decke reduziert er die Symbole des Papstes, wo er nur kann.

Zum braven Erfüllungsgehilfen der Macht wird Raffael damit noch lange nicht. Während der Arbeit im Vatikan gelingt es ihm besser als dem Kollegen, die Launen des Papstes zu ignorieren. Nicht Raffael, sondern Michelangelo reist dem Heiligen Vater durch halb Italien hinterher aus Angst, Geld und Gunst des Pontifex zu verlieren. Der Jüngere bleibt gelassen – er hat in Rom genügend andere hochrangige Auftraggeber, die sich freuen, wenn er endlich mehr Zeit für sie hat.

Viele Arbeiten zuzusagen, kann sich Raffael leisten, weil er begabte Kollegen anstellt, die ihm zur Hand gehen und auch einige seiner Entwürfe in den Stanzen umsetzen. Er fördert und fordert später hoch angesehene Maler wie Lorenzo Lotto und Giulio Romano, achtet dabei aber penibel darauf, immer den letzten Farbtupfer zu haben.

Die Kollegen kommen gerne zu ihm, selbst wenn nachher Raffael den Ruhm einheimst. Denn der Meister zahlt gut und empfiehlt seine Männer weiter. Im Alltag behandelt er sie so zuvorkommend wie alle Menschen, die er braucht. Im Vatikanspalast erlaubt er laut Vasari seinen Leuten sogar, die Hohlräume im Mauerwerk nicht zuzuschütten, sondern als Vorratslager zu benutzen, was beinahe zum Einsturz der Wände führt.[4]

Bald beschäftigt er mehrere dutzend Mitarbeiter. Wichtiger noch als die anderen Maler sind ihm seine Kupferstecher, allen voran der kongeniale Marcantonio Raimondi (um 1475 bis etwa 1534) aus Bologna. Als Raffael ihn kennen lernt, kopiert der Halunke gerade Stiche von Albrecht Dürer und verkauft sie als Originale. Mit was für einer Begabung! Hätte der deutsche Künstler ihn nicht wegen Urheberrechtsverletzung angeklagt, niemals wäre der Schwindel aufgeflogen. Später wird er im Gefängnis landen, weil er pornografische Zeichnungen als Stiche verbreitet.

Raffael ist begeistert von Geschäftssinn und Geschick des Kollegen und wirbt ihn als Partner an. Er gibt Raimondi seine neuen Entwürfe noch im Stadium der Zeichnung und beschäftigt einen Drucker für die Vervielfältigung der Stiche. Auf diese Weise kann Raffael seine Ursprungsgedanken in aller Welt verbreiten, ungeachtet der Änderungswünsche, die seine Auftraggeber auf den fertigen Gemälden durchsetzen.[5] Als Sprachrohr des Papstes sieht er sich nicht.

Solche Kooperationen mit niederrangigen Kollegen liegen Michelangelo erst einmal fern. Raffael dagegen, der Netzwerker, erkennt als erster Künstler Italiens das volle Potential der neuen Drucktechnik, die hohe Auflagen wie nie zuvor erzielt. Europa erfährt nun zeitnah auch von erst halbfertigen Einfällen des Malers. Bald schon denken die Zeitgenossen bei seiner Kunst in erster Linie nicht wie sonst üblich an den Auftraggeber, an Julius, sondern an Raffael, den Bildermann.

Größer könnte der Kontrast nicht sein zu Michelangelo, der seine Zeichnungen eifersüchtig hütet und einen Großteil der Blätter vernichtet, auf dass die Außenwelt bloß keinen Einblick in seinen Arbeitsprozess bekommt. Nur seine liebsten Schüler dürfen sich an den Skizzen abarbeiten. Alle andere mögen warten, bis die Gemälde in der Sixtina trocken sind, und dann die Reise nach Rom antreten. Auch Raimondi wird die Motive der Sixtinischen Decke erst Jahre nach der Enthüllung in Kupfer stechen.

Raffael schickt derweil zeitig seine Ideen um die Welt – und erreicht so den Aufstieg vom regionalen Talent zum internationalen Trendsetter. Er malt an der Fensterseite der Stanza della Segnatura den Dichterhügel *Parnass* (Abb. XIII), lässt Raimondi aber nicht das Ergebnis, sondern einen Entwurf stechen (Abb. 25). Die Grundidee einer Poetenversammlung findet sich auch in der Zeichnung, doch Raffael hat sich zu diesem Zeitpunkt noch nicht mit den architektonischen Besonderheiten des Raumes vertraut gemacht. Erst im Fresko weiß er das störende Fenster mitten im Bild zu nutzen, indem er eine Figur offensiv gegen dessen Rahmen lehnt. Das aber ist für den Stich tatsächlich nicht entscheidend – ein Blatt Papier hält schließlich niemand ins Gegenlicht. Raimondi gibt auch die durch den Himmel fliegenden Putten des Entwurfs wieder, die Raffael für das Fresko womöglich von einem der theologischen Berater ausgeredet wurden.

Raffaels gemalter Literatentreff rund um den Gott Apoll auf

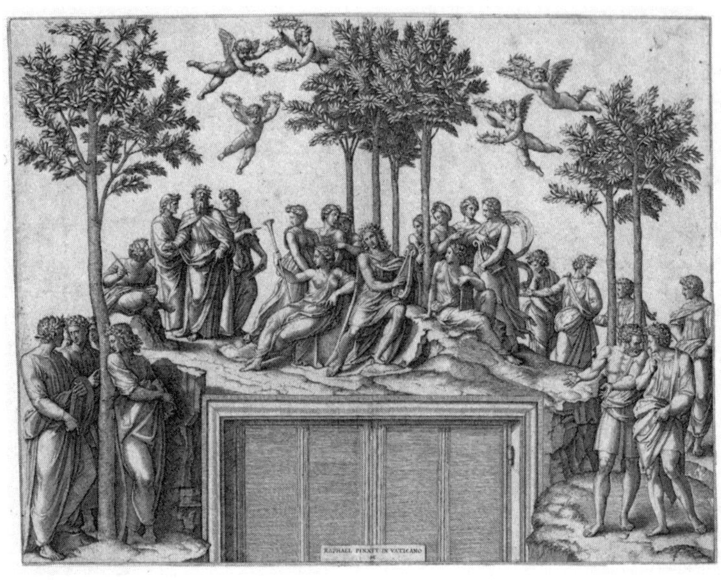

Abb. 25
Marcantonio Raimondi (nach Raffaels Zeichnung), Der Parnass, Kupferstich
Staatliche Museen zu Berlin, Kupferstichkabinett

dem mythischen Berg Parnass verspricht dem Betrachter ein goldenes Zeitalter, ein irdisches Paradies der Poesie unter dem Regnum von Julius, der sich Apoll seelenverwandt wähnt. In der Antike soll dem Gott ein Heiligtum auf dem Vatikanhügel gewidmet gewesen sein. Die berühmteste antike Statue von Apoll steht jetzt im Belvedere-Hof unter dem Fenster der Stanza della Segnatura. Hier treffen sich dichtende Zeitgenossen und lassen in improvisierten Reimen die Statuen des Hofes bauchreden. Raffaels Dichterberg setzt sich hinter dem Fensterausblick in der Realität fort.

Der halbnackte Apoll mit Lorbeerkranz auf schulterlangen Locken und himmelwärts gerichtetem Blick ist ein Jüngling vom Schlag Raffaels: gutaussehend, hingebungsvoll, hochbegabt und siegesgewiss. Viele seiner Gefährten halten Instrumente, die der Maler mit archäologischer Präzision Flöten und Zupfgeräten der Antike nachempfunden hat. Nur Apoll besitzt eine *lira da braccio*, ein modernes Saiteninstrument, das ihn als wahrhaft zeitlosen Gott ausweist. Und nur er darf musizieren. Alle anderen müssen zuhören. Es ist wie ehedem, als Apoll dem Mythos zufolge den derben, doch talentierten Marsyas häuten ließ, nachdem der den Gott zu einem musikalischen Wettbewerb herausgefordert hatte.

Auf ein solches Schlachtfest – und eine solche Drohgebärde gegen seinen Konkurrenten – verzichtet Raffael auf dem Fresko. Er verbannt die Marsyas-Szene an die Decke der Stanza. Sein *Parnass* ist dagegen ein Ort des Friedens und der Freundschaft. Der blinde Homer verdreht andächtig seinen bärtigen Kopf, als schlummere in ihm ein Laokoon (auch dessen Statue steht im Belvedere-Hof). Umrahmt wird er von seinen geistigen Söhnen Dante und Vergil. Der sinnierende junge Mann, der sich gleich dahinter ins Bild drängt, könnte abermals Raffael im Selbstbildnis sein. Auch die bildschönen Musen sind angereist sowie die Autoren Petrarca, Boccaccio, Ariost und Sappho, die sich lässig auf dem Fensterrahmen abstützt. Sie alle, die Damen und Herren des Wortes, geben Raffael und seiner Kunst die Ehre.

Michelangelo schreibt in seiner Freizeit neuplatonisch anmutende Sonette auf unerreichbare Freuden. Raffael hingegen besingt seine handfesten Liebschaften und kritzelt Verse an die Freundinnen auf seine Entwurfszeichnungen für die Stanza della Segnatura. Beide Künstler empfinden sich selbstverständlich auch als Dichter. Und wenn schon ihre Verse zwar als ansehnlich und rezitierbar, nicht aber als die besten Reime der Epoche gelten, dann werden sie die Autoren eben mit Farbe und Pinsel überbieten: Was zu Zeiten Dantes und Petrarcas die Dichtung war, die höchste aller Künste, das ist nun die Malerei.

Die Künstler der Renaissance verabschieden sich von braven Bilderzählungen, die mit Hilfe althergebrachter, schnell wiedererkennbarer Attribute die Bibel und andere Texte Wort für Wort in Pinselstriche übersetzen. Sie wollen Gemälde schaffen, die nicht nachahmen, sondern die sich in die Netzhaut einbrennen wie ein gutes Sonett in die Seele. Ihre poetisch verdichteten Stimmungsbilder sollen in den Ohren klingen wie Apolls *lira da braccio*, sie sollen den Betrachtern in die Fingerspitzen kriechen und ihre Nasen umwehen. Sinnlicher, realer als die Dichterworte möchten die bunten Leinwände, Fresken und Holztafeln wirken und gleichzeitig zum Träumen von einer besseren Welt einladen.

Raffaels *Parnass* sieht nur auf den ersten Blick wie eine Hommage an die Kollegen Schriftsteller aus. Bei genauerer Betrachtung handelt es sich um eine Herausforderung. Wie Michelangelo und Leonardo, so kämpft auch er für den Rang der Bilder als Leitmedium seiner Epoche.

Gescheiterte Zweisamkeit

Die Stanza della Segnatura verkörpert wie kein anderes bisher bekanntes Werk die Visionen des Zeitalters: Sie zeigt die Welt als große Gemeinschaft der Lebenden und Toten und verspricht ein friedliches, angstfreies Miteinander, in dem sich Theologie, Philosophie und die Künste frei entfalten können. Das alles ist gemalt, auf der Höhe der Zeit, in einem farbenreichen und pointierten Stil, der die Erfindungen der Antike sowie der Moderne bis Leonardo da Vinci aufzunehmen und zu verwandeln versteht. Dafür gebührt dem Maler Raffael Ruhm.

Jedoch es kommt nicht dazu. Denn als sein erstes Gemach vollendet ist, eilt der gerade von seinen Feldzügen zurückgekehrte Julius II. in die Sixtinische Kapelle, erklimmt das Gerüst und befichlt Michelangelo, nun aber hopplahopp den ersten Teil bis zur

Schranke zu enthüllen. Die Decke ist erst halbfertig, trotzdem möchte der Heilige Vater mit ihr protzen. Und nicht mit seinem neuen Bibliotheksraum.

Raffael ist verzweifelt. Er hat alles richtig gemacht, viel gelernt, sich angestrengt, hat völlig neuartige Bildräume geschaffen wie den Tempel von Athen, der seinem Konkurrenten im Traum nicht eingefallen wäre. Er versteht, dass der Bildhauer und seine Decke nicht zu übersehen sind. Aber wäre es nicht fair, man würde sie als gleichstarke Rivalen wahrnehmen, so wie damals im Florentiner Wettstreit Leonardo und den jüngeren Michelangelo?

Es nützt nichts, alle fiebern dem 14. August 1511 entgegen, dem Enthüllungstag des ersten Deckenabschnitts. Raffael, der Pragmatiker, versucht, der Sache das Beste abzugewinnen. Ob er bis dahin schon Michelangelos Erfindungen in Teilen ausspioniert hat, bleibt sein Geheimnis. In jedem Fall kann er die Kompositionen am gründlichsten ohne Gerüst studieren. Also bemüht er sich, bei der feierlichen Messe einen Platz mit guter Sicht zu bekommen – was ihm, dem Liebling bei Hofe, umstandslos gewährt wird.

Er kann nicht anders, er muss sie einfach bewundern: die Sibyllen und Propheten, die nackten Jünglinge, Noah und seine Söhne, Adam, Eva und die Schlangenfrau. Angeblich sagt er nach der Besichtigung mehrmals, er danke Gott, zu Lebzeiten Michelangelos geboren zu sein, denn dieser übertreffe alles, was er selbst von seinem Vater Giovanni und von Perugino gelernt habe.[6]

Was ihn nicht hindert, mit dem Meister gleichziehen zu wollen. Nicht Demut lehrt ihn die Decke, sie fordert seinen Ehrgeiz heraus. Was für eine Pracht, könnte nun er den Anfang der Welt über dem Altar malen, könnte er das Werk des Älteren kongenial ergänzen. Das Allerheiligste würde so zum Dialog zweier freier Geister – in Rede und Widerrede, wie sie auch die Kontrahenten Platon und Aristoteles an der Bibliothekswand üben. Von Bramante angestachelt, bemüht sich Raffael beim Papst um den Auftrag. Michelangelo spricht schließlich immer davon, er wolle schnellstmöglich zu seinen geliebten Steinen und dem Grabmal des Papstes zurückkehren. Vielleicht ist er froh, die Deckenmalerei loszuwerden.

Der Bildhauer aber fühlt sich weder geschmeichelt noch entlastet, als ihm Raffaels Angebot zu Ohren kommt. Michelangelo sieht sich verraten und hetzt offen gegen den Jüngeren und dessen Förderer Bramante, dem er offensichtlich jede Schandtat zutraut. Er scheint tatsächlich zu denken, die beiden möchten ihn am liebsten aus dem Weg räumen und hätten sogar versucht, sein Malgerüst zu manipulieren. So etwas hat Raffael noch niemand unterstellt. Er, der Sonnenschein, ein potentieller Mörder! Fassungslos baut der jüngere Maler seinen Farbkasten noch einmal vor der *Schule von Athen* auf und malt den misstrauischen Michelangelo als einsamen Heraklit (Abb. 24, hinterer Vorsatz).

Gottes Vertreter denkt nach

Immerhin, der Pontifex mag die träumerischen Fresken seiner neuen Bibliothek, und er ist froh, dass wenigstens einer seiner Künstlerstars mit ihm zu kooperieren scheint. An der vierten Wand der Stanza della Segnatura prangt in vollem Ornat ein Bildnis von dem thronenden Papst Gregor IX. mit Julius' Zügen.

Raffael darf nun auch den nächsten Raum ausmalen, das Audienzzimmer, die Stanza d'Eliodoro. Und er soll Julius im Tafelbildnis zeigen, nicht als wangenglatten Heroen, sondern mit dem Bart, den er sich wegen seiner militärischen Niederlagen wachsen ließ. Wollte der Heilige Vater der Welt nur als *papa terribile*, als Schreckensgestalt in Erinnerung bleiben, er hätte Michelangelo um sein Bildnis gebeten. Der Papst aber will nicht nur gefürchtet, er will von den Römern geliebt werden. Sie sollen ihn schließlich nicht davonjagen, sondern verteidigen, falls demnächst die Franzosen vor den Toren der Stadt stehen und zu seinem Sturz aufrufen.

Also bittet er Raffael um ein Porträt. Michelangelo hasst den Heiligen Vater und widerspricht ihm ständig, der jüngere Maler aber scheint ihn, seinen Entdecker, tatsächlich zu schätzen. So jemandem vertraut sogar dieser Papst, der ansonsten in seiner Nähe nur ein junges Ziehkind erträgt, das er auf Eroberungsreisen gekidnappt hat.

Offenbar lässt Julius seinem Maler bei der Gestaltung des Porträts freie Hand. Raffael entscheidet sich für eine unerhört intime Nahsicht (Abb. XX). Er rückt den Stuhl des Pontifex mit den vergoldeten Eicheln, dem Symbol der Familie della Rovere, in eine fensterlose Zimmerecke mit grüner Stofftapete. Nicht die Weite Italiens interessiert ihn, nicht der brüllende Feldherr, sondern der alte, in sich gekehrte Mann im hintersten Winkel seines Palastes. Raffael ist Idealist genug, jedem Menschen eine zarte Seite zuzutrauen. Auch einem machthungrigen Waffennarren, der im Namen Gottes Nachbarstädte überfällt und seine Soldatenheere in aussichtslose Schlachten jagt.

Traurig sitzt der Papst da, mit versunkenem Blick. Den Betrachter ignoriert er, obwohl der ihm durch die ungewöhnliche Nahsicht beinahe auf den Schoß rückt: Raffael schneidet das Bild knapp über den päpstlichen Knien ab, als stünden Maler und Betrachter direkt vor dem Thron und könnten den Atem des Alten riechen. So hat noch nie ein Maler einen Machthaber inszeniert. Es fehlen die Insignien, die dem Papst zustünden: Schwert, Tiara, Sänfte. Stattdessen hält sich ein alter Mann an seinem Stuhl fest, presst die Lippen zusammen und denkt nach. In seiner Besinnung wirkt Julius fast zerbrechlich.

Der Papst als sympathischer Denker, der gerade in seiner Verletzlichkeit stark ist wie die Eiche, sein Symbol – vielleicht ist das eine besonders geschickte Propagandaidee. Vielleicht ist es aber auch der Versuch eines Angestellten, seinen Chef zu bessern, indem er ihm ein positives Selbstbild vor Augen führt. Seine Heiligkeit will Humanist sein? Bitte sehr, so sei es – auf dass er werde, was sein Porträt schon ist.

Raffael kann sich in seiner Erfindung auf Michelangelo berufen. Der Papst lernte bereits in der Sixtina, dass große Männer große Grübler sein müssen: Jeremias an der Decke, Michelangelos Alter ego (Abb. IX), lässt die Hand in den Schoß fallen und versinkt hinter seinem langen Bart in trüben Gedanken – wie es das Alte Testament berichtet, das den Propheten klagen lässt: «Verflucht der Tag, an dem ich geboren wurde. (...) Warum denn kam ich hervor aus dem Mutterschoß, um nur Mühsal und Kummer zu erleben?» (Jeremias 20,14–18). Auch ein Papst darf jetzt zweifeln und traurig sein; das zeigt ihn nicht als Schwächling, sondern als Menschen. So fällt es Julius nicht schwer, das neuartige Bild von sich selbst als besonders ruhmverheißend zu verstehen.

Das Porträt Raffaels gefällt dem Papst so gut, dass er mehrere Versionen erstellen lässt oder sie zumindest nicht verhindert. Nach seinem Tod wird das Bildnis in der römischen Kirche Santa Maria del Popolo gezeigt werden, und die Massen strömen hin, um den Gewaltmenschen als freundlichen Geistlichen zu erleben. Dieser Kirche ist Julius zu Lebzeiten besonders verbunden, hier feiert er seine Siege gegen die Franzosen.

Der Überflieger

Als Raffael die nächste Stanza ausmalt, ist von Kriegserfolgen noch wenig zu spüren. Julius ist im Juni 1511 von seinem erfolglosen Feldzug aus Oberitalien zurückgekehrt. Der französische König trifft gerade die Vorbereitungen zu dem Konzil, das den Papst entmachten soll. Kaum noch jemand würde dem Vatikan in dieser Situation über Weihnachten hinaus weltgeschichtlichen Einfluss vorhersagen. Wahrscheinlicher ist, dass sich die weltlichen Königreiche in Europa durchsetzen und der Papst zur Marionette der Monarchen wird.

Julius ruft zum letzten Gefecht. Im Herbst verbündet sich der Papst mit dem ehemaligen Feind Venedig sowie mit dem englischen König und später auch mit dem deutschen Kaiser zur Heiligen Liga gegen die Franzosen. Er spannt spanische Soldaten ein und bittet Schweizer Söldner um Hilfe. Und er exkommuniziert einige hohe Kleriker, die das Konzil gegen ihn betreiben. Dieses findet in Pisa statt, also auf dem Territorium der Florentiner Republik. Deswegen entzieht der Papst den Florentiner Klerikern das Recht zu taufen und die Sterbenden zu entlasten, was die Bevölkerung theologisch gesehen zu Ungläubigen macht.

In dieser Situation kann Raffael nicht weiter seine Friedensversprechen an die Wände pinseln. Jetzt geht es um Landesverteidigung und darum, allen klarzumachen, dass auch ein bedrängter Papst noch einen entscheidenden Vorteil vor seinen Gegnern hat: Gottes Zustimmung; denn nach Logik des Vatikans kann nur der Kirchenstaat seine Ansprüche auf weltliche Herrschaft mit höherer Gewalt begründen.

Vermutlich auf Wunsch der päpstlichen Berater wählt der Maler die Geschichte des alttestamentarischen Heliodor, der im Auftrag seines Königs den Tempel von Jerusalem ausrauben sollte. Gläubige und ihr Priester beteten um Hilfe – und Gott sandte einen himmlischen Reiter mit zwei Rächern, die den Dieb zusammenschlugen. Wer sich im Namen fremder Mächte am Heiligen versündigt, den straft der Herr. Und wer Rom erobern, die Peterskirche plündern, den Papst vertreiben will, der verdient ebenfalls eine Tracht Prügel.

Raffael hat also wieder Gelegenheit, einen weiträumigen Marmortempel zu malen, wie ihn sein Freund Bramante gerade baut (Abb. XIV). Die Architektur mit ihren Säulen, Bögen, Fußbodenmustern läuft zentralperspektivisch auf einen erleuchteten Altar zu. Dem um Rettung flehenden Priester gebührt das Zentrum des Freskos – allerdings nur im Bildhintergrund. Vorne wird wie schon im Zentrum von Raffaels *Grablegung* nicht gebetet, sondern gehandelt. Auf einer Sänfte schwebt in Rot-Weiß Papst Julius mit strengem Blick in den Raum. Um ihn herum drängen sich verängstigte Frauen und Kinder. Getragen wird der Pontifex von seinen Getreuen, einer von ihnen ist Raffael im Selbstporträt: ein ernster junger Mann, gekleidet in ein knielanges Gewand von schlichter Eleganz. Auch sein Geschäftspartner, der Kupferstecher Marcantonio Raimondi, darf im Bild helfen, die Sänfte zu halten.

Es sieht aus, als würde nicht Gott, sondern der Papst anordnen, was in der rechten Bildhälfte geschieht (Abb. 26): Ein hochgerüsteter Reiter treibt seinen Schimmel auf den Räuber Heliodor zu, dieser strauchelt und verschüttet die gestohlenen Goldmünzen. Gleich werden die Hufe des schnaubenden Tieres seinen Brustpanzer zertrümmern. Noch mehr aber als Pferd und Reiter erschrecken die beiden Racheengel den Missetäter. Mit aufgerissenen Augen starrt er auf die zwei fliegenden, springenden Wesen, die in voller Schönheit auf ihn zustürzen. Heliodor hat Grund zu staunen – solch tanzende Rächer hat die Welt noch nicht gesehen.

Die Welt noch nicht, Raffael schon. Er kennt offensichtlich bereits Michelangelos Deckenfresko von der Erschaffung Adams.[7] Spiegelverkehrt malt er anstelle des ersten Menschen den ausgestreckten Heliodor – einen gestürzten Verbrecher, nicht hoffnungsvoll daliegend wie Adam, sondern verängstigt und am Boden zerstört. Und der Allmächtige zeigt sich nicht als freundlicher älterer Herr, stolz auf sein Geschöpf – nein, er hat einen so tobenden wie ansehnlichen Himmelsjungen geschickt, der mit gerecktem Finger Strafe verkündet. Dieser Zeigefinger haucht kein Leben ein wie in der Sixtina – er vernichtet es. Raffael, von den Zeitgenossen für seinen friedlichen Charakter, seine unendliche Güte gepriesen: Er, nicht Michelangelo, erfindet die biblische Drohgebärde neu. Und wenn nebenbei auch der Meister der Liebesbotschaft im Allerheiligsten ein wenig erschreckt vor so viel Furor, dann hat sein Rivale vermutlich nichts dagegen.

Abb. 26 *Raffael, Die Vertreibung des Heliodor, Detail: Heliodor und der himmlische Reiter*
Vatikanspalast, Stanza d'Eliodoro

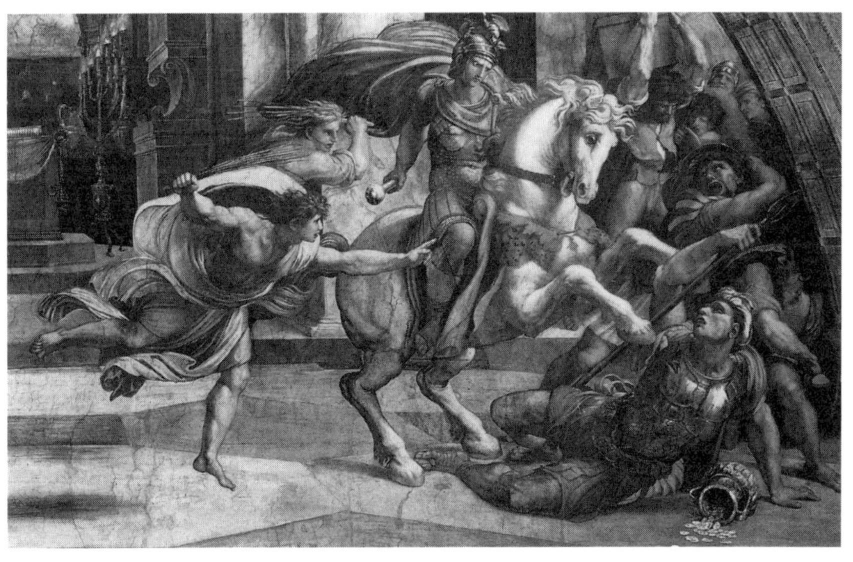

In einer ersten Skizze hatte Raffael die päpstliche Intervention in der alttestamentarischen Szene noch nicht vorgesehen. Möglicherweise wurde er gedrängt, Julius als Gebieter in den Tempel zu versetzen, damit kein Betrachter die tagespolitische Anspielung übersieht. Michelangelo hätte einen solchen Eingriff wahrscheinlich verweigert, von Raffael dagegen sind keine Einwände überliefert. Wo der Bildhauer auf Zeitlosigkeit besteht, ist der Jüngere immer auch Zeitgenosse.

Propaganda jedoch betreibt er nicht – oder nur in eigener Sache. Niemand wird die strenge Julius-Figur in diesem Fresko in späteren Zeiten noch preisen, das weiß wohl auch Raffael. Auf sie verschwendet der Maler keine große Mühe. Der hüpfende Racheengel aber, dieser Trotz gewordene Überflieger, er wird von nun an durch die Kunstgeschichte springen und von vielen späteren Künstlergenerationen zitiert werden. Es ist, als habe sich der Künstler in dieser Figur wiedergefunden. Wer Raffael für einen Maler der Lieblichkeit hält, kennt seine bösen Geister nicht. Womöglich braucht der Urbinate einen würdigen Gegner wie Michelangelo, um seiner Energie in der Kunst freien Lauf zu lassen.

Das Wunder wird Gespräch

Ostern 1512 werden die Truppen der Heiligen Liga des Papstes in der blutigen Schlacht von Ravenna geschlagen. 12 000 Männer sollen getötet worden sein, die meisten von ihnen auf Seiten des Kirchenstaates. Niemand konnte sich erinnern, je zuvor von einem solchen Massensterben auf dem Feld gehört zu haben. Gott tat nichts, um diese Katastrophe zu verhindern. Auch Anhänger des Vatikan zweifeln nun an dem Papst und seiner militanten Politik.

Julius aber will nicht aufgeben. In den kommenden Monaten schöpft er neue Hoffnung. Sie ruht auf den in bauschige Seide gehüllten Schultern der Schweizer Gardisten. Ein komplettes Heer aus den Alpen soll helfen, die Franzosen aus Italien zu verjagen. Julius lockt die Schweizer mit Geschenken. Und er gewährt ihnen die größtmögliche Ehre: Raffael soll sie malen.

Ursprünglich hat der Künstler die Gardisten nicht vorgesehen in seinem Fresko an der Fensterseite der Stanza d'Eliodoro. Thema ist das Blutwunder von Bolsena: 1263 zweifelte hier ein Priester an der Verwandlung der Hostie in den Leib Christi. Als Beweis ließ der Herrgott in der Messe die Hostie in den Händen des Geistlichen bluten, auch dessen weißes Tuch soll sich rot gefärbt haben. Raffael skizziert zuerst einen Entwurf, der das Blutwunder beschwört: Der zweifelnde Priester steht vor dem Altar, höher als alle anderen Figuren und umrahmt von einer imposanten Kirchenarchitektur. In gebührendem Abstand kniet der Jahrhunderte später geborene Julius II.

Vielleicht hielt Julius selbst eine solche Demutsgeste erst für angebracht, schließlich war er selten in seinem Leben so auf einen Beweis himmlischen Wohlwollens angewiesen wie in diesem Jahr. Dann aber ändert er seine Meinung: Jeder Kilometer, den die Schweizer gen Rom zurücklegen, stärkt sein Selbstvertrauen und nährt seinen alten Übermut. Zuspruch erhält er von seinen Cheftheologen, die Eucharistie und Papsttum vergleichen: So, wie bei der Eucharistie Jesus Christus im Brot real anwesend sei, so zeige sich das Göttliche auf Erden auch in der Person des Heiligen Vaters.

Raffael malt schließlich ein Fresko, bei dem immer noch ein goldgeschmückter Altar im Mittelpunkt steht (Abb. 27). Nun aber kniet Julius direkt vor ihm und befindet sich damit auf Augenhöhe mit dem Priester von Bolsena, der die blutende Oblate und das befleckte Tuch in Händen hält. Begleitet wird der Papst von einigen hohen Klerikern und den Schweizer Gardisten: großen Kerlen mit herb-schönen Gesichtszügen und buntgestreiften, weiten Röcken. Als Schmucksoldaten wohnen sie der Zeremonie reglos bei, ohne mit der Wimper zu zucken. Raffael demonstriert an ihnen, wie fein er Samt, Pelz und Bartstoppeln wiederzugeben versteht, Härchen um Härchen mit dünnstem Pinsel. Und doch wirken die Männer in ihrer Erhabenheit so steif wie manche der alten Statuen, die der Künstler so bewundert.

Das jedoch genügt Raffael nun nicht mehr. Eine Hommage an die Antike, schön und gut. Er aber will den Leuten das pralle Leben nahebringen, will sie in eine Welt entführen, die packend ist wie ihre eigene, nur ein wenig perfekter. Also schenkt er dem zweifelnden Priester auf der linken Seite ein Gefolge, dem die würdevolle Andacht der päpstlichen Gruppe rechts fremd ist. Hinter dem Pfarrer drängt sich nun buntes Volk. Mit Ausnahme der jugendlichen Messdiener in weißen Umhängen ist hier niemand ein Funktionsträger. Es sind Männer in wilder Lockenpracht, einige halbwüchsige Drängler sowie Frauen ohne Schuhe, umringt von einer Schar Kleinkinder. Eine Mutter sitzt auf dem nackten Boden, wendet dem Betrachter Rücken und Gesäß zu und dreht den Kopf so gelenkig Richtung Hostie, als habe sie für die Pose Leonardos Damen und Michelangelos Sibyllen studiert. Ihr pausbackiges Krabbelkind kuschelt sich an sie und lädt den Betrachter mit zutraulichem Blick ein, am Geschehen teilzunehmen.

Die Leute gestikulieren, beten, rufen und raunen. Zwei unfrisierte Männer sind bis auf die Chorschranke hochgeklettert und betrachten das Hostienwunder so aus der Höhe – nicht ehrfürchtig, sondern erregt diskutierend. Nur im Gespräch miteinander gelangen sie zu der Überzeugung, dass hier tatsächlich Brot zu

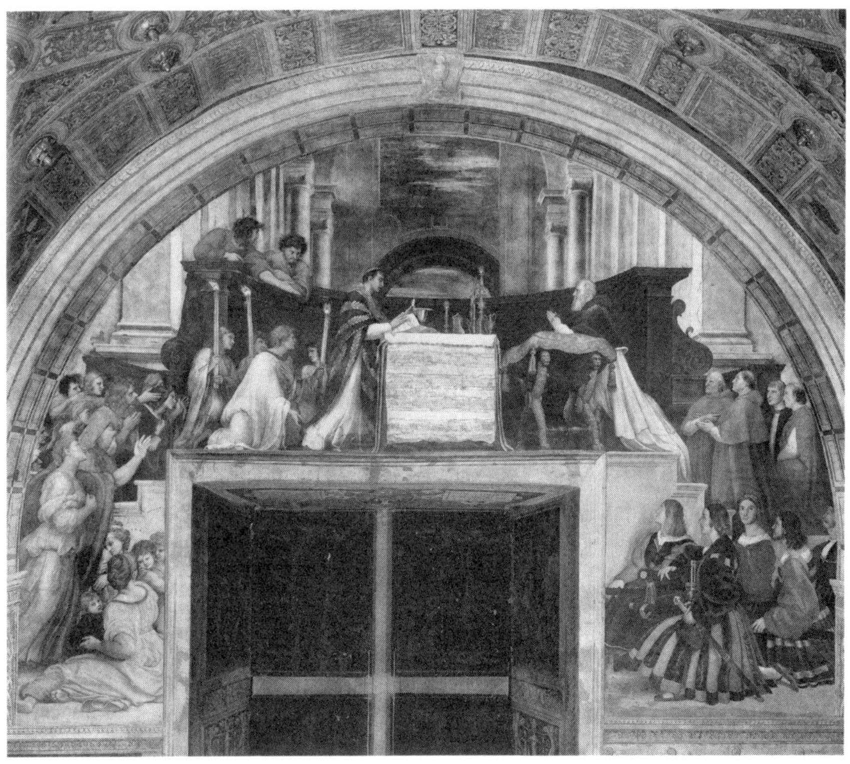

Abb. 27 *Raffael, Das Wunder von Bolsena*
Vatikanspalast, Stanza d'Eliodoro

Leben wird. Die ganze Feierlichkeit der Szene, der weihevolle Moment des übersinnlichen Wunders: Das ist bei Raffael keine Glaubensfrage, sondern Ergebnis einer öffentlichen Debatte. Wieder einmal stiftet seine Kunst Gemeinschaft. Erst dieses ästhetische Gruppenerlebnis beglaubigt die Dogmen der Religion. Gleichgültig, welche Inszenierungswünsche der machtbewusste Pontifex Maximus vorbringt: Bei Raffael endet er immer als kleines Glied im Gefüge des Weltganzen.

Die Lichtgestalt

Im Sommer 1512 treffen die Schweizer Söldner in Rom ein. Auf dem Weg durch Italien haben sie die Franzosen vertrieben. Julius II. erlebt die Siegesfeiern als persönliche Befreiung.

Wann genau Raffael die zweite Fensterseite des Audienzzimmers auszumalen beginnt, ob noch in diesem Jahr oder später, ist nicht bekannt. Klar ist aber, dass er nun kaum noch politische Kompromisse machen muss: Denn kein anderes Fresko in der Stanza d'Eliodoro ist mit solch ästhetischer Entschiedenheit gemalt wie dieses, die *Befreiung Petri* (Abb. XVI). Das fertige Gemälde weicht kaum von dem Entwurf ab. Raffael weiß von vornherein, was er will und darf: der Welt die Dunkelheit vor Augen führen und das Licht.

Dieses Mal konkurriert Raffael nicht mit Michelangelo, sondern mit dessen bestem Freund, dem venezianischen Maler Sebastiano del Piombo (1485 bis 1547). Sebastiano hat sein Handwerk bei Giovanni Bellini (um 1437 bis 1516) gelernt und kannte den jung gestorbenen Giorgione (1478 bis 1510) gut. Er hat die sinnliche norditalienische Farbmalerei verinnerlicht, die Raffael nur auf Umwegen bei dem Bellini-Bewunderer Perugino kennenlernen konnte. Sebastiano steht am liebsten vor der Staffelei; für seine Porträts schwärmt ganz Rom. Wie die meisten Venezianer, so grundiert auch er seine Tafeln und Leinwände gerne grau und arbeitet sich dann von dunklen zu hellen Farbtönen vor. Das prädestiniert ihn für Nachtstücke, ein Genre, für das Giorgione berühmt war, der sein *Gewitter* (heute in der Accademia in Venedig) im Blitzlicht malte und in anderen Werken auch mit Mondlicht experimentierte.

Michelangelo beherrscht diese Art der Landschafts- und Stimmungsmalerei nicht. Sie erfordert hohe Kenntnisse der Ölmalerei, und die verachtet der Bildhauer. Sebastiano aber fördert er – weil er hofft, der Freund könne mit seiner Hilfe Raffael verdrängen, den anderen berühmten Farbvirtuosen Roms. Michelangelo und Sebastiano lästern über den Urbinaten, höhnen über dessen angebliche Missgeschicke und behaupten, er sei ein schlichter Imitator Leonardo da Vincis. Wenn Raffael ein Gemälde unter seinem Namen verkauft, das zu großen Teilen seine Mitarbeiter ausgeführt haben, dann zählen die beiden Konkurrenten alle handwerklichen Schwächen des Werks auf und lasten sie Raffael an. Er hat in ihnen zwei Gegner mit Kunstverstand.

Möglicherweise weiß Raffael zum Zeitpunkt der *Befreiung Petri* schon, was die beiden gerade aushecken: eine Altartafel für Viterbo, auf der eine mächtige Maria bei Vollmond ihren toten Sohn anbetet. Michelangelo wird Skizzen beisteuern, Sebastiano die Komposition in ein gigantisches Gemälde umsetzen. Außer dem Mond wird ein Feuer am Horizont die Szene erleuchten. Es soll das größte bekannte Nachtgemälde werden.

Aber Raffael wird ihnen zuvorkommen. Sein Fresko erfordert Finesse: Das Gemälde wird von einem großen Fenster durchtrennt, so dass die Betrachter ins Gegenlicht blinzeln werden. Aus diesem Handicap macht Raffael einen Vorteil: Er versenkt das Geschehen in Finsternis. Links schimmert ein Halbmond durch die Wolken. In der Mitte erhebt sich die karge Kerkerzelle des Petrus. Deren Tristesse steigert der Maler mit einem hohen Gitter, das Häftling und Betrachter voneinander trennt.

Ermattet hängt Petrus in seinen Ketten. Bart, Haar und Gewand sind grau wie die Nacht, und der Heiligenschein scheint seinen Kopf noch tiefer hinabzudrücken. Der Kirchengründer schläft ebenso tief wie seine beiden Wachen, die nur von ihren schimmernden Blechrüstungen aufrecht gehalten werden. Gleich aber wird die Erleuchtung den Heiligen wecken: Eine Lichtgestalt ist in die Zelle geflattert und schickt sich an, die Ketten zu lösen. Rechts im Fresko ist zu sehen, wie dieser strahlende Engel Petrus an die Hand nimmt und aus dem Verließ hinausführt. Die Wachen im linken Teil des Gemäldes wüten, können aber nichts ausrichten. Sie müssen mit dem fahlen Mondlicht und einer Fackel vorlieb nehmen, zur Erkenntnis reicht das nicht: Im Dunkeln sieht man nichts.

Michelangelos Gott scheidet über dem Altar der Sixtina Licht und Dunkel als erste Bedingung allen Lebens. Auch den Künstlern kommt diese Aufgabe zu, und je genauer sie die Wirkungsweise von Farbkontrasten kennen, desto besser.

Möglicherweise identifiziert sich Julius mit Petrus, so wie er sich auch mit Julius Cäsar verwechselt. Nach der französischen Niederlage lässt er sich zu der römischen Kirche San Pietro in Vincoli tragen, um vor den Ketten seines ersten Vorgängers zu beten. Er fühlt sich wie der Häftling von damals: vom Himmel gerettet aus höchster Not. Raffael aber hebt das Thema vom Persönlichen ins Grundsätzliche. Er zeigt menschliches Leid und eine Erlösung, die der Kunst bedarf.

Der Rappe

Die französische Herrschaft in Italien ist beendet, doch die Bevölkerung muss im Spätsommer 1512 noch immer Gewalttaten fürchten. Denn nun rächen sich der Papst und seine Verbündeten an allen, die nicht auf ihrer Seite standen. Als Erstes trifft es die Florentiner Republik. Das alliierte spanische Heer dringt in die

Toskana vor und erobert Ende August Prato. Machiavellis Bauernsoldaten haben den Profikriegern wenig entgegenzusetzen und geben bald auf. Daraufhin ermorden die Eindringlinge 1500 Einwohner des Orts, vergewaltigen und plündern.

Als Nächstes fällt Florenz. Die Invasoren jagen das gewählte Staatsoberhaupt davon, die Verfassung wird geändert. Anführer der Truppen ist Kardinal Giovanni de' Medici, mit ihm kommen die Medici wieder an die Macht. Die Republik besteht nur noch auf dem Papier, ihre Vertreter müssen um Leib und Leben fürchten. Der politische Sekretär und Militärberater Machiavelli wird entlassen und später gefoltert. Er zieht sich aufs Land zurück und schreibt in seiner Enttäuschung sein staatspolitisches Grundsatzwerk *Der Fürst*, das schonungslos die Mechanismen der Macht aufdeckt.

In Rom fürchtet der Republikaner Michelangelo um seine Familie, hat er doch einst die Medici im Stich gelassen. Er befiehlt den Seinen, sich mit politischen Äußerungen bedeckt zu halten. Außerdem sollen sie sich umhören, wer alles behauptet, der Künstler hasse die Medici. Dem sei gar nicht so, wiegelt er ab. Das Schlachten von Prato habe er zwar verurteilt, aber ein solches Gemetzel müssten schließlich selbst die Steine dem Papst vorhalten, meint der Bildhauer.[8]

Raffael ist nicht persönlich betroffen, der verbliebene Rest seiner Familie befindet sich im papsttreuen Urbino in Sicherheit. Als er nun eine Kampfesszene in der Stanza d'Eliodoro malen soll, denkt er nicht an Verbrechen gegen Zivilisten, sondern an das heldenhafte Getümmel, das einst Leonardo im Ratssaal zu Florenz malen wollte, um Michelangelo auszustechen. Er zeigt an der vierten Wand des Audienzzimmers, wie die Hunnen im Jahr 452 Rom stürmen wollen – aber zurückschrecken, als Petrus und Paulus mit gezückten Schwertern aus dem Himmel herbeifliegen (Abb. 28).

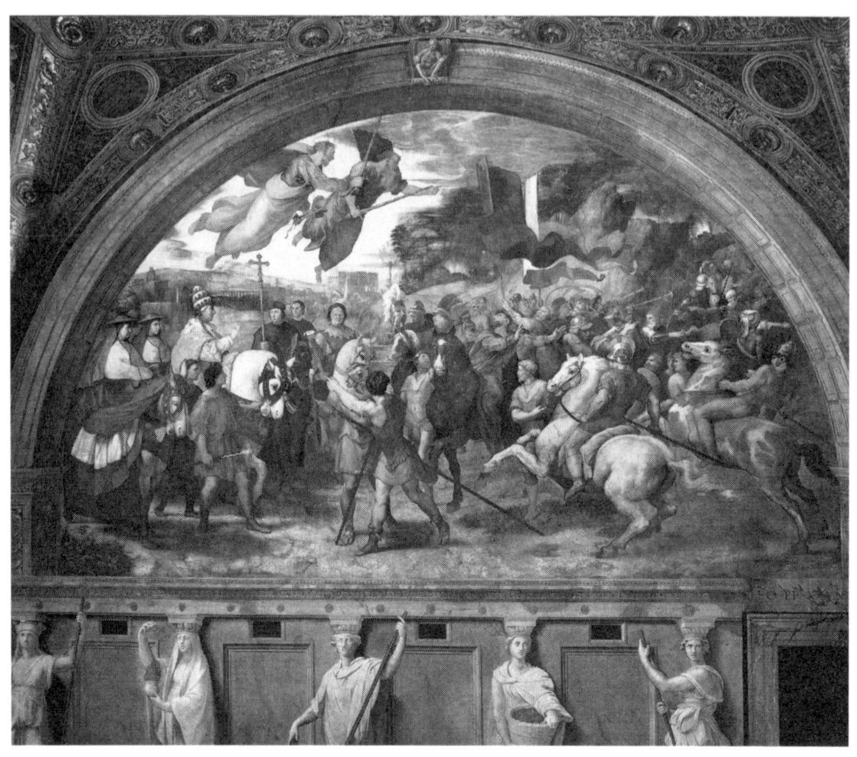

Abb. 28 *Raffael, Die Begegnung Leos I. mit Attila*
Vatikanspalast, Stanza d'Eliodoro

Die Angreifer bremsen ihre Pferde mitten im Galopp. Besonders beeindruckt von den Luftgestalten ist ihr Anführer König Attila. Er lässt die Zügel seines Rappen fahren, weicht zurück und verrenkt den Hals, gleich könnte seine Krone zu Boden purzeln. Seine ausgestreckten Hände streben in Flugrichtung der Apostel. Der Mann ist in höchstem Maß ergriffen und überwältigt – wie vor ihm in der Malerei nur Michelangelos Prophet Jonas, der an der Sixtinischen Decke die Erschaffung der Welt bestaunt. Dort galt die Bewunderung der christlichen Heilslehre, hier wird sie zur Geste der Unterwerfung angesichts einer besser bewaffneten Religion.

Der Hunnenkönig ist erledigt – sein Pferd aber besiegt bei Raffael jeden Betrachter, und sei er noch so katholisch. Man kann vor dem Fresko entlangschreiten, den Standpunkt wechseln – dem Blick des Gauls entkommt niemand. Mit seinen leicht irren Augen und dem gefletschten Gebiss verfolgt einen das Tier quer durch den Saal; dank eines perspektivischen Kunststücks scheint es seinen Kopf stets auf den Zuschauer zu richten.[9] Im Zweifelsfall legt Raffael mehr Wert auf die große Schau als auf Linientreue.

Das so zentrale Detail entgeht den vatikanischen Theologen, die auch in diesem Fresko auf Eindeutigkeit bestehen. Die Geschichte Attilas muss aktualisiert werden, damit jeder Besucher gleich weiß, woran er beim Heiligen Vater ist. Also muss ein fettes Schlachtross einen Papst ins Bild tragen, der zwar den historischen Pontifex Leo I. (um 400 bis 461) darstellt, aber die Züge von Julius II. tragen soll.

Dazu aber kommt es nicht mehr. Am 21. Februar 1513 stirbt der Kriegerpapst. Das Konklave tagt in der Sixtina und entscheidet sich für Kardinal Giovanni de' Medici, den neuen heimlichen Herrscher von Florenz. Es macht die Wahl leichter, dass der erst 37-Jährige allen versichert, wegen einer gefährlichen Darmfistel nicht allzu alt werden zu können.

Der Neuanfang

Die Kleriker versprechen sich von der Wahl Kontinuität, denn Giovanni de' Medici war ein Vorkämpfer der Heiligen Liga, er hat das Massaker von Ravenna nur knapp überlebt. Nun soll er Italien befrieden.

Tatsächlich aber vertritt er eine radikale Familienpolitik und vertreibt nur wenige Jahre nach seiner Wahl den della Rovere-Clan aus Urbino, um dort einen Medici als Herrscher zu etablieren. Auch das geplante Julius-Grabmal von Michelangelo möchte er nicht im Petersdom sehen. Es wird nach San Pietro in Vincoli verlegt, in die Kirche des heiligen Petrus nahe dem Kolosseum, die Julius so am Herzen lag. Das Großprojekt zieht sich endlos hin: Ist ein Papst erst einmal tot, kann er seine dynastischen Interessen nicht mehr vertreten.

Dennoch sind Michelangelos Befürchtungen grundlos, nach dem Machtwechsel in Ungnade zu fallen. Längst kommt kein Herrscher mehr an ihm vorbei, und auch der Medici-Papst und seine Florentiner Sippe brauchen die Dienste des Bildhauers. Bald wird er in Ehren nach Florenz zu seiner Familie zurückkehren.

Was Raffael nur recht ist. Er versteht sich schon seit dem Konklave als eigentlichen Hofkünstler im Vatikan. Der frischgewählte Papst Leo X. begeistert sich für das Attila-Fresko im Audienzzimmer, ehrt das Gemälde doch Leo I., seinen großen Namensvetter. Erster Auftrag an Raffael: Der Heilige Vater, der auf seinem Schlachtross den Hunnen entgegenschreitet, soll nicht wie Julius II. aussehen, sondern ein Porträt des rundgesichtigen neuen Papstes zeigen. Und er soll seinen Arm zur Friedensgeste ausstrecken.

Leo X. möchte als *medico*, als weiser Heiler, gesehen werden. Mit dem Image des gebildeten Friedensstifters betreibt er gezielt Propaganda. Seinen Aufmarsch in der Ewigen Stadt am 11. April 1513 lässt er von Raffael und anderen Künstlern dekorieren: Am Straßenrand begrüßen Altäre und antike Statuen den neuen Herrscher, und ein Triumphbogen verkündet, erst habe mit dem Borgia-Papst Alexander VI. die lüsterne Venus geherrscht, dann mit Julius II. der Kriegsgott Mars. Jetzt aber beginne das Reich von Minerva, Göttin der Klugheit.

In diesem Sinne engagiert der Medici als Sekretär Pietro Bembo (1470 bis 1547), den Großschriftsteller und Freund Raffaels, der das Italienische gerade als Nationalsprache zu etablieren versucht. Auch ansonsten gibt Leo mehr Geld für Literatur, Philosophie, Architektur und Bildende Kunst aus, als der Kirchenstaat ohne Not aufbringen kann.

Raffael rechnet sich beste Aussichten aus: Nun könnte er doch noch zu größeren Aufgaben berufen werden. Was tatsächlich geschieht. Leo wird ihn nach Bramantes Tod 1514 zu dessen Nachfolger als Baumeister von Sankt Peter machen. Später wird Raffael zum Ruinenbeauftragten von Rom ernannt und gelangt damit in den Rang eines obersten Denkmalschützers.

Erst einmal aber hat Leo etwas anderes mit ihm vor. Er zwingt Raffael zur künstlerischen Aussöhnung mit dem Meister der Sixtina. Julius erfreute sich an der Rivalität der beiden und hatte seinen Spaß daran, wie Raffael in den Stanzen Michelangelos Erfindungen ins Gegenteil verkehrte. Leo nun sieht die Kapelle und die päpstlichen Kammern im Zusammenhang. Er stört sich offenbar an dem Widerspruch, dass dort ein liebender, hier aber ein rächender Gott auf die Bühne tritt.

Jedenfalls legt er Raffael nahe, an der Decke der Stanza d'Eliodoro Michelangelos freundlichem Schöpfergott eine Brücke zu bauen. Die Strafaktionen an den Wänden des Audienzzimmers brauchen eine Rechtfertigung: Ihnen zugrunde liegt Gottes Fürsorge für die Menschen, er will die Gläubigen schützen und greift nur deshalb gelegentlich gegen die Ungläubigen zum Schwert.

Mit welchen Gefühlen Raffael ans Werk geht, ist nicht überliefert. Jedenfalls fügt er sich und malt eine liebevolle Hommage an Michelangelo. Während an den Wänden Glaubenszweifler widerlegt und Frevler bestraft werden, berichtet die Decke der Stanza d'Eliodoro nun von der Einheit Gottes mit den Menschen: Abraham will sein Opfer darbringen, doch der Sohn wird gerettet. Gott und seine Engel behüten den schlafenden Jakob, Gott verbündet sich nach der Flut mit Noah, und er spricht aus dem brennenden Dornbusch zu Moses, der ehrfürchtig den Kopf senkt (Abb. 29). In all diesen Bildern zitiert Raffael den Schöpferherrn der Sixtina – ohne dessen Aktionen wie zuvor an den Wänden in ihr Gegenteil zu verkehren. Stattdessen wirbeln, strecken sich und fliegen Raffaels Gott und seine Engel Michelangelo entgegen: mit den gleichen Gesten und der gleichen Güte. Vor aller Augen erkennt Raffael die Größe seines Gegners an. Das würde dieser nie und nimmer tun.

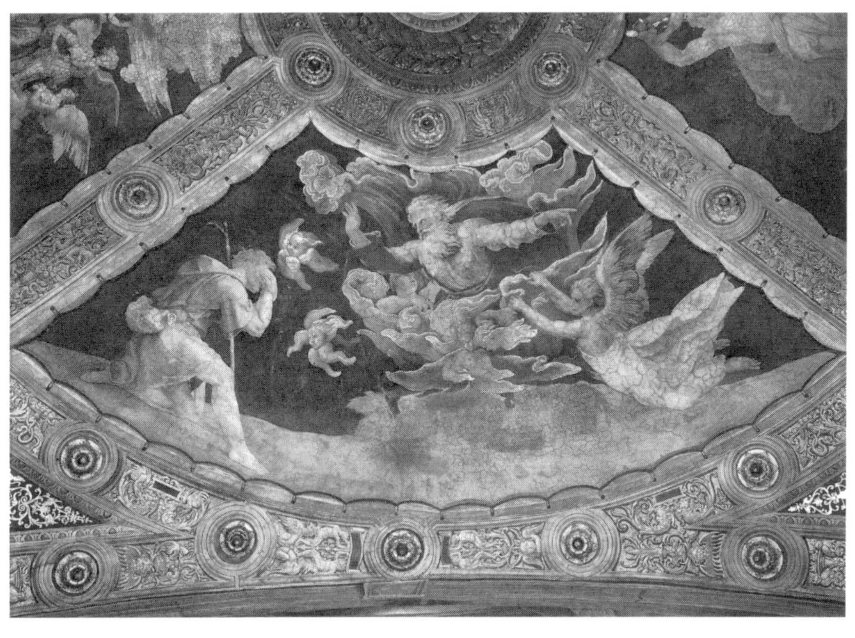

Abb. 29 *Raffael, Decke der Stanza d'Eliodoro, Detail: Gott spricht zu Moses im Dornbusch*

Vatikanspalast, Stanza d'Eliodoro

V

Miteinander geht es nicht, ohne einander auch nicht: Raffael und Michelangelo in Rom

Das erschreckte Kind

Die Situation ist vertrackt: Raffael mag sich noch so sehr anstrengen, immer wird er an Michelangelo gemessen. Er kann diesen in den Stanzen persiflieren, umdeuten oder wertschätzen: Stets bleibt die Sixtinische Decke der Maßstab von allem, was Raffael in den päpstlichen Gemächern erfindet.

Längst hat er sich befriedigendere Aufgaben außerhalb des Vatikans gesucht. Er arbeitet in Rom nicht nur als Freskist für Privatleute, sondern auch als Ölmaler von Porträts und sakralen Stücken. Diese Technik hat den Vorteil, dass Michelangelo sie kaum beherrscht. Spätestens seit seinem Bildnis von Julius II. gilt Raffael als Ausnahmetalent auf diesem Gebiet.

Julius selbst ist seinerseits so begeistert, dass er dem Maler das Siegesbild über die Franzosen anvertraut: Eine der Städte, welche die Schweizer Soldaten im Sommer 1512 von der Fremdherrschaft befreiten, war das norditalienische Piacenza, das umgehend dem Kirchenstaat beitrat. Julius möchte sich bei den Bewohnern mit einem, wie er sagt, «unvergesslichen» Geschenk bedanken: einer Altartafel von Raffael für die örtliche Klosterkirche San Sisto.[1] Der Ort passt dem Pontifex bestens, weil die Kirche Reliquien der heiligen Barbara und des heiligen Sixtus verwahrt, des Namenspaten seines Onkels Sixtus IV.

Der Künstler könnte dieses Gemälde nun im Stil seiner anderen großen Marienaltäre abliefern; es würde genügen, einen alten Entwurf abzuwandeln, die beiden Heiligen einzufügen und den Rest der Werkstatt zu überlassen. Piacenza ist abgelegen, nur die wenigsten Reisenden schauen hier vorbei.

Raffael aber zieht es zu diesem Auftrag hin. Wie genau er sich darauf vorbereitet, ist nicht in Dokumenten oder Zeichnungen überliefert. Auch frühe Stiche existieren nicht. Das Ergebnis aber, die seit 1754 in Dresden ausgestellte *Sixtinische Madonna* (Abb. 30), zeigt: In diesem Werk wollte der Künstler die sakrale Malerei neu erfinden.

Sie ist in eine Krise geraten, seit die Künstler und Humanisten der Renaissance ihre Beobachtungsgabe entdeckt haben. Wer nur seinem Auge traut, bekommt mit der Darstellung rein geistiger Phänomene bald Probleme. Raffael nun macht sich auf, in dem Ölgemälde einer Marienerscheinung sinnliche und übersinnliche Wahrnehmung zu versöhnen.

Scheinbar noch in unserer Welt zieht der Künstler auf dem Gemälde einen ganz real wirkenden Vorhang auf. Dahinter aber erstreckt sich die lichte Leichtigkeit des Himmels. Eine junge Frau schreitet auf hell erleuchteten Wolken herbei, ihre Gewänder flattern, dann steht sie still und schaut uns aus tiefen dunklen Augen an. Im Arm hält sie ihren Erstgeborenen, ein strubbeliges Kleinkind mit wissendem, angsterfülltem Blick. So erscheint Maria mit Jesus den Gläubigen von San Sisto im Moment der

Abb. 30 *Raffael, Sixtinische Madonna, Öl auf Leinwand*
Staatliche Kunstsammlungen Dresden, Gemäldegalerie Alte Meister

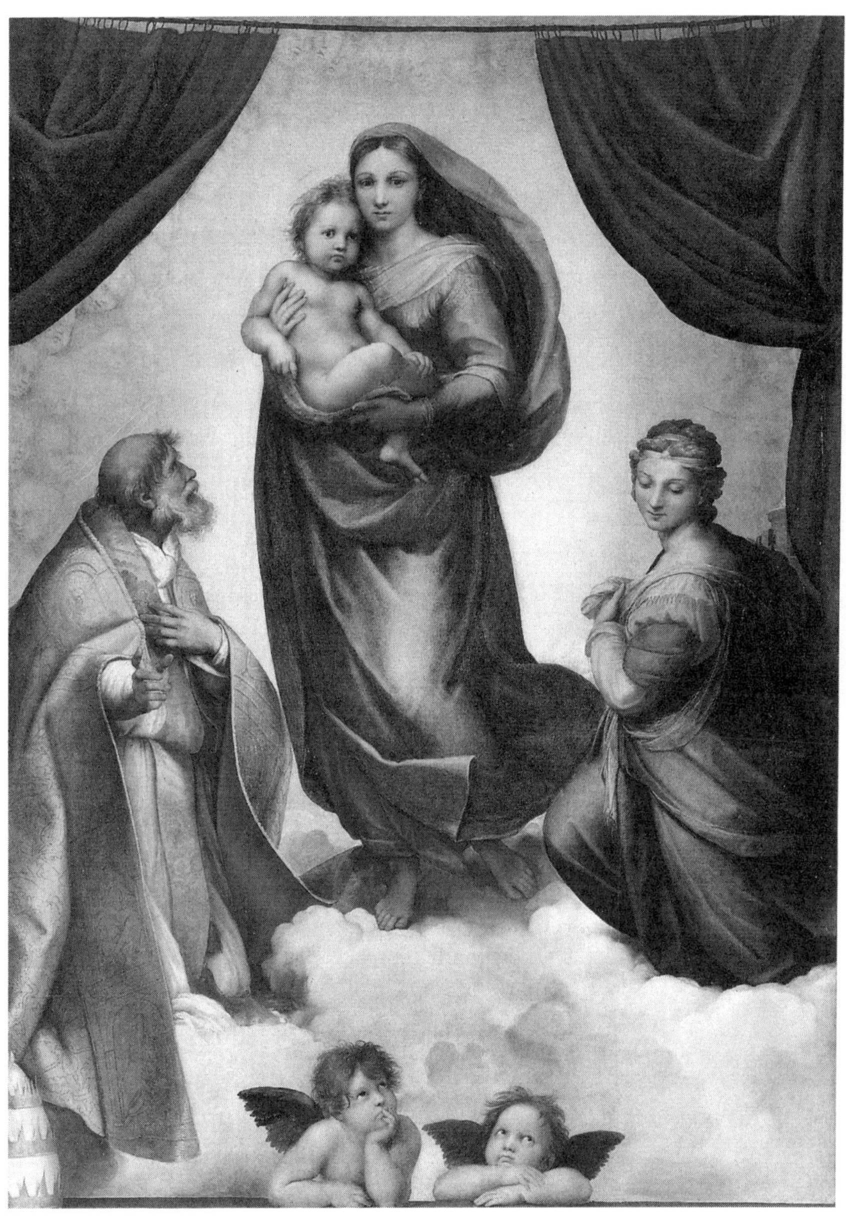

Wandlung, wenn der Priester die Hostie segnet. Die Hostie symbolisiert im Katholizismus nicht den Heiland, sie ist der Leib Jesu Christi. Auch Raffaels Werk erzählt nicht von einer Erscheinung – das Bild scheint selbst diese Vision zu sein, so realistisch und gleichzeitig entrückt inszeniert der Künstler die Protagonisten.

Als Mittler zwischen Gemeinde und Muttergottes wirken der heilige Sixtus und die heilige Barbara, die mit Blicken und Gesten auf das Publikum weisen. Am unteren Bildrand begrenzt ein sehr irdisches braunes Holzbrett die Erscheinung. Es ist als Fortsetzung des Altars zu verstehen, auf dem das Gemälde in San Sisto steht. Auf dem Brett, dem Verbindungsstück zwischen Erde und Himmel, hat ein Heiliger Vater seine Krone abgestellt: Sie trägt auf ihrer Spitze eine Eichel, das Symbol der della-Rovere-Päpste Sixtus IV. und Julius II.

Auch zwei Engelchen lehnen auf der Brüstung und warten gelangweilt auf das Ende der Messe, um die Hostie in den Himmel zurückzutragen. Die beiden ungekämmten Jungen träumen vor sich hin, zählen vielleicht die Wolken über ihren Wuschelköpfen und sehen aus, als könnten sie jeden Moment irgendeinen Unfug anstellen. Sie sind Rabauken noch ohne das Pflichtgefühl der Erwachsenen; zwei Kleinkinder, die nur im Moment leben.

Nie hat ein Maler sich so in das Gemüt von Kindern vertieft. Der Kontrast der Engelchen zum Jesus-Knaben könnte größer nicht sein: Der hat seinen zukünftigen Foltertod vor Augen und ahnt, dass er dieses Opfer wird bringen müssen. Auch Maria weiß es, deshalb ist ihr jugendlich-schönes Gesicht so ernst und ihr Blick so traurig. Die Nöte von Mutter und Sohn sind höchstmenschlich; Raffael verklärt ihre prekäre Situation nicht einmal ansatzweise im Auftrag der Religion. Er zeigt vielmehr ein Kleinkind, das zu früh erwachsen geworden ist, und eine sehr junge Frau, die ihr Liebstes verlieren wird. Hinter Maria formen sich die blauweißen Wolken zu einer Vielzahl angedeuteter pausbackiger

Engelsgesichter. Sie heben die Szene ins Imaginäre, Traumhafte und deuten auf das wesentliche Thema hin: den Verlust der Kindheit.

Ein solches Werk, das zwischen Gedankenwelt und Wirklichkeit changiert, konnte Raffael nur in Öl malen. Das Licht spielt auf dem Babyspeck des Erlösers, Hell und Dunkel fließen ineinander wie die weichen Farben auf Raffaels Palette. Jesu Augen schimmern tränenfeucht, als würden Pigmente nie trocknen. In der *Sixtinischen Madonna* zeigt Raffael fernab von Rom, was seine Kunst vor der Michelangelos auszeichnet: In Öl auf Leinwand kann er noch tiefer als der Bildhauer in die Seele seiner Figuren eindringen, kann ihre schwierigsten Empfindungen artikulieren, unverstellte Kindlichkeit zeigen, die Glücksmomente wie die Härten der menschlichen Existenz ausdrücken. Dafür aber musste er sich von der eher konfliktfreien Malerei seiner Lehrmeister in Umbrien emanzipieren. Gelungen ist ihm das nur durch ein Vorbild, das es nicht nur zu bewundern, sondern auch zu besiegen galt: den störrischen Michelangelo, einen Meister nicht der Harmonie, sondern der Gegensätze. Raffael wehrt sich nicht gegen die Impulse des Älteren, er integriert sie in seine eigene Malerei und schafft so etwas Neues: eine Kunst, die dramatisch und hochsensibel zugleich sein darf.

Die Wünsche der Auftraggeber verblassen bei dem Ringen der beiden Kontrahenten um die noch berührendere, noch überragendere Kunst. Nicht die Papstkrone, nicht der alte Sixtus dominieren das Werk in Piacenza, sondern ein Mädchen und drei Knaben, deren Gefühlslage sich auch späteren Epochen unmittelbar erschließen wird. Der Papst ist für Michelangelo und Raffael kaum mehr als ein Geldgeber, der ihnen die Bühne bereitet. «Unvergesslich» möchte Julius mit seinem Geschenk an Piacenza werden. Seine Künstlerstars aber rühmen jedes Mal wieder nicht ihn, sondern sich selbst. Die Nachwelt soll sie und ihre Werke beurteilen, von ihnen schwärmen – und entscheiden, wer von ihnen beiden der größte Künstler aller Zeiten ist.

Zwei Frauenmaler

Zu Raffaels Ärger ist er aber auch in der Ölmalerei nicht der einzige prominente Künstler Roms. Im Jahr 1511 bringt der steinreiche Agostino Chigi, Bankier des Heiligen Stuhls, von einer Dienstreise nach Venedig einen Maler mit: den Mittzwanziger Sebastiano Luciani, der sich Jahre später wegen seines Amtes als päpstlicher Bleisiegler del Piombo nennen wird.

Zuerst aber ist Sebastiano ein Neuling in Rom, angewiesen auf die Gunst seines Mäzens. Chigi lässt ihn einen Raum in seiner neuen Villa am Tiber freskieren – was ein großes Missverständnis ist, denn als Venezianer beherrscht Sebastiano die Technik nicht. In der feuchten und windigen Lagunenluft haften Fresken nur schlecht, weswegen Venedig als eine der ersten Städte Italiens auf Ölmalerei umgestiegen ist. In den meisten Kirchen der Serenissima ersetzen Holztafeln und Leinwände die Wandgemälde. Wie sein Lehrmeister Giovanni Bellini und die Kollegen Tizian und Giorgione hat auch Sebastiano früh die Kunst der Farbschichtung und des *sfumato*, der weichen Übergänge, verinnerlicht. Er versteht sich also auf genau jene nicht-römische Malweise, für die auch Raffael in der Ewigen Stadt bewundert wird.

Um seine Stärken zu beweisen, malt Sebastiano für Chigi wohl ein Liebesbildnis von dessen Freundin, der Krämerstochter Francesca, die der Bankier in Venedig ent- oder verführt hatte (Abb. 31). An der Lagune wurde um 1500 viel über die Liebe geredet. Sie war

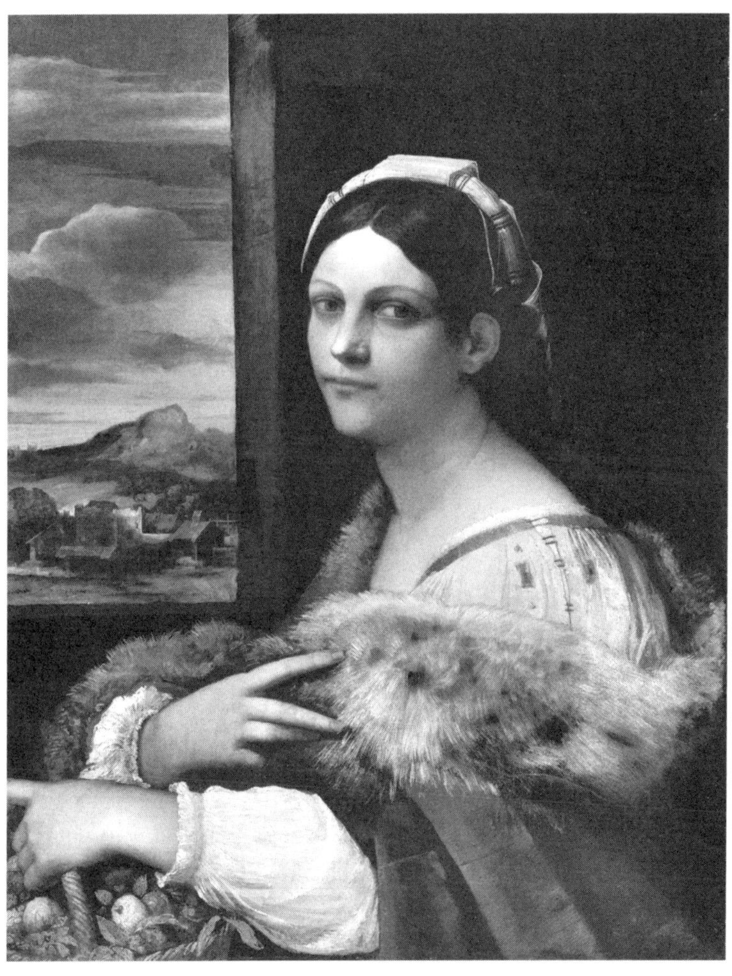

Abb. 31 *Sebastiano del Piombo, Bildnis einer jungen Frau, Öl auf Holz*
Staatliche Museen zu Berlin, Gemäldegalerie

die große Sehnsucht einer Gesellschaft, die Zwangsehen und Prostitution anerkannte, frei gewählte Liebschaften aber mit Ehrenmorden und sozialer Ächtung ahndete. Aus Protest dagegen beschworen Dichter, Musiker und Maler die Liebe um der Liebe willen und entdeckten das einfache, bukolische Mädchen als neues Sujet.

Während in den Palazzi Edeldamen und Huren ihre Haare blondierten und sich mit Schmuck behängten, traten nun braunhaarige, kaum geschminkte Italienerinnen von der Straße ins Bild.

So malt auch Sebastiano die Geliebte Chigis: eine schöne Dunkelhaarige, deren schlichtes Unterhemd hervorlugt unter dem Pelzmantel, den wohl ihr reicher Freund ihr schenkte. Auf dem Schoß hält sie einen Korb mit Wiesenblumen und den Liebesfrüchten Äpfeln und Quitten. Den Betrachter schaut sie aus runden Augen an und versichert ihn mit der Hand auf dem Herzen ihrer Zuneigung. Die gespreizten Finger drücken dabei sanft den Pelzsaum auf das nackte Dekolletee.

Raffael studiert dieses Bildnis akribisch. Pelz, Herzensgeste, offene Blicke: Eine solche Sinnlichkeit war den schönen Madonnen seiner Heimat fremd. Bald findet er ein Modell, das Sebastianos Lieblingsfrauen ähnelt: ein stämmiges Mädchen mit rundem, fast kindlichem Gesicht und warmem Blick aus dunklen Augen. Er kleidet die junge Frau in ein üppiges weißes Seidenkleid, dessen Faltenrausch von einem bewegten Innenleben zu künden scheint (Abb. 32). Auch sie muss die Rechte auf ihr Herz drücken, auch ihr Unterhemd lässt im Ausschnitt blanke Haut ahnen. Raffael arbeitet sich an seinem neuen Konkurrenten ab. Die Mühe lohnt sich: Das Mädchen steht ihm auch für die *Sixtinische Madonna* Modell und wird in ihrem jugendlichen Ernst zur Schönheitsikone für Jahrhunderte.

In Chigis Villa, der heutigen Villa Farnesina, treten die beiden Maler direkt gegeneinander an. Raffael ist im Vorteil – er weiß, wie er die Temperafarben für das Fresko anrühren muss. Auch thematisch hat er es leichter: Sebastiano muss den zotteligen Zyklopen Polyphem an die Wand werfen, Raffael dagegen darf zeigen, wie die leichtfüßige, halbnackte Nymphe Galatea sich dem sehnsüchtigen Blick des einäugigen Riesen auf ihrem Meereswagen entwindet. Chigi mag solche selbstironischen Bildwitze: Ihm

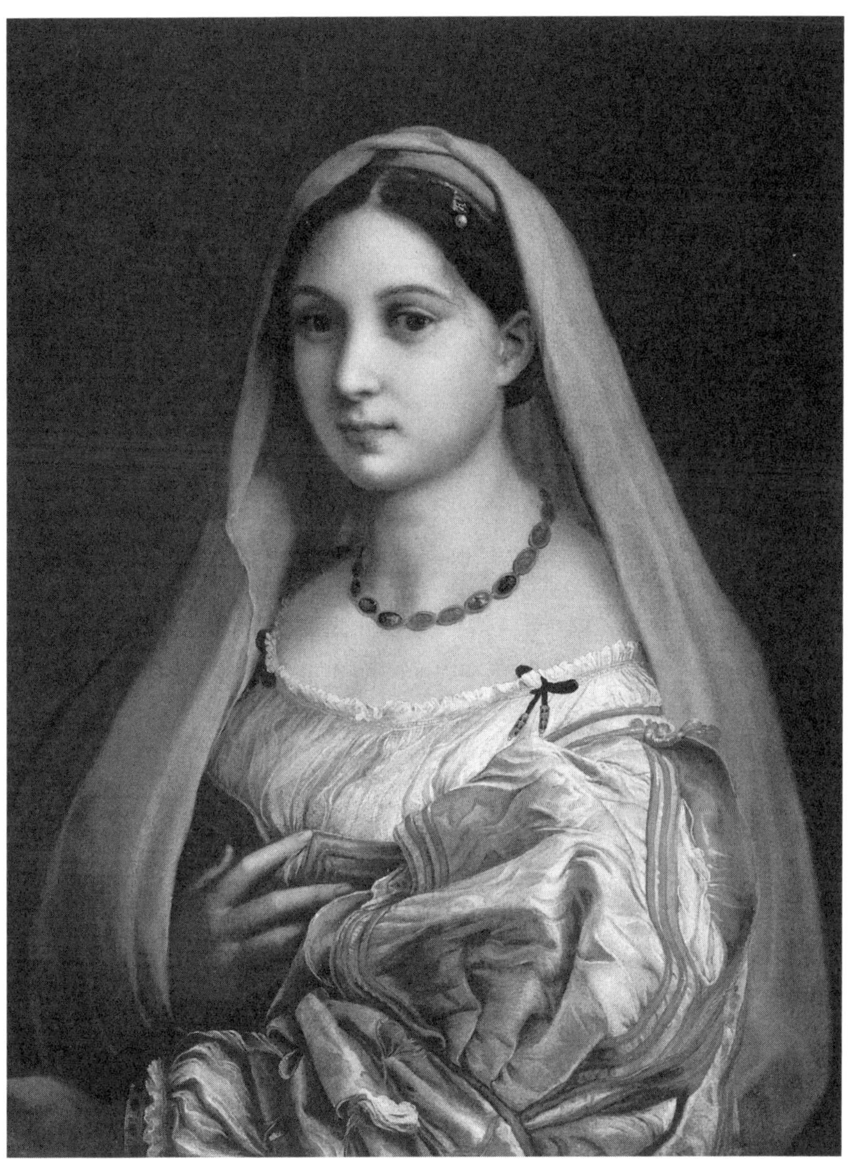

Abb.32 *Raffael, La Velata, Öl auf Holz*
Florenz, Palazzo Pitti

hatte gerade eine junge Hochadelige nach langen Heiratsverhandlungen einen Korb gegeben.

Was Francesca nur recht sein kann. In wilder Ehe mit dem Bankier bringt die Venezianerin vier Kinder zur Welt, bevor Chigi ihr auf Druck von Papst Leo X. den Ehering mit seinem Wappen an den Finger steckt. Die Hochzeit wird pompös gefeiert, Chigis Festessen sind legendär: Seine Gäste dürfen ihr benutztes Silbergeschirr hinter sich in den Tiber werfen – als guter Kaufmann hat der Hausherr jedoch heimlich Netze im Wasser angebracht.

Raffael malt zu Ehren des frischvermählten Paares die Loggia zum Garten aus, in der kostbare Antiken stehen. Er erzählt die Geschichte von Merkur und Psyche, dem Kaufmannsgott und dem Menschenmädchen. Die Bilder zeigen den Aufstieg der Psyche in den Olymp – beziehungsweise der Francesca in die besseren Kreise von Rom. Eine Erinnerung an Sebastianos Bildnis der Francesca schwingt bei Raffael mit: Auch Psyche legt ihre Rechte auf ihr Herz und verspricht dem Partner Tugend und Liebe.

Vielleicht hat Raffael dabei nicht nur an Chigis Braut gedacht. Vasari berichtet, der Künstler sei in dieser Zeit sehr in eine seiner vielen Freundinnen verliebt gewesen. Deshalb habe er die Arbeit immer wieder ruhen lassen, bis der verzweifelte Hausherr ihn mitsamt seiner Geliebten in der Villa einquartierte, auf dass die beiden sich nicht mehr trennen mussten und die Malerei endlich voranging.[2]

Der Freund des Feindes

Möglich, dass Raffael und Sebastiano einander in den ersten Jahren der Zusammenarbeit für den Bankier schätzen und mögen. Jedenfalls lernen sie intensiv voneinander. Doch als Sebastiano mit Michelangelo gemeinsame Projekte angeht, schlägt das Verhältnis in Feindschaft um.

Raffael staunt wohl über die Freundschaft der beiden. Ausgerechnet Michelangelo, der mit niemandem seine Geheimnisse teilt und der einen Lehrjungen ein «trockenes Stück Scheiße» schimpft, bloß weil der gerne ein wenig zeichnen und von ihm lernen möchte, anstatt von morgens bis nachts zu Diensten zu sein.[3] Wie kann dieser Einzelgänger sich plötzlich einem gestandenen Kollegen gegenüber öffnen? Die beiden schreiben sich regelmäßig Briefe; wenn Michelangelo auf Reisen ist, hält Sebastiano die Stellung in Rom und notiert jeden Klatsch. Vielleicht erregt das vertrauliche Verhältnis der beiden Raffaels Eifersucht, sicher aber seinen Unmut. Bisher hatte sein Rivale nur zwei Hände, jetzt sind es vier.

Ohne Sebastiano stünden Raffaels Chancen gut, Michelangelo zwar nicht im Vatikan, wohl aber außerhalb den Rang abzulaufen. Wie Vasari berichtet, sagen viele Römer, er male die schöneren Farben und so lebensnahe Porträts, wie sie Michelangelo nicht gelängen.[4] Das muss sich auch Michelangelo eingestehen. Er ist sich aber zu fein, im großen Stil Raffaels Errungenschaften in die eigene Kunst zu integrieren, wie es der Urbinate mit ihm macht. Also tritt er außerhalb der Vatikanmauern nicht selbst gegen Raffael an, sondern baut seinen venezianischen Freund als Gegenspieler auf. Auch Michelangelo scheint zu ahnen, dass ein Zusammenschluss seiner energiegeladenen Kunst mit Raffaels feinfühligerem Stil unumgänglich ist. Er delegiert diese Synthese allerdings an eine dritte Person, an Sebastiano.

Für sakrale Aufträge des Venezianers liefert er bald die Vorzeichnungen und lässt das alle wissen. So gelingt es Sebastiano in der Kirche San Pietro in Montorio, die mittel- und die norditalienische Schule zu versöhnen: Der Entwurf für das Nischengemälde einer Geißelung Christi stammt vom florentinischen Großmeister der Zeichenkunst. Ausgeführt aber wird das Gemälde in Sebastianos neuester technischer Erfindung: in Öl auf Stein.

Die Idee, auf hartem Grund in Öl statt in Tempera zu malen, ist sehr venezianisch. Sebastiano weiß, dass er in klassischer Freskotechnik scheitern muss, und er wünscht sich die verführerisch feinen Nuancen der Ölpasten endlich auch an Wänden. Das Ergebnis bezaubert die Römer: Dieser Christus glänzt wie kein anderes Wandgemälde, seine nackte geschundene Haut erinnert an echtes Fleisch, und die Säule, an die er gefesselt ist, schimmert, als wäre sie aus Marmor. Auf der Wand vor der Nische reagiert Sebastiano auf Michelangelos Propheten der Sixtina – sowie auf Raffaels frühe Nachahmung ebendieser Figuren in der römischen Kirche Santa Maria della Pace. «Niemand kommt deiner Art zu malen näher», bestätigt ein Freund Michelangelos, der Sebastiano bei der Arbeit zuschaut. Und, ebenfalls per Brief an den Bildhauer: «Sebastiano arbeitet, und ich denke, er wird dir Ehre bringen.»[5]

Einige Jahre später wird ein Kunstschriftsteller Raffael mit den Worten zitieren, er konkurriere gerne mit Sebastiano, denn dieser könne bekanntlich nicht zeichnen – Sebastiano zu besiegen, bedeute also, dessen Entwurfslieferanten Michelangelo persönlich zu übertrumpfen.[6] Tatsächlich aber wird Raffael Michelangelo nun auch in jenen Jahren nicht mehr los, als dieser längst wieder in Florenz lebt. Stets ist sein Spion Sebastiano in Rom zur Stelle und wartet mit Empfehlungsschreiben seines Unterstützers auf.

Raffael hilft sich selbst. Und begibt sich seinerseits auf die Suche nach einflussreichen Freunden. Es gelingt ihm, den Schriftsteller Baldassare Castiglione für sich zu gewinnen. Castiglione schwärmt vom Menschen der neuen Zeit: Dieser dürfe kein derber Krieger sein; gepflegt und elegant, redegewandt und charmant, so stellt der Autor sich den perfekten Hofmann vor – ein Liebling der Frauen, immer ein Kompliment in Versform auf den Lippen. Der Maler passt perfekt in dieses Ideal. An ihm kann Castiglione jenes Verhalten studieren, das er in seinem Buch *Der Hofmann* die *sprezzatura* nennt.

Castiglione springt als Ghostwriter für Raffael ein, wenn dieser kunsttheoretische Hilfe braucht. Als der Urbinate in Konkurrenz zu Sebastianos Polyphem die Galatea für Chigi malt, setzt Castiglione ein Schreiben auf, in dem angeblich der Künstler dem Schriftsteller erklärt, wie er arbeite: «Um eine schöne Frau zu malen, müsste ich mehr schöne Frauen sehen, und zwar unter der Bedingung, dass Ihr mir bei der Auswahl behilflich wäret; aber da es so wenig schöne Frauen und gültige Richter gibt, so bediene ich mich einer gewissen Idee, die mir in den Sinn kommt.»[7] Raffael, heißt das, male nicht nur einfach die Natur ab – er überbiete sie, indem er, das Genie, seiner Eingebung folgt.

Raffael revanchiert sich bei dem Freund mit einem seiner anrührendsten Porträts (Abb. XIX). Blickfang sind die tiefen meeresblauen Augen, die das Innenleben des Dichters zu spiegeln scheinen. Sie sind die einzigen Farbtupfer – ansonsten trägt Castiglione als Zeichen seiner Bescheidenheit genau die Schwarz- und Grautöne, die er im *Hofmann* empfiehlt. So viel Zurückhaltung verstärkt den Eindruck von Eleganz: Der Samtstoff schmiegt sich um die Schultern, der Hut betont den Kopf des Denkers und verdeckt seine Glatze. Ohne alle Statussymbole verkörpert Raffaels Baldassare Castiglione das neue Selbstbewusstsein seiner Epoche.

Solche Porträts kann und will der Maler nicht an seine Gehilfen delegieren. Es sind psychologische Studien, Freundschaftsbeweise und Privilegien für Auserwählte. Ein Zeitgenosse staunt, ein Bildnis Raffaels gleiche dem Porträtierten mehr als dieser sich selbst.[8] Ähnliches allerdings wird auch über Sebastianos Bildnisse gesagt. Raffael entdeckt: Er kann Michelangelo außerhalb des Vatikans besiegen. Um allerdings auch Sebastiano hinter sich zu lassen, muss er zurück in den päpstlichen Palast. Dort nämlich hat der Venezianer wegen seines Handicaps der mangelnden Freskiertechnik in Tempera noch nicht Fuß gefasst.

Die Stadt brennt

Raffael darf nach der Stanza d'Eliodoro auch noch das päpstliche Speisezimmer, die letzte Stanza, ausmalen. Er nimmt den Auftrag von Leo X. an, hat aber nicht genügend Zeit dafür. Also setzt er hemmungslos seine Assistenten ein und lässt sie immer größere Wandflächen selbständig ausführen. Im Vergleich zu den Porträts ist weniger Fingerspitzengefühl vonnöten: Leo X. wünscht vor allem Bilder, die seine Herrschaft glorifizieren und an die anderen Päpste namens Leo erinnern. Seine Familie, die Medici, soll mit der heilenden Kraft der Ärzte verbunden werden. Zudem muss deutlich werden, dass der Pontifex in göttlichem Auftrag handelt und damit den weltlichen Herrschern überlegen ist.

Einzig in *ein* Gemälde in diesem Raum investiert Raffael künstlerische Energie: Es zeigt einen Brand im alten Stadtteil Borgo nahe der Peterskirche im Jahr 847 (Abb. XV). Das Geschehen rankt sich um eine Gruppe Frauen und Kinder. Eine junge Frau kauert mit ihrem Kleinkind am Boden und weist den Betrachter mit der flachen Hand von sich, als wolle sie sagen: Trete nicht näher, zu deinem eigenen Schutz. Links und rechts brechen sich die Flammen in den alten Ruinen Bahn, eine Mutter reicht ihr Baby aus einem brennenden Haus, andere schaffen in antiken Vasen Wasser herbei. Vorne kniet eine Frau, wendet uns den Rücken zu und erhebt beide Arme zum Hilferuf. Er gilt Papst Leo IV., der hinten aus einer Loggia neben dem alten Petersdom die Hand zum Segen erhebt und so, dank Gottes Hilfe, die Katastrophe stoppen wird.

In diesem Fresko wird Raffael zum Dramatiker. Er hat nun nicht nur Michelangelo studiert, sondern auch zeitgenössische Theaterbauten und offenbar auch die *Poetik* des Aristoteles. Bewusst isoliert er einzelne Gruppen und ordnet bestimmten Figuren bestimmte Emotionen zu. An Griechenland erinnert auch ein nackter junger Mann links, der seinen Vater schultert und mit seinem kleinen Sohn flieht – wie einst Aeneas, als er aus Troja floh. Doch auch ohne die literarische Anspielung vermittelt sich die Botschaft unmittelbar: Unter einem Pontifex namens Leo wird Alten und Bedrängten, Frauen und Kindern geholfen. Das Ganze ist etwas perfide, denn der Bildaufbau erinnert stark an die Heliodor-Szene im anderen Raum. Dort sind Frauen und Kinder verschreckt, obwohl Papst Julius bei ihnen ist. Verschüttet wird kein Wasser auf Flammen, sondern Heliodors geraubte Goldmünzen klirren auf den Boden. Leo X. verkörpert nun lieber die rettende als die strafende Hand Gottes.

Raffael ist das recht. Er nimmt Maß an einem anderen Bild einer Katastrophe: der Sintflut Michelangelos an der Sixtinischen Decke. Auch dort wehen die Haare im Wind, tragen die Kräftigen die Gebrechlichen, klammern sich Kinder an ihre Mütter. Bei Michelangelo allerdings endet der Schrecken im Untergang. Raffael dagegen kann beim Borgobrand als Hoffnungsträger auftreten:

Die Stadt Rom ist bewahrenswert, und die Menschheit hat es verdient zu überleben.[9]

Seit dem Tod seines Freundes Bramante profiliert er sich auch außerhalb der Malerei gerne als Retter der alten Welt. Sein Amt als oberster Denkmalschützer der Stadt erfüllt er mit Leidenschaft. Eigentlich soll er nur antike Inschriften in Steinen bewahren. Der Künstler aber möchte das antike Rom möglichst vollständig mit Hilfe von Ausgrabungen und schriftlichen Überlieferungen rekonstruieren. Er empört sich über die fortschreitende Vernichtung von alter Baumasse und lässt sich von seinem Literatenfreund Castiglione helfen, einen Aufruf an den Papst zu formulieren. Darin heißt es: «So könnte man wohl zu Recht sagen, dass dieses ganze neue Rom, das man heute sieht, so groß es auch sein mag, so schön, so geschmückt mit Palästen, Kirchen und anderen Bauwerken, aus Kalk erbaut ist, der aus antikem Marmor gewonnen wurde. Nur mit größtem Bedauern kann ich daran denken, dass, seitdem ich in Rom bin (...), viele schöne Dinge zerstört worden sind.»[10] Es wundert nicht, dass im Bild des Borgobrandes auch antike Säulen mit kunstvollen Kapitellen bedroht sind und gerettet werden müssen.

Angekommen im Allerheiligsten

Raffael identifiziert sich längst voll mit seiner Wahlheimat. Den brieflichen Vorschlag eines Onkels, ein Mädchen in Urbino zu heiraten, schlägt er aus: Er käme gut ohne Gattin aus, verdiene viel Geld und sei in der Ewigen Stadt unabkömmlich. Außerdem habe ihm ein wichtiger Kardinal die Hand seiner Nichte versprochen – was Raffael nicht ablehnen, aber immer weiter hinauszögern wird.

Endlich kommt in Rom auch der Auftrag, auf den Raffael lange gewartet hat: Leo X. möchte seine Werke in der Sixtinischen Kapelle sehen. Allerdings ist die leider schon ausgemalt: An den Wänden prangen die Auftragsbilder von Sixtus IV., an der Decke Michelangelos Fresken. Nur die unterste Reihe direkt über dem Boden ist mit gemalten Vorhängen geschmückt. Nun wäre es wenig schmeichelhaft, Raffaels Kunst derart tief anzusetzen, wenn Michelangelo der Himmel gehört. Zudem würden Fresken auf Menschenhöhe mit der Zeit leiden, die Kapelle ist schließlich nicht nur beim Konklave in Gebrauch. Vor allem aber möchte Leo sich nicht seinen Vorgängern unterordnen, sondern sie in prunkvollen Meisterwerken überbieten.

Deshalb soll Raffael Entwürfe für golddurchwirkte Tapisserien aus Seide malen, die in der Sockelzone der Kapelle aufgehängt werden. Die besten Teppichweber leben in Brüssel, und dorthin will Leo zehn in Temperafarben bemalte Pappvorlagen von Raffael schicken. Die Handwerker arbeiten an der Rückseite der Stoffe und betrachten am Webstuhl durch die Fadenreihe die Vorlage. Deswegen muss der Künstler seitenverkehrt zeichnen, was ihm von der Zusammenarbeit mit Kupferstechern vertraut ist. Um nichts dem Zufall zu überlassen, müssen seine Mitarbeiter die Entwürfe zur Kontrolle noch einmal seitenrichtig durchpausen. Dennoch lässt sich schwer vorhersagen, welche Wirkung die Bilder haben, wenn sie von fremder Hand als Stoffe gewebt sein werden. Mehrschichtige, theatralische Bildhintergründe wie in den Stanzen wären zu riskant; Raffael konzentriert sich lieber auf deutlich gestikulierende Menschen in übersichtlichen Kompositionen. Das kommt auch seinen jüngsten Bemühungen entgegen, einzelnen Figuren klare Emotionen zuzuweisen.

Beinahe fünf Jahre arbeitet Raffael an den Entwürfen, die ihn

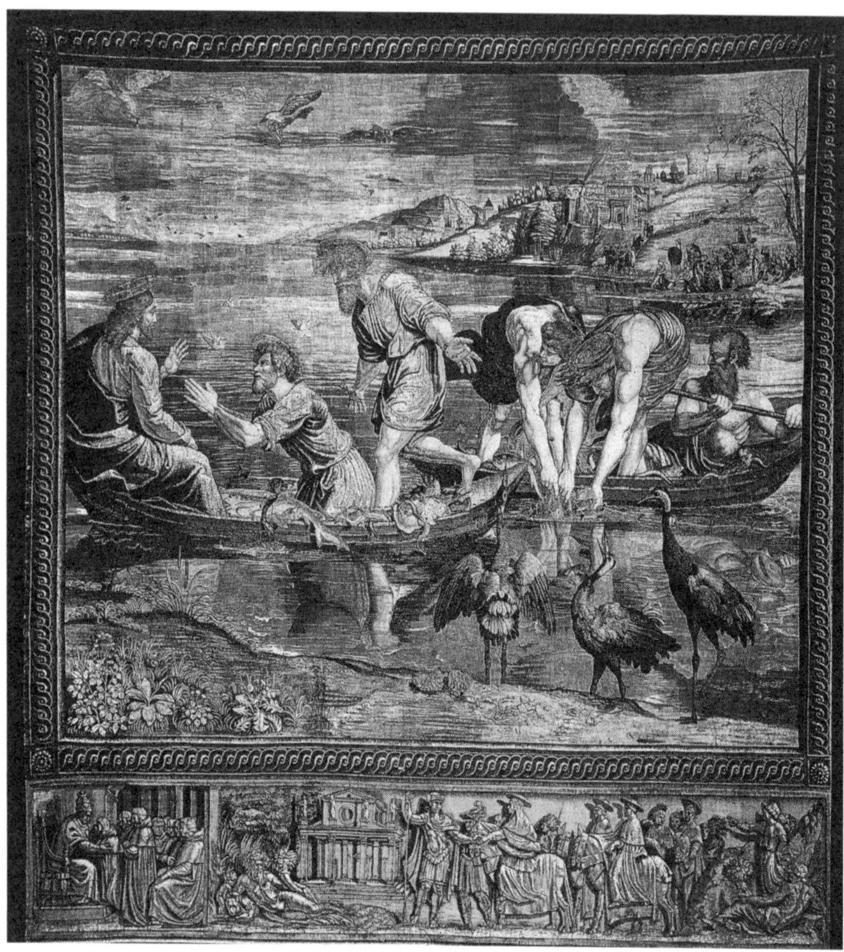

Abb. 33 *Werkstatt des Pieter van Aelst (nach Raffael), Der wunderbare Fischzug, Teppich*
Vatikanische Museen

endlich in Michelangelos Nähe bringen. Dann, am zweiten Weihnachtstag des Jahres 1519, hat auch er seinen Auftritt in der Sixtina: Sieben gewebte Teppiche hängen an den Wänden der Altarzone. «Die ganze Kapelle war von ihrem Anblick in Erstaunen versetzt», notiert der Zeremonienmeister.[11] Die Geistlichen starren auf das

Wunder in Seide und Gold – und verrenken sich nicht mehr ununterbrochen die Nacken, um zu Michelangelo aufzuschauen.

Raffaels Thema sind die Taten der Jünger Christi, die das alt- und neutestamentarische Bildprogramm der Kapelle vervollständigen. Das wichtigste Werk steht am Anfang und zeigt den Ahnherrn der Päpste, den Menschenfischer Petrus (Abb. 33). Raffaels Komposition lässt keinen Zweifel daran, dass im Boot auf dem See Genezareth allein Petrus Wort und Segen Christi empfängt. An Bord geholt hat er die unterschiedlichsten Fischsorten, so wie seine Nachfolger alle Nationen in die Kirche aufnehmen werden.

Leo X., dessen Leben die Bordüren der Teppiche erzählen, hat allen Grund, die Einzigartigkeit des Petrus-Amtes hervorzuheben. Wie sein Vorgänger, so hat auch er mit Kardinälen zu kämpfen, die ans Ruder wollen. Zwei Jahre zuvor entging der Medici nur knapp einem von Klerikern organisierten Giftmord. Schnell berief er 31 neue, ihm treue Kardinäle, die bitte nach seinem Ableben wieder einen Medici wählen sollten. In dieser Situation ließ er sich auch von Raffael in Öl malen – gemeinsam mit seinen beiden Lieblingsvettern.

Einer von beiden ist Kardinal Giulio de' Medici, der später als Clemens VII. den Papstthron besteigen wird. Erst einmal aber schickt er Raffael in einen aufsehenerregenden neuen Wettstreit gegen Sebastiano und Michelangelo. Nicht einmal jetzt, wo er in der Sixtina angekommen ist, kann der Urbinate seinen Frieden mit den beiden Rivalen machen. Der Ärger geht von vorne los.

Aufstieg in den Himmel

Kardinal Giulio de' Medici wünscht sich von Raffael eine große Altartafel für die Kathedrale von Narbonne, für die er verantwortlich ist. Papstcousin hin oder her, mag Raffael denken: Der Kirchenmann könnte sich glücklich schätzen, ihn, den berühmten Künstler, gewonnen zu haben. Stattdessen bestellt er bei Sebastiano eine Tafel in den gleichen Maßen als Vergleichsbild – es kann nur einen Gewinner geben. Die Rivalität der beiden ist stadtbekannt, und der Kardinal möchte sich das Spektakel eines Schaukampfes nicht entgehen lassen. Zu Recht hofft er, Michelangelo werde den Venezianer mit Entwürfen unterstützen. Raffael tönt, jetzt werde er es Michelangelo zeigen.

Sebastiano geht sofort ans Werk und berichtet Michelangelo regelmäßig brieflich von seinen Fortschritten. Alle Welt werde nun sehen, was von diesem angeblichen Halbgott Raffael zu halten sei! Eines aber verunsichert den Venezianer: Der Konkurrent tut alles Mögliche, bloß an der Altartafel arbeitet er nicht. Sebastiano und Michelangelo erinnern sich, wie es damals war, als der Bildhauer auf dem Gerüst der Sixtina schuftete und der Urbinate seine Ideen ausspionieren wollte. Ihr Verdacht: Raffael wartet ab, bis Sebastianos Werk so weit fortgeschritten ist, dass er die Neuheiten stehlen kann.

Sebastiano tut alles, um seine Tafel geheim zu halten. Er ersinnt Tricks: Wichtige Partien führt er monatelang nicht aus, nur um nicht zu schnell fertig zu werden. So zieht sich die Sache jahrelang hin. Außerdem drängt er darauf, das Gemälde selbst zu rahmen. Seine Überlegung: Sind die Tafeln erst eingefasst, so werden sie auch in Rom öffentlich nebeneinander zu sehen sein. Der unmittelbare Vergleich wird Raffael blamieren und ihn, Sebastiano, zum ersten Maler Roms machen. Und ist es nicht verdächtig, fragt er Michelangelo, dass Raffael sein Werk erst in Frankreich rahmen lassen möchte? Der wolle doch nur kneifen![12]

Michelangelo lässt seine Kontakte spielen, um Genaueres in Erfahrung zu bringen. Dabei stellt sich heraus, dass Raffael so tut, als könne er anordnen, dass auch Sebastianos Tafel erst in Frankreich gerahmt werde. Offensichtlich hat er keine Lust auf den erneuten Schaukampf. Seit Michelangelos Umzug ist er bereits der wichtigste Maler in Rom, was kann er noch gewinnen? Er möchte endlich seine Ruhe haben vor dem Bildhauer und dessen Leuten.

Sebastiano dagegen sieht seine Chance. Doch der eifrige Maler muss spätestens im Mai 1519 den Auftraggeber und mehrere Kenner in die Werkstatt lassen – Sebastianos Ideen für seine Darstellung der Erweckung des Lazarus sickern trotz aller Geheimniskrämerei durch. Jetzt tut Raffael, was er schon immer getan hat: Er analysiert in Ruhe die Leistungen der Konkurrenz und geht voller frischer Eindrücke an sein Werk, das Gemälde einer Verklärung Christi. Wobei er nicht an simples Abmalen denkt. Vielmehr versteht er sich darauf, fremde Ideen nach gründlichem Studium auf seine eigene Art fortzuschreiben und zu überbieten.

Der Venezianer beendet sein Gemälde und trägt es in den Vatikanspalast, wo es am dritten Advent 1519 öffentlich zu sehen ist. Michelangelo schreibt er, das Bild habe «allen mehr gefallen als missfallen, außer den Ignoranten, aber die haben keine Ahnung».[13] Und als wenige Tage später Raffaels Teppiche erstmals in der Sixtina präsentiert werden, fügt Sebastiano hinzu: «Ich glaube, dass meine Tafel besser gezeichnet ist als die Wandteppiche, die aus Flandern eingetroffen sind.»[14] Das ist als Kompliment gemeint, denn die Vorzeichnungen des Lazarus stammen von seinem Florentiner Brieffreund Michelangelo.

Raffael aber ist immer noch nicht fertig. Und er wird auch nicht den allerletzten Tupfer setzen. Im April 1520 erfasst ihn schweres Fieber. Vasari wird später mutmaßen, Raffael habe sich die Tage zuvor sexuell verausgabt und sei deshalb geschwächt gewesen. Vermutlich hat sich Raffael aber nicht bei einer Frau angesteckt, sondern bei einer Malariamücke, als er aus sumpfigem Boden antike Kunst bergen wollte. Mehrmals eilt der beunruhigte Leo X. an das Krankenbett. Ärzte lassen den Patienten zur Ader. Doch Raffael legt seine letzte Beichte ab und stirbt – angeblich an seinem 37. Geburtstag, am 6. April 1520.

«Oh Elender, in der Blüte Deines Lebens fällst Du!», ruft der entsetzte Baldassare Castiglione.[15] Leo X. bricht in Tränen aus und lässt Raffaels Leichnam unter seinem letzten Gemälde der *Verklärung* aufbahren, so dass es aussieht, als würde mit Christus auch der tote Raffael in den Himmel auffahren. Beerdigt wird der Maler auf seinen Wunsch im römischen Pantheon, eine Ehre, die noch keinem Künstler zugestanden wurde. Der päpstliche Hofdichter, der Humanist Pietro Bembo, verfasst die Inschrift: «Dies ist Raffael, durch den selbst Mutter Natur gefürchtet hat, besiegt zu werden; als er starb, hatte sie geglaubt, sterben zu müssen.»[16] Vasari fügt später hinzu, auch die Malerei hätte gleich mitsterben wollen, als dieser menschliche Gott die Erde verließ.[17]

Sebastiano teilt die Aufregung nur bedingt. Am 12. April berichtet er Michelangelo knapp, der «arme Raffael» sei tot, Gott vergebe ihm seine Sünden. Nun möge der Freund ihm bitte helfen, den Folgeauftrag für den vierten Raum im Vatikan, den Konstantinssaal, zu erhalten. Der Venezianer möchte die Malerei dort in seiner Öl-auf-Stein-Technik ausführen, was ihm zufolge auch die Raffael-Gesellen planten, die davon aber nichts verstünden.[18]

Der Moment ist ungünstig, um an Raffaels Erbe zu rütteln. Das klerikale Rom feiert den Toten gerade als eine Art Wiedergänger Christi. Sebastiano erhält den Auftrag nicht. Die Gesellen des Verstorbenen sollen den Saal in dessen Sinn ausführen.

Doch Sebastiano erreicht, dass die beiden Konkurrenzbilder nebeneinander im vatikanischen Palast aufgestellt werden. Es zeigt sich, dass Raffael tatsächlich inspiriert wurde von Sebastiano, der auf die heilende Gabe der Medici anspielt und eine Vielzahl von Figuren eingefügt hat, die mit unterschiedlichen Affekten auf die Erweckung des Lazarus durch Christus reagieren.

Raffael, in dessen Werk noch wenige Pinselstriche fehlen (Abb.XVII), präsentiert ebenfalls eine stark gestikulierende Menschengruppe. Sie kreist jedoch nicht um Christus, der in der oberen Bildhälfte von der Erde abhebt und in den Himmel fliegt. Stattdessen staunen die Frauen und Männer über einen kleinen Jungen, der in einem epileptischen Anfall alle Gliedmaßen und die Augen verdreht. Als einziger nimmt er die Himmelserscheinung wahr und deutet auf den schwebenden Heiland. Wieder einmal zeigt sich Raffael als der große Dramatiker und Menschenfreund, der geistiges und körperliches Erleben zu einem Bild vereint.[19] Wie in der Sixtinischen Madonna, so spielt er auch hier auf neuartige Weise mit den Realitätsebenen von Vision und Wirklichkeit. Im Vergleich dazu wirkt Sebastianos ausdrucksstarke und mit Bedacht komponierte Erzählung der biblischen Geschichte tatsächlich veraltet.

Kardinal Giulio de' Medici lobt beide Arbeiten, erklärt aber das doppelbödige Werk Raffaels für unvergleichbar und möchte es nicht mehr hergeben. Es wird ausgerechnet auf den Altar von San Pietro in Montorio gestellt – in Sichtweite jenes Christus-Gemäldes, mit dem Sebastiano und Michelangelo einst Raffael überbieten wollten. Sebastianos Lazarus-Bild wird zusammen mit einer Schülerkopie der Konkurrenztafel Raffaels nach Narbonne geschickt.

Sebastiano drängt Michelangelo wieder, sich für ihn als Nachfolger Raffaels im Vatikan stark zu machen. Der aber witzelt in seinem Empfehlungsschreiben so sehr herum, dass niemand am päpstlichen Hof die Bitte ernst nimmt.[20] Sebastiano muss feststellen, dass er für Michelangelo als Partner ausgedient hat. Raffael ist tot, und Michelangelo braucht jetzt keinen Freund in Rom mehr, der die Ölmalerei besser beherrscht als er selbst.

VI

Die Kunst der Skepsis: Michelangelos *Jüngstes Gericht* in der Sixtina

Nach dem Sturm

Zweieinhalb Jahrzehnte und etliche Päpste nach Einweihung der Decke kehrt Michelangelo an den Ort seines größten malerischen Erfolges zurück. Die Sixtinische Kapelle ist kaum wiederzuerkennen. Die Wände erzählen noch von Jesus und Moses, an der Decke erfreut sich nach wie vor der entspannte Adam an Gottes Schöpferkraft. Ansonsten aber sieht es aus, als wären in der Zwischenzeit die Wogen der Sintflut, die Michelangelo einst oben auf dem Gerüst zu schaffen machte, durch den Raum gepeitscht.

Einmal hatte es gebrannt, und vor einigen Jahren stürzte ein Teil der Eingangswand ein. Vor allem aber waren im Jahr 1527 während der großen Plünderung, im *sacco di Roma*, protestantische deutsche Landsknechte in das Allerheiligste eingedrungen und hatten die gesamte liturgische Ausstattung abmontiert. Sie stahlen auch Raffaels Teppiche, um die Goldfäden aus der Seide zu ziehen. Papst Clemens VII., der frühere Kardinal und Bildbesteller Giulio de' Medici, kniete in der Sixtina und betete, als die Invasoren die Mauern des Vatikans erreicht hatten. Er riskierte sein Leben, denn die Deutschen hatten lutheranische Flugblätter gelesen und hielten den Papst für den Antichristen.

In allerletzter Sekunde versteckte ein Bischof den Pontifex unter einem Umhang und zerrte ihn in die nahegelegene Engelsburg. Dort harrte Clemens monatelang mit seinen Getreuen aus, unter ihnen der Maler Sebastiano. Der Künstler ist seither traumatisiert, er schrieb Michelangelo einmal: «Von mir ist nicht mehr viel übrig, das Universum könnte kaputt gehen, ich würde mich nicht drum kümmern und über alles lachen. (…) Immer noch bin ich nicht wieder der alte Bastiano, der ich vor dem *sacco* war, komme immer noch nicht wieder zu Verstand.»[1] Nach Ende der Belagerung machte Clemens VII. den Maler zu seinem Bleisiegler, doch nicht einmal die ersehnte Festanstellung im Vatikan kann den Venezianer trösten.

Die Deutschen ermordeten während des *sacco* Tausende Römer, raubten Paläste aus und spielten mit den Häuptern antiker Statuen Fußball. Am meisten hassten sie die Werke Raffaels. Der Künstler war einer der Baumeister des neuen Petersdoms gewesen, für den ganz Europa horrende Ablässe zahlen musste. Raffael verkörperte für den protestantischen Pöbel alles, was ein immer größer werdender Teil Europas an Rom verachtete: den Prunk, die Unbekümmertheit, die Feier der heilen katholischen Welt in der Stanza della Segnatura und die Aggression des Kirchenstaates gegen Andersdenkende an den Wänden der Stanza d'Eliodoro. Mit großem Vergnügen schlugen die Landsknechte den gemalten Päpsten der Stanzen die Köpfe aus dem Putz und ritzten den Namen Luthers in Raffaels Fresken.

Clemens konnte sich und die Stadt gegen ein hohes Lösegeld beim deutschen Kaiser freikaufen, aber seither ist nichts mehr wie früher. Erstmals zweifeln viele Römer an der Allmacht der Kirche. War die Plünderung eine Strafe Gottes für Hochmut und Verschwendungssucht? Viele wenden sich der oppositionellen innerkirchlichen Reformbewegung zu, die mehr Bescheidenheit und eine Rückkehr zum einfachen Glauben fordert.

Michelangelo, stolz auf sein asketisches Leben, rümpft schon lange die Nase über den Ausverkauf christlicher Werte in Rom. Nun erkennt der Künstler: Das Land steht vor einem Epochenwechsel. Die Großmachtvisionen sind ausgeträumt, jetzt zählen spirituelle Einkehr und Demut. In der Kunst ist nach Ansicht vieler ein neuer Ernst vonnöten. Sie muss dem Menschen den Weg zum Seelenheil weisen und ihn vor Unglück warnen. Der optimistische Schöngeist Raffael, sieben Jahre vor dem *sacco* gestorben, hätte diese Aufgabe kaum schultern können. Es braucht nun in Augen vieler Zeitgenossen einen Künstler, der sich mit Schwermut, Entbehrungen und Lebenszweifeln auskennt.

Nach einem kurzen Aufbegehren der Republik ist Mitte der 1530er Jahre in Florenz wieder ein Medici an der Macht. Michelangelo, dessen Vater inzwischen tot ist, hält nun nichts mehr in seiner Heimatstadt. Er hat sich in Rom in einen jungen Mann namens Tommaso verliebt, der seine Gefühle zu erwidern scheint. Jedenfalls schreibt Tommaso ihm: «Niemals brachte ich einem Menschen mehr Liebe entgegen als Euch und niemals wünschte ich eine Freundschaft mehr als die Eure.»[2] In einer Mischung aus Begeisterung und Schuldgefühl schenkt der Künstler dem Jüngling zweideutige Zeichnungen, die von seiner Angst vor der Liebe, von Nähe und Distanz handeln: Ein Himmelswagen stürzt ab, weil die Sonne ihn verbrennt. Jupiter entführt den jungen Ganymed. Ein Nackter wird von einem Adler für seinen Übermut bestraft. Der Künstler glaubt noch immer an die platonische Liebe.

In Rom empfängt ihn der Medici-Papst Clemens VII. mit offenen Armen, obwohl er von seinem Engagement für die Florentiner Republik weiß. Doch er braucht ihn dringend. Im Heiligen Römischen Reich deutscher Nation wüten Glaubenskriege. Die dänische, die schwedische und die englische Monarchie verlassen die katholische Kirche. Das Papsttum ist in akuter Gefahr und muss jetzt besonders entschlossen auftreten. Der Pontifex wünscht sich eine Kunst, die Sündern die Hölle vor Augen führt und den Rechtschaffenen himmlisches Glück. Michelangelo soll ein Weltengericht an die Altarwand der Sixtina malen, an der bislang Peruginos hochverehrte *Himmelfahrt Mariä* prangt. Gegenüber an der renovierungsbedürftigen Eingangswand soll Luzifer erscheinen, der aus dem Himmel in die Hölle hinabgestürzt wurde. Der Vatikan zeigt der Welt, was gut und was böse ist.

Als Michelangelo im September 1534 gerade auf dem Weg von Florenz nach Rom ist, stirbt Clemens VII. Das beunruhigt den 59-jährigen Maler nicht weiter: Nach all seiner Lebenserfahrung kann kein Heiliger Vater auf seine Dienste verzichten. Im Grunde ist es dem Künstler wohl gleichgültig, wer gerade unter ihm Papst ist.

Tatsächlich beruft der nächste Pontifex, Paul III. aus der Familie Farnese, Michelangelo zum obersten Architekten und Künstler des Vatikans. Er hilft ihm auch, die Ansprüche der Erben von Julius II. abzuwehren, die endlich das Grabmal vollendet sehen wollen. Und er lädt zehn Kardinäle zum gemeinsamen Werkstattbesuch in Michelangelos Atelierhaus. Der Künstler wohnt wie ein einfacher Handwerker in kargem Mobiliar und ernährt sich von einfachen Speisen wie Ravioli, Salat und Fenchelsuppe. Die Kleriker erleben einen frommen Mann, der so genügsam lebt, wie es ihnen selbst nicht gelingt. Er scheint genau der Richtige zu sein für die Aufgabe, der Kirche ein moralisches Antlitz zu verleihen.

Fort mit der Frauenmalerei

Auch Sebastiano del Piombo freut sich über Michelangelos Rückkehr in den Vatikan. Er malt sich aus, wie sie beide nun in der Sixtina das eindrucksvollste Gemälde der Welt schaffen werden – indem sie die Erfindungswut des Florentiners mit venezianischer Öl- und Farbmalerei verschmelzen. Gemeinsam könnten sie Raffael anderthalb Jahrzehnte nach dessen Tod endgültig übertrumpfen, glaubt er. Durch Sebastiano würden nun die farbmalerischen Talente des Urbinaten in Michelangelos Malerei und im Allerheiligsten einziehen. So enthusiastisch ist Sebastiano, dass er gleich zur Tat schreitet. In Absprache mit dem Papst lässt er die Altarwand der Sixtina schleifen – und nicht für Fresken in Tempera, sondern für Ölmalerei auf Putz vorbereiten. Michelangelo ist über den Vorgang informiert, äußert sich aber nicht dazu.

Dann aber betritt er die Kapelle und tobt, wie Vasari glaubwürdig berichtet. Seit Raffaels Tod verachtet er die Ölmalerei offen. Auch sein alter Herausforderer Leonardo da Vinci ist inzwischen gestorben. Längst fühlt sich Michelangelo nicht mehr zu ästhetischen Eingeständnissen und Kooperationen genötigt. Die Bildhauerei ist für ihn die Herrin der Künste, und die Malerei kann sich seiner Ansicht nach an ihr nur messen, wenn sie in einem vergleichbaren Kraftakt und mit ebensolcher Entschiedenheit ausgeführt wird. Das ist aber nicht der Fall bei Ölbildern, deren Maler sich jederzeit korrigieren können.

Ölmalerei, schimpft Michelangelo in der Sixtina, sei Kunst für Frauen und für Faulpelze wie Sebastiano del Piombo. Vasari breitet die Episode später genüsslich aus, weil sie seinen Vorurteilen entspricht: Er hält Michelangelo für den virilsten aller Künstler und beschreibt Kollegen wie Raffael und Sebastiano, die gerne schöne Frauen in schönen Farben malten, als androgyne Charaktere. Sie verkörpern in seinen Viten weibliche Grazie sowohl in ihrer Kunst als auch in ihrer persönlichen Erscheinung. Michelangelos Wutausbruch bestätigt Vasaris hierarchische Weltsicht: Es muss auf der Welt Männer und Frauen, Mittel- und Norditaliener geben, aber die einen sind fähiger als die anderen, weswegen ihre Welten sich nicht zu sehr vermischen sollten. Venezianische Kunstschriftsteller wie Paolo Pino und Lodovico Dolce werden Vasari widersprechen und den Unterschied zwischen Farbe und Farbigkeit erläutern: Es zeuge gerade von Maskulinität und Formwillen, wenn ein Ölmaler die weiblich verstandene Farbmaterie in einem Gemälde zu bezwingen verstehe. Doch durchsetzen können sie sich mit dieser Sicht nicht.

Auch Sebastiano muss mit seinem Versuch scheitern, Michelangelo doch noch zur vollendeten Symbiose mit den Tugenden seiner ehemaligen Konkurrenten zu zwingen. Der Bildhauer ist wegen der Initiative des Venezianers beleidigt und lässt, wie Handwerkerrechnungen belegen, Sebastianos Wandverputz in der Sixtina abschlagen. Von seinem alten Freund will er erst einmal nichts mehr wissen.

Der Richter tanzt

Bei der Vorbereitung der Altarwand geht Michelangelo mit Bedacht vor, die Erfahrung mit der schimmelnden Sintflut an der Decke steckt ihm noch in den Knochen. Er lässt eine Mauer vor der Wand hochziehen und verputzen, um einen glatten Bildgrund zu haben. Dann wölbt er oben unter der Decke den Putz in den Raum hinein, damit die Figuren dem Betrachter entgegenfliegen können. Der Plan, an der gegenüberliegenden Eingangswand Luzifer zu zeigen, wird verschoben – und nie ausgeführt.

Die Komposition an der Altarwand (Abb. XVIII) kreist um einen scheinbar tanzenden jungen Christus, an den sich die kleinere Muttergottes schmiegt. Mit ausladenden Bewegungen dirigiert er das Heer der Auferstandenen. Viele sind nackt, was so sein muss, denn die Seelen ziehen nach christlicher Lehre nicht faltig und krank vor den Richter, sondern in frischen Idealkörpern. Michelangelo zeigt seine muskulösen Akte von vorne und hinten, lässt die Erlösten aufsteigen und schleudert die Verdammten quer durch den Himmel gen Hölle. Dort lauern sehr menschlich wirkende Krallenteufel – Michelangelo bleibt noch in der Unterwelt Realist. Die Dämonen zerren an den fliehenden Seelen. Ein Teufel hängt sich in die Haare eines Mannes, der kopfüber von einem Engel hochgezogen wird. Vor dem gemalten Höllenschlund steht der Altar der Sixtina. Wenn der Papst das Abendmahl feiert, wird er den Abgrund und damit die Allmacht Christi vor Augen haben.

Posaunenengel blasen zum Kampf, das Fresko tönt und schallt. Mehrere Engel weisen auf offene Bücher: ein kleines Verzeichnis für die guten, ein großes für die schlechten Taten. Auch die Werke des Menschen zählen – so widersetzt sich die katholische Doktrin dem Protestantismus, der die Rechtfertigung vor Gott nur durch den Glauben predigt. Michelangelo zeigt die Institution der Kirche als kräftige, halbnackte Blondine, an deren Rock sich eine junge Gläubige klammert. Eine Schar Heiliger und Märtyrer tritt auf; der gehäutete, nun wieder jugendfrische heilige Bartholomäus sitzt zu Füßen des Heilands und hält seine alte Menschenhaut in der Hand (Abb. 34). Sie ist eine elende Gestalt mit herabhängenden Gliedern und schmerzverzerrtem Gesicht.

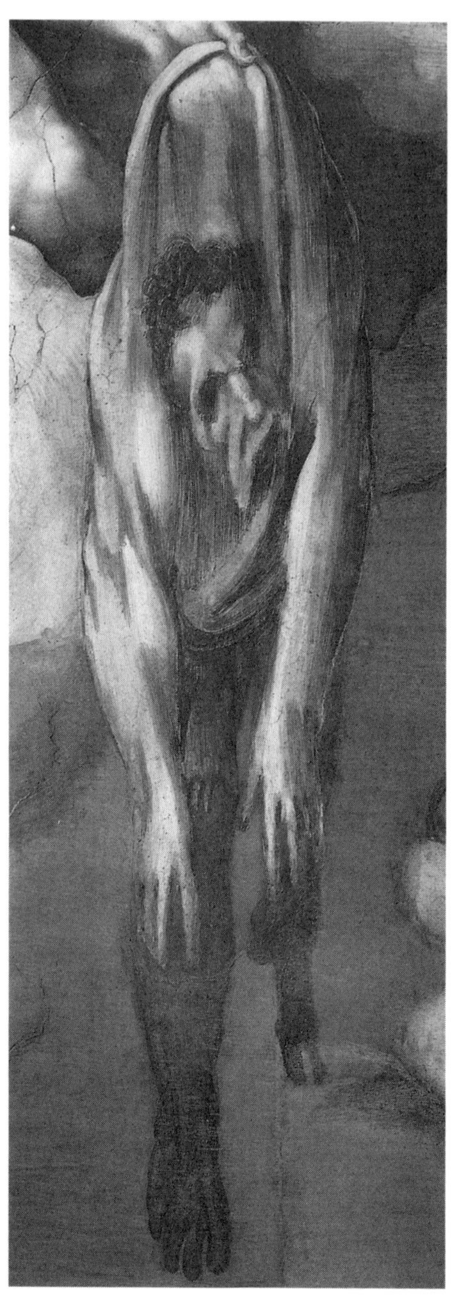

Abb.34 *Michelangelo, Das Jüngste Gericht, Detail: Die abgezogene Haut des heiligen Bartholomäus*

Vatikan, Sixtinische Kapelle

Michelangelo porträtiert sich selbst in dieser abgezogenen Haut des Bartholomäus. Er opfert sich schließlich auch und rackert für die gute Sache auf dem Gerüst – die Nähe zu Christus hat er sich verdient, scheint der Künstler zu meinen. Und ahnt offenbar doch: Ob auch er wieder auferstehen wird, das muss sich erst noch zeigen. Michelangelo setzt sich selbst in das Zentrum des himmlischen Geschehens, aber er tut dies in großer Demut. Dies gehört zu den Widersprüchen seines Lebens und seiner Zeit: Michelangelo kann sich zugleich als wichtigster Künstler der Welt und als armer Sünder fühlen.

Der Freund der Reformerin

In der katholischen Kirche tobt ein Flügelkampf. Auf der einen Seite stehen Orthodoxe wie der spätere Papst Paul IV., die Martin Luther und seine Anhänger mit allen Mitteln bekämpfen. Auf der anderen Seite organisieren sich die Hoffnungsvollen, die sich mit den Reformatoren verständigen wollen und erstaunlich viele Ideen Luthers teilen, etwa die Konzentration auf das Kreuz und die Rechtfertigung nur durch den Glauben. Der aktuelle Papst Paul III. bemüht sich um ein Gleichgewicht beider Fronten.

Michelangelo bekennt sich vordergründig in seinem *Jüngsten Gericht* zum Katholizismus. Privat aber sehnt er sich nach einer Religiosität, die keine Institutionen und keine Pracht braucht. Früher hat er immer nur gearbeitet, im Alter sucht er nun Freundschaft und spirituelle Gemeinsamkeit.

Zum ersten Mal in seinem Leben nähert sich Michelangelo einer Frau: Er freundet sich mit der verwitweten Marchesa Vittoria

Colonna an. In gefühlvollen, manchmal erotischen Gedichten beschreibt sie ihre Christus-Liebe. Die radikalsten Anführer der innerkatholischen Reformbewegung treffen sich in ihrem römischen Palazzo. Vittoria, die sich aus lauter Passionsmitleid einmal fast zu Tode hungert und geißelt, gibt mit ihren strengen Ansichten über Askese, Kreuzesverehrung und Buße den Ton an. Eine so literarisch gebildete fromme Witwe scheint vielen eine Hoffnungsträgerin zu sein, ist sie doch im Gegensatz zu den Klerikern über jeden Verdacht der Korruption erhaben. Viele Dichter und Kardinäle verehren die Dame als Tugendideal und schreiben ihr Liebesbriefe – wohl wissend, dass eine Beziehung zu ihr platonisch bleiben muss, begehrt sie doch allein Jesus Christus.

Michelangelo trifft die Wucht der Liebesqual besonders hart. «So wie du anders nicht kannst sein als schön, so kannst du dich auch liebevoll nur zeigen», dichtet er, «und bist du ganz mein eigen, so musst du mich vernichten und zerstören.»[3] So weit kommt es nicht; Vittoria ermahnt den Maler, er möge vor lauter Briefen und Gedichten nicht seine Pflichten gegenüber dem Stellvertreter Christi versäumen und besser «schon vom frühen Tagesanbruch an den ganzen Tag Zwiesprache» mit seiner Kunst halten.[4]

In langen Gesprächen über Kunst und Religion im Klosterhof von San Silvestro finden sie dann doch zusammen, ein portugiesischer Kunstautor schreibt die Unterhaltungen mit. Vittoria lobt die Malerei für ihre Fähigkeit, beim Betrachter Gefühle auszulösen: Freude beim Traurigen, Reue beim Rücksichtslosen, Scham und Andacht beim Ungläubigen. In ihren Augen ist nicht der Maler korrupt, der sich bezahlen lässt, sondern der Auftraggeber, der mit einem Kunstwerk auf Nachruhm spekuliert. Das sei Diebstahl, denn die Kunst habe Gott allein und nicht einem weltlichen Herrscher zu dienen.[5] Ein gutes Gemälde, stimmt Michelangelo zu, sei «nichts anderes als ein Abglanz der Vollkommenheiten der Werke Gottes und eine Nachahmung seines Malens».[6] Ölmalerei sei im Übrigen nicht besonders kunstfertig, ihr fehle im Gegensatz zu anderen Techniken Symmetrie und Substanz. Wenig galant fügt er hinzu, Öl gefalle nur den Frauen – und nimmt offenbar kaum wahr, dass er gerade einer solchen gegenübersitzt: «Es ist ein Mann in einer Frau, nein, ein Gott, der durch ihren Mund spricht», dichtet er einmal über die scharfsinnige Vittoria.[7]

Vittoria Colonna mahnt Michelangelo, er möge in seiner Kunst nicht nach Erdenruhm, sondern nach jenseitigem Seelenheil streben. Er zeichnet einen sehr menschlichen, sehr unglücklichen Christus am Kreuz für die Freundin. «Mein Gott, mein Gott, warum hast Du mich verlassen?», frage dieser, kommentiert Michelangelos Biograph Condivi die Zeichnung.[8]

So wird aus dem Künstler der Päpste, dem großen Bilderschöpfer des Kirchenstaates ein Zweifelnder. Belanglos im Vergleich zu den Mühen eines gottgefälligen Lebens scheinen ihm nun wohl sein alter Ehrgeiz und die Rivalitäten seiner Jugend. Während Michelangelo von 1536 bis 1541 das Weltengericht malt, ist er mit seinen Gedanken bereits bei einem späteren Leben im Himmel.

Zweifel am Künstlergott

Michelangelos immer größere innere Distanz zur Doktrin weckt Misstrauen. Kann ein solcher Skeptiker die Kirche in ihren schwersten Stunden offensiv genug verteidigen? Während der Arbeiten an der Altarwand beschwert sich der päpstliche Zeremonienmeister über die beinahe 400 Nackten. Ob Michelangelo für eine Kapelle oder für ein Wirtshaus male? Noch mehr missfällt ihm, dass er sich von Michelangelo in dem schlangenumwundenen Minos, dem antiken Richter der Unterwelt, unvorteilhaft porträtiert sieht. «Ihr wisst, dass ich Macht im Himmel und auf Erden habe», antwortet Papst Paul III. dem Zeremonienmeister, «doch reicht meine Autorität nicht bis in die Hölle, deshalb solltet Ihr Geduld haben, da ich Euch nicht befreien kann.»[9]

Wenn das stimmt, so füllt sich die Hölle schnell. Nach der Enthüllung am 25. Dezember 1541 empören sich immer mehr Moralisten. Ausgerechnet der Schriftsteller Pietro Aretino (1492 bis 1556), bekannt auch für seine pornografischen Schriften, protestiert in einem Brief am 6. November 1545: «Wie? Michelangelo, staunenswert durch seinen Ruhm, Michelangelo, der Bewundernswürdige, hat der Welt irreligiöse Gottlosigkeit zeigen wollen?»[10]

Im Mai 1555 wird mit Paul IV. ein radikaler Feind der Reformer Papst. Auch er findet das Fresko unzüchtig und verlangt von Michelangelo Korrekturen. Aber sicher doch, kein Problem, lässt der Künstler ausrichten. Nur eine Kleinigkeit wäre vorher zu erledigen: «Der Papst möge die Welt in Ordnung bringen, dann bringen auch die Bilder sich bald in Ordnung.» Nichts wird übermalt.

Doch im Januar 1564 beschließt eine theologische Kommission, anstößige Bilder in Kirchen zu vernichten. Für den prominenten Michelangelo gilt eine Ausnahme: Auf dem *Jüngsten Gericht* sollen die Geschlechtsteile nicht abgeschlagen, sondern übermalt werden.

Kurz darauf irrt der fast 89-jährige Michelangelo verwirrt im Regen vor seinem Haus herum. Er wird gefunden und verbringt die nächsten Tage in seinem Metallbett. Sein Freund Tommaso liest ihm die Passionsgeschichte vor. Und er redet gemeinsam mit einem anderen Schüler auf ihn ein, in seinem Zustand nicht mehr zu arbeiten. Der Alte möchte noch den Neubau von Sankt Peter beenden. Auch das Grabmal für Julius II. ist nur teilweise fertig geworden. Michelangelo will noch nicht vor seinen Gott treten.

Dann übermannt ihn die Müdigkeit. Am Abend des 18. Februar 1564 stirbt er.

Unter seinem Bett steht eine Walnusstruhe mit 9985 Golddukaten, so viel wie 2000 Jahreseinkommen eines gut verdienenden Handwerkers. Das war Michelangelos Schatz. Seine viel kostbareren Zeichnungen aber hat er fast alle verbrannt: Die Nachwelt soll ihn an seinen fertigen Werken messen.

Im kommenden Jahr wird wieder ein Gerüst vor der Altarwand der Sixtina aufgebaut. Oben überpinselt ein Schüler sachte Michelangelos Penisse, Hintern und Brüste. Er ändert die Positionen der heiligen Katharina und des heiligen Blasius, damit sie nicht mehr miteinander flirten. So viele Lendenschürze muss er malen, dass ihm das in seiner Lebenszeit nicht mehr gelingt. Seine Nachfolger sind ebenso vorsichtig wie er, damit ihre Arbeit in späteren Jahrhunderten revidiert werden kann: Michelangelos Mühe auf dem Gerüst soll nicht umsonst gewesen sein.

So kommt es. Im Dezember 1999 feiert Papst Johannes Paul II. eine Messe in der frisch restaurierten Sixtina: Fast alle Lendentücher wurden entfernt, und Michelangelos Malerei wirkt so licht wie wohl auch im 16. Jahrhundert. Es zeigt sich, dass er, der selbsternannte Feind der Farben, sehr viel von ihrer azurblauen, grasgrünen, feuerroten oder zartrosa Leuchtkraft verstand. Auch die Porträts einzelner Köpfe, von den *ignudi* bis Gottvater, sind realistischer gemalt, als er das selbst zugegeben hätte. Offenbar hat er doch viel von seinen Konkurrenten gelernt.

Die Kunst des Übermuts

Gemeinsam ist Michelangelo und Raffael etwas Großes gelungen: Sie wollten beide lieber den Rivalen und alle Künstler und Kenner der Nachwelt beeindrucken als ihre Arbeitgeber. Die trieben die Maler in Wettkämpfe, wollten teilen und herrschen – und erreichten doch nur, dass die beiden Renaissance-Meister bei allen Intrigen ein gemeinsames Ziel durchsetzten: eine Kunst des Übermuts, die Vorgaben nur scheinbar erfüllt und sich ihnen dann immer wieder entzieht. Dafür brauchte es Künstler, die es außer mit dem Papst auch mit Gott aufzunehmen verstanden und dem Betrachter eine zweite, bessere Schöpfung vor Augen führen wollten, imaginär und wirklichkeitsnah zugleich. Das Publikum der Bilder Raffaels und Michelangelos ist nie ein Mann allein, gemeint sind immer alle Menschen – die sich in den Emotionen der Figuren, ihrem Schmerz, ihrer Hoffnung, ihrer Freude und ihrem Ärger wiederfinden können, weil all die verschiedenen, oft widersprüchlichen Seinsformen in dieser Malerei nebeneinander existieren dürfen. In ihrer Zwietracht etablierten Raffael und Michelangelo mitten im Zentrum der Herrschaft eine Kunst des Zweifels und der Debatte, des Nachdenkens und der Ambivalenz. So machten sie die Malerei zum Leitmedium ihrer Epoche. Ein Maler alleine wäre vielleicht vor den Forderungen der Propaganda zurückgewichen. Zu zweit aber waren sie unschlagbar.

Anhang

Anmerkungen

MICHELANGELO UND RAFFAEL AM HOF DES PAPSTES

1 Übers. zit. nach: Volker Reinhardt: Der Göttliche. Das Leben des Michelangelo. Biographie, München 2010, S. 95. Alle Zitate von Michelangelo und aus den Briefen an ihn finden sich im italienischen Original in: Il carteggio di Michelangelo, hg. von Paola Barocchi und Renzo Ristori, 5 Bde., Florenz 1965–1983. Für italienische und lateinische Originalzitate zu Raffael s. John Shearman, Raphael in Early Modern Sources, 2 Bde., New Haven/London 2003.

2 Giorgio Vasari: Le vite de' più eccelenti pittori, scultori e architettori nelle redazioni del 1550 e 1568, hg. von Paola Barocchi, Bd. 3, Florenz 1970, S. 608.

3 Übers. zit. nach: Reinhardt: Der Göttliche, S. 104.

4 Übers. zit. nach: Michael Rohlmann: Kontinuität und Künstlerwettstreit in den Bildern der Sixtinischen Kapelle, in: Wallraf-Richartz-Jahrbuch 60/1999, S. 163.

5 Vgl. Ascanio Condivi: Das Leben des Michelangelo Buonarroti, hg. von Rudolph Valdek, Wien 1874, S. 39.

6 Vgl. Rona Goffen: Renaissance Rivals. Michelangelo, Leonardo, Raphael, Titian, New Haven 2003, S. 217.

7 Übers. zit. nach: Reinhardt: Der Göttliche, S. 84.

8 Übers. zit. nach: Goffen: Renaissance Rivals, S. 217.

9 Giorgio Vasari: Das Leben des Michelangelo, hg. von Alessandro Nova, Berlin 2009, S. 77.

I MICHELANGELOS SIXTINISCHE DECKE

1 Condivi: Das Leben des Michelangelo Buonarroti, S. 48.

2 Vasari: Das Leben des Michelangelo, S. 313; Giorgio Vasari: La Vita di Michelangelo, hg. von Paola Barocchi, Bd. I, Mailand/Neapel 1962, S. 39.

3 Vgl. Pierluigi De Vecchi: Die Sixtinische Kapelle. Das Meisterwerk Michelangelos erstrahlt in neuem Glanz, Freiburg i. Br. 1996, S. 89.
4 Übers. zit. nach: Fabrizio Mancinelli: Michelangelo: Das Problem der Werkstatt, in: Carlo Pietrangeli (Hg.): Die Sixtinische Kapelle, Düsseldorf 1993, S. 266.
5 Vasari: Das Leben des Michelangelo, S. 73 f.
6 Leonardo da Vinci: Sämtliche Gemälde und die Schriften zur Malerei, hg. von André Chastel, München 1987, S. 142 ff.
7 Vgl. De Vecchi: Die Sixtinische Kapelle, S. 91 u. S. 141.
8 Il carteggio di Michelangelo, Bd. IV, S. 446.
9 Übers. zit. nach: Reinhardt: Der Göttliche, S. 106.
10 Übers. zit. nach: Reinhardt: Der Göttliche, S. 108.
11 Übers. zit. nach: Reinhardt: Der Göttliche, S. 110.
12 Übers. zit. nach: Reinhardt: Der Göttliche, S. 112 f.
13 Übers. zit. nach: De Vecchi: Die Sixtinische Kapelle, S. 88.
14 Condivi: Das Leben des Michelangelo Buonarroti, S. 48.
15 Vasari: Das Leben des Michelangelo, S. 71.
16 Übers. zit. nach: Reinhardt: Der Göttliche, S. 286.
17 Vasari: Das Leben des Michelangelo, S. 81.
18 Condivi: Das Leben des Michelangelo Buonarroti, S. 49.
19 Übers. zit. nach: De Vecchi: Die Sixtinische Kapelle, S. 88.
20 Condivi: Das Leben des Michelangelo Buonarroti, S. 49.
21 Condivi: Das Leben des Michelangelo Buonarroti, S. 49; Vasari: Das Leben des Michelangelo, S. 75.
22 Vgl. Vasari: Das Leben des Michelangelo, S. 75 f.
23 Condivi: Das Leben des Michelangelo Buonarroti, S. 51.
24 Vasari: Das Leben des Michelangelo, S. 80 f.; vgl. Gerd Blum: Giorgio Vasari. Der Erfinder der Renaissance. Eine Biographie, München 2011, S. 142.
25 Vasari: Das Leben des Michelangelo, Berlin 2009, S. 88.
26 Vgl. Condivi: Das Leben des Michelangelo Buonarroti, S. 50.
27 Übers. zit. nach: Reinhardt: Der Göttliche, S. 116.
28 Vgl. Julian Kliemann u. Michael Rohlmann: Wandmalerei in Italien. Hochrenaissance und Manierismus 1510–1600, München 2004, S. 93.
29 Übers. zit. nach: Kliemann und Rohlmann: Wandmalerei in Italien, S. 93.

II DIE KÄMPFE DES JUNGEN MICHELANGELO

1 Vgl. Condivi: Das Leben des Michelangelo Buonarroti, S. 9.
2 Vgl. Condivi: Das Leben des Michelangelo Buonarroti, S. 10 f.
3 Vgl. Condivi: Das Leben des Michelangelo Buonarroti, S. 11.
4 Vgl. Condivi: Das Leben des Michelangelo Buonarroti, S. 12.
5 Vgl. Il carteggio di Michelangelo, Bd. I, S. 1.
6 Übers. zit. nach: Reinhardt: Der Göttliche, S. 55.
7 Übers. zit. nach: Leonardo da Vinci: Traktat von der Malerei, hg. von Marie Herzfeld, Jena 1925, S. 33.
8 Übers. zit. nach: Leonardo da Vinci: Traktat von der Malerei, S. 34.
9 Übers. zit. nach: Leonardo da Vinci: Traktat von der Malerei, S. 39 f.
10 Übers. zit. nach: Leonardo da Vinci: Traktat von der Malerei, S. 37.
11 Übers. zit. nach: Sylvia Ferino-Pagden: Vittoria Colonna. Dichterin und Muse Michelangelos, Wien 1997, S. 266.
12 Anonimo Gaddano (um 1540), Übers. zit. nach: Marianne Schneider (Hg.): Leonardo da Vinci. Eine Biographie in Zeugnissen, Selbstzeugnissen, Dokumenten und Bildern, München 2002, S. 176 f.
13 Übers. zit. nach: Schneider (Hg.): Leonardo da Vinci, München 2002, S. 178.
14 So zitiert ihn 1538 Francisco de Hollanda: Vier Gespräche über die Malerei, hg. von Joaquim de Vasconcellos, Wien 1899, S. 28 ff.

III RAFFAELS WEG NACH ROM

1 Vgl. Blum: Giorgio Vasari, S. 161.
2 Vasari: Das Leben des Michelangelo, S. 85 f.
3 Die Echtheit des Briefes ist umstritten. Vgl. Shearman: Raphael in Early Modern Sources, Bd. 2, S. 1457 f. Übers. zit. nach: Hugo Chapman u. a.: Raffael. Von Urbino nach Rom, Stuttgart 2004, S. 47.
4 Leonardo da Vinci: Sämtliche Gemälde und die Schriften zur Malerei, S. 142 ff.
5 Vasari: Das Leben des Michelangelo, S. 28.
6 Vgl. Chapman u. a.: Raffael, S. 47.

IV RAFFAELS STANZEN IM VATIKAN

1 Übers. zit. nach: Konrad Oberhuber: Raffael. Das malerische Werk, München 1999, S. 85.
2 Giorgio Vasari: Sodoma und Beccafumi, hg. von Alessandro Nova, Berlin 2006, S. 12 ff. u. S. 17 ff.
3 Erasmus von Rotterdam: Dialogus, Iulius exclusus e coelis (Julius vor der verschlossenen Himmelstür), Darmstadt 1990, S. 107.
4 Giorgio Vasari: Das Leben des Raffael, hg. von Alessandro Nova, Berlin 2004, S. 71.
5 Vgl. Corinna Höper: Raffael und die Folgen. Das Kunstwerk in Zeitaltern seiner graphischen Reproduzierbarkeit, Stuttgart 2001, S. 54 f.
6 Vgl. Condivi: Das Leben des Michelangelo Buonarroti, S. 76.
7 Vgl. Kliemann u. Rohlmann: Wandmalerei in Italien, S. 134 f.
8 Vgl. Reinhardt: Der Göttliche, S. 116 f.
9 Vgl. Kliemann u. Rohlmann: Wandmalerei in Italien, S. 136.

V RAFFAEL UND MICHELANGELO IN ROM

1 Andreas Henning: Die Sixtinische Madonna. Raffaels Kultbild wird 500, München 2012, S. 27.
2 Vasari: Das Leben des Raffael, S. 72.
3 Vgl. Reinhardt: Der Göttliche, S. 141.
4 Giorgio Vasari: Das Leben des Sebastiano del Piombo, hg. von Alessandro Nova, Berlin 2004, S. 16.
5 Vgl. Goffen: Renaissance Rivals, S. 246.
6 Der Autor ist der Venezianer Lodovico Dolce (1508 bis 1568). Vgl. Goffen: Renaissance Rivals, S. 228.
7 Übers. zit. nach: Erwin Panofsky: Idea. Ein Beitrag zur Begriffsgeschichte der älteren Kunsttheorie, Berlin 1982, S. 32.
8 Vgl. Roger Jones u. Nicholas Penny: Raffael, München 1983, S. 155.
9 Vgl. Kliemann u. Rohlmann: Wandmalerei in Italien, S. 142.
10 Vgl. Jones u. Penny: Raffael, S. 199.
11 Übers. zit. nach: De Vecchi: Raffael, S. 197.
12 Vgl. Goffen: Renaissance Rivals, S. 246 ff.
13 Vgl. Andreas Henning: Raffaels Transfiguration und der Wettstreit um die Farbe, München/Berlin 2005, S. 40.

14 Vgl. Henning: Raffaels Transfiguration und der Wettstreit um die Farbe, S. 40.
15 Vgl. Vasari: Das Leben des Raffael, S. 87.
16 Vgl. Vasari: Das Leben des Raffael, S. 86.
17 Vasari: Das Leben des Raffael, S. 84.
18 Vgl. Goffen: Renaissance Rivals, S. 254 f.
19 Vgl. Rudolf Preimesberger: Tragische Motive in Raffaels Transfiguration, in: Zeitschrift für Kunstgeschichte 50/1987, S. 94 ff.
20 Vgl. Goffen: Renaissance Rivals, S. 257 ff.

VI MICHELANGELOS *JÜNGSTES GERICHT* IN DER SIXTINA

1 Les Correspondants de Michel-Ange/Sebastiano del Piombo, hg. von Gaetano Milanesi, Paris 1890, S. 37 f.
2 Übers. zit. nach: Reinhardt: Der Göttliche, S. 228.
3 Übers. zit. nach: Ferino-Pagden: Vittoria Colonna, S. 393.
4 Übers. zit. nach: Ferino-Pagden: Vittoria Colonna, S. 402.
5 Francisco de Hollanda: Vier Gespräche über die Malerei, S. 24 u. S. 42 f.
6 Francisco de Hollanda: Vier Gespräche über die Malerei, S. 30 f.
7 Francisco de Hollanda: Vier Gespräche über die Malerei, S. 28 f.; Johann Wyss: Vittoria Colonna, Frauenfeld 1916, S. 89.
8 Übers. zit. nach: Ferino-Pagden: Vittoria Colonna, S. 414. Vgl. Condivi: Das Leben des Michelangelo Buonarroti, S. 86 f.
9 Übers. zit. nach: Fabrizio Mancinelli: Das Fresko des Jüngsten Gerichts. Technik und Restaurierung, in: Francesco Buranelli (Hg.): Die Sixtinische Kapelle. Das Jüngste Gericht, Zürich/Düsseldorf 1997, S. 168.
10 Übers. zit. nach: Mancinelli: Das Fresko des Jüngsten Gerichts, S. 168.

Literaturhinweise

Zum Themengebiet sind von der Autorin folgende Bücher und Essays erschienen:

Lorbeeren für Laura. Sebastiano del Piombos lyrische Bildnisse schöner Frauen, Berlin 2011

Die dritte Dimension/Der Göttliche. Michelangelo Buonarroti, in: Renaissance, Hamburg 2011 (Geo Epoche Edition. Die Geschichte der Kunst, Nr. 3), S. 26–37/S. 86–107

Sebastiano del Piombo. Ein Venezianer in Rom, Ostfildern 2008

Sebastiano del Piombo und Raffael, in: Bernd Wolfgang Lindemann und Claudio Strinati (Hg.): Raffaels Grazie – Michelangelos Furor: Sebastiano del Piombo 1485–1547, Mailand 2008, S. 30–35

Wunschbilder und Augenschein. Zur Funktion innerer und äußerer Bilder bei Pietro Bembo, in Castigliones *Hofmann* sowie in der lyrischen Malerei der Frühen Neuzeit, in: Sibylle Peters und Martin Jörg Schäfer (Hg.): ‹Intellektuelle Anschauung› – Figurationen von Evidenz zwischen Kunst und Wissen, Bielefeld 2006, S. 61–77

Raffael. Propaganda für den Papst, in: Die Renaissance in Italien, Hamburg 2005 (Geo Epoche, Nr. 19), S. 156–169

Der Kunstmensch als Maß der Dinge. Zur Utopie des idealen Körpers bei Leonardo da Vinci, in: Cornelia Zumbusch u. a. (Hg.): Utopische Körper. Visionen künftiger Körper in Geschichte, Kunst und Gesellschaft, Paderborn 2004, S. 29–40

Quellen und Literatur:

Alpers, Svetlana: *Ekphrasis* and Aesthetic Attitudes in Vasari's Lives, in: Journal of the Warburg and Courtauld Institutes 23/1960, S. 190–215

Aretino, Pietro: Lettere sull'arte, hg. von Ettore Camesasca, Mailand 1957–1960

Bambach, Carmen: A Note on Michelangelo's Cartoon for the Sistine Ceiling: Haman, in: Art Bulletin LXV/1983, S. 661–665

Bambach, Carmen: Drawing and Painting in the Italian Renaissance Workshop. Theory and Practice, 1300–1600, Cambridge 1999

Barbieri, Costanza: Sebastiano del Piombo and Michelangelo in Rome. Problems in Style and Meaning in the Viterbo Pietà, Ann Arbor 1999

Barbieri, Costanza: Notturno Sublime. Sebastiano e Michelangelo nella Pietà di Viterbo, Viterbo 2004

Barbieri, Costanza: The Competition between Raphael and Michelangelo and Sebastiano's Role in It, in: Marcia B. Hall (Hg.): The Cambridge Companion to Raphael, Cambridge 2005, S. 141–164

Barnes, Bernadine: Michelangelo's Last Judgement. The Renaissance Response, London 1998

Barocchi, Paola (Hg.): Trattati d'arte del Cinquecento. Fra Manierismo e Controriforma, 3 Bde., Bari 1960–1962

Barocchi, Paola (Hg.): Il carteggio di Michelangelo, 5 Bde., Florenz 1965–1983

Barocchi, Paola (Hg.): Il giardino di San Marco. Maestri e compagni del giovane Michelangelo, Florenz 1992

Barolsky, Paul: Warum lächelt Mona Lisa? Vasaris Erfindungen, Berlin 1996

Bartalini, Roberto: Le occasioni del Sodoma. Dalla Milano di Leonardo alla Roma di Raffaello, Rom 1996

Bartalini, Roberto: Sodoma, the Chigi and the Vatican Stanze, in: Burlington Magazine 9/2001, S. 544–553

Beck, James Henry: The Portrait of Julius II in London's National Gallery, in: artibus et historiae 17/1996, S. 69–95

Blum, Gerd: Giorgio Vasari. Der Erfinder der Renaissance. Eine Biographie, München 2011

Bohde, Daniela: Haut, Fleisch und Farbe – Körperlichkeit und Materialität in den Gemälden Tizians, Emsdetten/Berlin 2002

Boroli, Marcella (Hg.): La Cappella Sistina. I primi restauri: La scoperta del colore, Novara 1992

Bredekamp, Horst: Sankt Peter in Rom und das Prinzip der produktiven Zerstörung, Berlin 2000

Brown, David Alan, und Oberhuber, Konrad: Monna Vanna and Fornarina. Leonardo and Raphael in Rome, in: Sergio Bertelli, Gloria Ramakus und Craig Hugh Smyth (Hg.): Essays Presented to Myron P. Gilmore, Florenz 1978, S. 25–86

Burke, Peter: Die Geschicke des Hofmann. Zur Wirkung eines Renaissance-Breviers über angemessenes Verhalten, Berlin 1996

Calí, Maria: Da Michelangelo all'Escorial. Momento di dibattito religioso nell'arte del Cinquecento, Turin 1980

Campi, Emidio: Michelangelo e Vittoria Colonna. Un dialogo artistico-teologico ispirato da Bernardino Ochino, Turin 1994

Castiglione, Baldassare: Il libro del Cortigiano, hg. von Fritz Baumgart, München 1986

Castiglione, Baldassare: Der Hofmann. Lebensart in der Renaissance, Berlin 1996

Chapman, Hugo u. a.: Raffael. Von Urbino nach Rom, Stuttgart 2004

Chastel, André: Le Sac de Rome, 1527. Du premier maniérisme à la contre-réforme, Paris 1984

Colalucci, Gianluigi: Michelangelo's Colours Rediscovered, in: Paul Holberton (Hg.): The Sistine Chapel. Michelangelo Rediscovered, London 1986, S. 260–265

Condivi, Ascanio: Das Leben des Michelangelo Buonarroti, hg. von Rudolph Valdek, Wien 1874

Condivi, Ascanio: Vita di Michelagnolo Buonarroti, hg. von Spina Barelli, Mailand 1964

Cropper, Elizabeth: The Beauty of Woman. Problems in the Rhetoric of Renaissance Portraiture, in: Margaret W. Ferguson, Maureen Quilligan und Nancy J. Vickers (Hg.): Rewriting the Renaissance. The Discourses of Sexual Difference in Early Modern Europe, Chicago 1986, S. 175–190

Cropper, Elizabeth: The Place of Beauty in the High Renaissance and Its Displacement in the History of Art, in: Medieval and Renaissance Texts and Studies CXXXII/1995, S. 159–205

Dacos, Nicole: Raffael im Vatikan. Die päpstlichen Loggien neu entdeckt, Stuttgart 2008

Dolce, Lodovico: Dialogo della pittura intitolato l'Aretino (1557), in: Paola Barocchi (Hg.): Trattati d'arte del Cinquecento, Bd. I, Bari 1960, S. 141–206

Dotson, Esther Gordon: An Augustinian Interpretation of Michelangelo's Sistine Ceiling, in: Art Bulletin 61/1979, S. 223–256

Dussler, Luitpold: Raffael. Kritisches Verzeichnis der Gemälde, Wandbilder und Bildteppiche, München 1966

Erasmus von Rotterdam: Dialogus, Iulius exclusus e coelis (Julius vor der verschlossenen Himmelstür), Darmstadt 1990

Ferino-Pagden, Sylvia: Vittoria Colonna. Dichterin und Muse Michelangelos, Wien 1997

Fermor, Sharon: The Raphael Tapestry Cartoons. Narrative, Decoration, Design, London 1996

Firpo, Massimo: Riforma protestante ed eresie nell'Italia del Cinquecento, Rom/Bari 1993

Frey, Carl (Hg.): Die Dichtungen des Michelagniolo Buonarroti, Berlin 1964

Frommel, Christoph L.: Villa Farnesina, Modena 2003

Garrard, Mary D.: Leonardo da Vinci. Female Portraits, Female Nature, in: Norma Broude und Mary D. Garrard (Hg.): The Expanding Discourse. Feminism and Art History, New York 1992, S. 59–85

Gerstenberg, Kurt: Die Sonette Raffaels an seine Geliebte, München 1967

Gilbert, Creighton: Michelangelo. On and Off the Sistine Ceiling, New York 1994

Gilbert, Felix: Venedig, der Papst und sein Bankier, New York 1994

Goffen, Rona: Renaissance Rivals. Michelangelo, Leonardo, Raphael, Titian, New Haven 2003

Gombrich, Ernst: A Classical Quotation in Michelangelo's Sacrifice of Noah, in: Journal of the Warburg Institute 1937, S. 69

Gombrich, Ernst: The Symbolic Images. Studies in the Art of the Renaissance, London 1972

Hall, Marcia: Color and Meaning. Practice and Theory in Renaissance Painting, Cambridge 1992

Hall, Marcia: After Raphael. Painting in Central Italy in the Sixteenth Century, Cambridge 1999

Hall, Marcia: Michelangelo's Last Judgement, Cambridge 2005

Haskell, Francis: Patrons and Painters. A Study of the Relations between Italian Art and Society in the Age of the Baroque, New Haven 1980

Henning, Andreas: Raffaels Transfiguration und der Wettstreit um die Farbe, München/Berlin 2005

Henning, Andreas: Die Sixtinische Madonna. Raffaels Kultbild wird 500, München 2012

Henry, Tom, und Joannides, Paul: Late Raphael, Madrid 2012

Hirst, Michael: Sebastiano del Piombo, Oxford 1981

Hirst, Michael: Michelangelo and His Drawings, New Haven/London 1996

Hollanda, Francisco de: Vier Gespräche über die Malerei, hg. von Joaquim de Vasconcellos, Wien 1899

Höper, Corinna: Raffael und die Folgen. Das Kunstwerk in Zeitaltern seiner graphischen Reproduzierbarkeit, Stuttgart 2001

Joannides, Paul: On the Chronology of the Sistine Chapel Ceiling, in: Art History IV/1981, S. 250–253

Joannides, Paul: The Drawings of Raphael with a Complete Catalogue, Oxford 1983

Jones, Roger, und Penny, Nicholas: Raffael, München 1983

Kliemann, Julian, und Rohlmann, Michael: Wandmalerei in Italien. Hochrenaissance und Manierismus 1510–1600, München 2004

Lavin, Irving: Michelangelo's Saint Peter's Pietà. The Virgin's Left Hand and Other New Photographs, in: Art Bulletin 48/1966, S. 103 f.

Liebert, Robert S.: Raphael, Michelangelo, Sebastiano. High Renaissance Rivalry, in: Source 3/1984, S. 60–68

Locher, Hubert: Raffael und das Altarbild der Renaissance. Die Pala Baglioni als Kunstwerk im sakralen Kontext, Berlin 1994

Lomazzo, Giovanni Paolo: Scritte sulle arti, hg. von Roberto Paolo Ciardi, Florenz 1974

Machiavelli, Niccolò: Der Fürst, hg. von Rudolf Zorn, Stuttgart 1978

Maio, Romeo de: Michelangelo e la controriforma, Rom/Bari 1978

Mancinelli, Fabrizio: Il ponteggio di Michelangelo nella Cappella Sistina, in: Eve Borssok (Hg.): Tecnica e stile: Esempi di pittura murale del Rinascimento italiano, Florenz 1986, S. 73–75

Mancinelli, Fabrizio: Michelangelo: Das Problem der Werkstatt, in: Carlo Pietrangeli (Hg.): Die Sixtinische Kapelle, Düsseldorf 1993, S. 46–79

Mancinelli, Fabrizio: Das Fresko des Jüngsten Gerichts. Technik und Restaurierung, in: Francesco Buranelli (Hg.): Die Sixtinische Kapelle. Das Jüngste Gericht, Zürich/Düsseldorf 1997, S. 155–186

Marek, Michaela J.: La Loggia della Psiche nella Farnesina. Per la Ricostruzione e il Significato, in: Raffaello a Roma. Atti del Convegno, Citta del Vaticano, Rom 1986, S. 209–216

Mendelsohn, Leatrice: Paragoni. Benedetto Varchi's *Due lezzioni* and Cinquecento Art Theory, Ann Arbor/Michigan 1982

Mendelsohn, Leatrice: Simultanität und der Paragone. Die Rechtfertigung der Kunst im Auge des Betrachters, in: Hannah Baader u. a. (Hg.): Im Agon der Künste. Paragonales Denken, ästhetische Praxis und die Diversität der Sinne, München 2007, S. 294–334

Meyer zur Capellen, Jürg: Raphael. The Paintings, 3 Bde., Landshut/Münster 2001–2008

Meyer zur Capellen, Jürg: Raffael, München 2010

Milanesi, Gaetano (Hg.): Les Correspondants de Michel-Ange/Sebastiano del Piombo, Paris 1890

Nagel, Alexander: Gifts for Michelangelo and Vittoria Colonna, in: Art Bulletin 4/1997, S. 647–668

Nagel, Alexander: Michelangelo and the Reform of Art, Cambridge 2000

Nagel, Alexander: The Controversy of Renaissance Art, Chicago/London 2011

Nesselrath, Arnold: Päpstliche Malerei der Hochrenaissance und des Manierismus von 1506 bis 1534, in: Petra Kruse (Hg.): Hochrenaissance im Vatikan. Kunst und Kultur im Rom der Päpste, 1503–1534, Ostfildern 1998, S. 240–258

Nesselrath, Arnold: Lorenzo Lotto in the Stanza della Segnatura, in: Burlington Magazine 142/2000, S. 4–12

Oberhuber, Konrad: Raffael. Das malerische Werk, München 1999

Panofsky, Erwin: Die Sixtinische Decke, Leizig 1921

Panofsky, Erwin: Problems in Titian Mostly Iconographic, New York 1969

Panofsky, Erwin: Idea. Ein Beitrag zur Begriffsgeschichte der älteren Kunsttheorie, Berlin 1982

Parks, N. Randolph: The Placement of Michelangelo's David. A Review of the Documents, in: Art Bulletin 57/1975, S. 450–470

Partridge, Loren, und Starn, Randolph: A Renaissance Likeness. Art and Culture in Raphael's Julius II, Berkely/Los Angeles/London 1980

Partridge, Loren: Michelangelo. The Sistine Chapel, Rome, New York 1996

Penny, Nicholas, siehe Jones, Roger

Perrig, Alexander: Michelangelo Studien III. Das Jüngste Gericht und seine Vorgeschichte, Frankfurt 1976

Perrig, Alexander: Michelangelo's Drawings. The Science of Attribution, New Haven/London 1991

Pfisterer, Ulrich: Lysippus und seine Freunde. Liebesgaben und Gedächtnis im Rom der Renaissance oder: Das erste Jahrhundert der Medaille, Berlin 2008

Pietrangeli, Carlo (Hg.): Die Sixtinische Kapelle, Düsseldorf 1993

Pino, Paolo: Dialogo di Pittura (1548), in: Paola Barocchi (Hg.): Trattati d'arte del Cinquecento, Bd. 1, Bari 1960, S. 92–139

Poeschke, Joachim: Michelangelo and His World. Sculpture of Italian Renaissance, New York 1996

Preimesberger, Rudolf: Tragische Motive in Raffaels Transfiguration, in: Zeitschrift für Kunstgeschichte 50/1987, S. 89–115

Puttfarken, Thomas: The Dispute about Disegno and Colorito in Venice. Paolo Pino, Lodovico Dolce and Titian, in: Peter Ganz u. a. (Hg.): Kunst und Kunsttheorie 1400–1900, Wiesbaden 1991, S. 75–99

Raffaell: Gli scritti. Lettere, firme, sonetti, saggi tecnici e teorici, hg. von Ettore Camesasca, Mailand 1994

Ragionieri, Pina: Vittoria Colonna e Michelangelo, Florenz 2005

Reilly, Patricia L.: The Taming of the Blue. Writing out Color in Italian Renaissance Theory, in: Norma Broude und Mary D. Garrard (Hg.):

The Expanding Discourse. Feminism and Art History, New York 1992, S. 87–99

Reinhardt, Volker: Der Göttliche. Das Leben des Michelangelo. Biographie, München 2010

Rohlmann, Michael: Raffaels Sixtinische Madonna, in: Römisches Jahrbuch der Bibliotheca Hertziana 30/1995, S. 221–248

Rohlmann, Michael: Kontinuität und Künstlerwettstreit in den Bildern der Sixtinischen Kapelle, in: Wallraf-Richartz-Jahrbuch 60/1999, S. 193–196

Rohlmann, Michael: Von allen Seiten gleich nackt. Raffaels Kompositionskunst in der Loggia di Psiche der Villa Farnesina, in: Wallraf-Richartz-Jahrbuch 63/2002, S. 71–92

Rohlmann, Michael: Gemalte Prophetie. Papstpolitik und Familienpropaganda im Bildsystem von Raffaels Stanza del Incendio, in: Michael Rohlmann und Götz-Rüdiger Tewes (Hg.): Der Medici-Papst Leo X. und Frankreich, Tübingen 2002, S. 241–371

Rohlmann, Michael: I ritratti di Giulio II e Leone X di Raffaello, in: Rafel i jego spadkobiercy, Toruń 2003, S. 185–219

Rohlmann, Michael, siehe auch Kliemann, Julius

Rosand, David: Raphael, Marcantonio and the Icon of Pathos, in: Source 3/1984, S. 34–52

Rowland, Ingrid D.: Render unto Caesar the Things which are Caesar's. Humanism and the Arts in the Patronage of Agostino Chigi, in: Renaissance Quarterly 39/1986, S. 673–730

Saxl, Fritz: The Villa Farnesina, in: Fritz Saxl: Lectures, Bd. 1, Wien 1957, S. 189–199

Schneider, Marianne: Leonardo da Vinci. Eine Biographie in Zeugnissen, Selbstzeugnissen, Dokumenten und Bildern, München 2002

Schumacher, Andreas: Michelangelos Teste Divine, Münster 2007

Settis, Salvatore: Laocoonte. Fama e stile, Rom 1999

Shearman, John: Raphael's Cartoons in the Collection of Her Majesty the Queen and the Tapestries for the Sistine Chapel, London 1972

Shearman, John: The Vatican Stanze: Functions and Decoration, in: Proceedings of the British Academy, London 1973, S. 369–424

Shearman, John: The Organization of Raphael's Workshop, in: The Art Institute of Chicago Centennial Lectures, Chicago 1983, S. 41–57

Shearman, John: Only Connect ... Art and the Spectator in the Italian Renaissance, Washington 1988

Shearman, John: Castiglione's Portrait of Raphael, in: Mitteilungen des Kunsthistorischen Institutes in Florenz 38/1994, S. 69–97

Shearman, John: Raphael in Early Modern Sources, New Haven/London 2003
Sohm, Philip: Gendered Style in Italian Art Criticism from Michelangelo to Malvasia, in: Renaissance Quarterly 4/1995, S. 759–808
Steinberg, Leo: Michelangelo's Last Judgement as Merciful Heresy, in: Art in America 63/1975, S. 48–66
Summers, David: Michelangelo and the Language of Art, New Jersey 1981
Thode, Henry (Hg.): Michelangelos Gedichte, Berlin 1914
Thoenes, Christof: Zu Raffaels Galatea, in: Lucius Grisebach u. a. (Hg.): Festschrift für Otto von Simson zum 65. Geburtstag, Frankfurt/Berlin/Wien 1977, S. 218–272
Tolnay, Charles de: Michelangelo, 5 Bde., Princeton 1943–1960
Tönnesmann, Andreas: Die Kunst der Renaissance, München 2007
Vanese, Ranieri: Giovanni Santi, Fiesole 1994
Varchi, Benedetto: Opere, 2 Bde., Triest 1859
Vasari, Giorgio: La Vita di Michelangelo, hg. von Paola Barocchi, Bd. I, Mailand/Neapel 1962
Vasari, Giorgio: Le vite de' più eccelenti pittori, scultori e architettori nelle redazioni del 1550 e 1568, hg. von Paola Barocchi, Florenz 1966–1987
Vasari, Giorgio: Das Leben des Raffael, hg. von Alessandro Nova, Berlin 2004
Vasari, Giorgio: Das Leben des Sebastiano del Piombo, hg. von Alessandro Nova, Berlin 2004
Vasari, Giorgio: Sodoma und Beccafumi, hg. von Alessandro Nova, Berlin 2006
Vasari, Giorgio: Das Leben des Michelangelo, hg. von Alessandro Nova, Berlin 2009
Vecchi, Pierluigi de (Hg.): Die Sixtinische Kapelle. Das Meisterwerk Michelangelos erstrahlt in neuem Glanz, Freiburg i. Br. 1996
Vecchi, Pierluigi de: Raffael, München 2002
Verspohl, Franz-Joachim: Michelangelo Buonarroti und Niccolò Machiavelli, Bern 2001
Vinci, Leonardo da: Traktat von der Malerei, hg. von Marie Herzfeld, Jena 1925
Vinci, Leonardo da: Sämtliche Gemälde und die Schriften zur Malerei, hg. von André Chastel, München 1987
Walter, Ingeborg, siehe Zapperi, Roberto
Warnke, Martin: Hofkünstler. Zur Vorgeschichte des modernen Künstlers, Köln 1996

Warnke, Martin: Nah und fern zum Bild. Beiträge zu Kunst und Kunsttheorie, hg. von Michael Diers, Köln 1997

Wind, Edgar: Maccabean Histories in the Sistine Ceiling, in: Italian Renaissance Studies, London 1960, S. 47–84

Wittkower, Margot und Rudolf: Künstler – Außenseiter der Gesellschaft, London 1983

Wyss, Johann: Vittoria Colonna, Frauenfeld 1916

Zapperi, Roberto, und Walter, Ingeborg: Das Bildnis der Geliebten, München 2007

Zöllner, Frank: Michelangelos Fresken in der Sixtinischen Kapelle, gesehen von Giorgio Vasari und Ascanio Condivi, Freiburg i. Br. 2002

Zöllner, Frank: Leonardo da Vinci 1452–1519. Sämtliche Gemälde und Zeichnungen, Hongkong 2007

Abbildungsnachweis

Umschlag Vorderseite oben links: Michelangelo, Männliche Aktstudie (Detail), Paris, Musée du Louvre, © akg-images/Erich Lessing; Vorderseite oben rechts: Raffael, Madonnenstudie (Detail), Wien, Graphische Sammlung Albertina, © akg-images; Vorderseite Mitte links: Michelangelo, Studie zur Kolossalstatue des David, Paris, Musée du Louvre, © bpk/ RMN/Thierry Le Mage; Vorderseite Mitte rechts: Michelangelo, Kniendes Mädchen (Detail), Paris, Musée du Louvre, © bpk/RMN/Thierry Le Mage; Vorderseite unten links: Raffael, Studie zweier nackter Jünglinge auf einem Hügel, Wien, Graphische Sammlung Albertina, © akg-images; Vorderseite unten rechts: Raffael, Aktstudie, London, British Museum, © akg-images/Erich Lessing; Rückseite oben: Raffael, Nackter junger Mann, Florenz, Uffizien, © Photo Scala, Florenz/Courtesy of the Ministero Beni e Att. Culturali; Rückseite unten: Michelangelo, Selbstporträt, Florenz, Casa Buonarroti, © Photo Scala, Florenz

Innenteil Vorderer Vorsatz: © Vatikanische Museen, Vatikan Stadt, Rom/The Bridgeman Art Library; I, II, IV, V, VI, VII, VIII, IX, X, XVIII, 2, 3, 4, 5, 6, 7, 8, 10, 11, 13, 14, 34: zitiert nach Pierluigi de Vecchi, Die Sixtinische Kapelle, Freiburg 1996; III: zititert nach Die Sixtinische Kapelle, mit einer Einführung von Carlo Pietrangeli, Solothurn und Düsseldorf 1993; XI (© Photo Scala, Florenz), XIII (P. Zigrossi), XIV (M. Sarri), XVI (© Photo Scala, Florenz), XVII (© Photo Scala, Florenz), XIX (© J.G. Berizzi/RMN), 1 (A. Bracchetti), 19 (© Giovanni dagli Orti), 26 (M. Sarri), 27 (© Photo Scala, Florenz), 28 (© Photo Scala, Florenz), 29 (A. Bracchetti): zitiert nach Pierluigi de Vecchi, Raphaël, Paris 2002; XII (P. Zigrossi), XX (© The National Gallery, London), hinterer Vorsatz (P. Zigrossi), 16 (© Paris, Musée du Louvre), 18 (A. Bracchetti), 20 (© The British Museum, London), 21 (© Städel Museum, Frankfurt am Main/Ursula Edelmann), 22 (© The British Museum, London), 23 (© The British Museum, London), 24 (P. Zigrossi), 30 (© bpk/Staatliche Kunstsammlungen Dresden), 32 (© Galleria Palatina, Palazzo Pitti/Photo Scala, Florenz/Ministero per i Beni e le Attività Culturali): Hugo Chapman u.a., Raphael. From Urbino to Rome, London 2008; XV: Vatikanische Bibliotheken, Vatikan Stadt,

Rom/The Bridgeman Art Library; 9: zitiert nach Julian Kliemann und Michael Rohlmann, Wandmalerei in Italien. Die Zeit der Hochrenaissance und des Manierismus. 1510–1600, München 2004 (Ghigo Roli, Modena); 12: Photo Scala, Florenz; 15: zitiert nach Barbara Agosti, Michel-Ange et son entourage, Florenz 2008; 17: © Collection of the Earl of Leicester, Holkham Hall, Norfolk/The Bridgeman Art Library; 25: bpk/Kupferstichkabinett, SMB/Volker-H. Schneider; 31: bpk/Gemäldegalerie, SMB/Jörg P. Anders; 33: akg-images/Album/Oronoz

Leider war es nicht in allen Fällen möglich, die Inhaber der Rechte zu ermitteln. Wir bitten deshalb gegebenenfalls um Mitteilung. Der Verlag ist bereit, berechtigte Ansprüche abzugelten.

Namenregister

Biblische und mythologische Namen sind kursiv gesetzt. Kursiv gesetzte Seitenangaben verweisen auf Abbildungen.

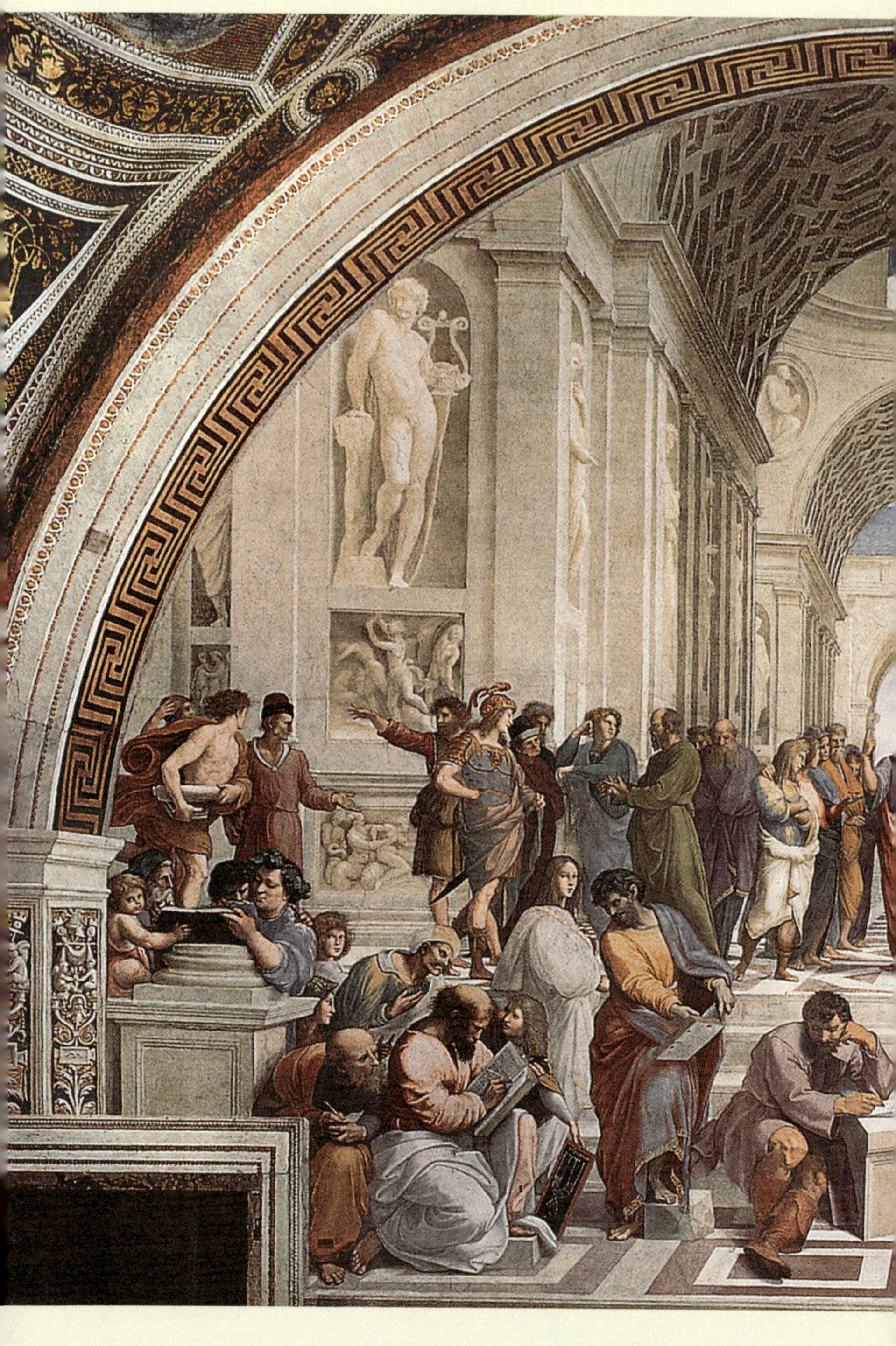